Beltz Taschenbuch 65

Über dieses Buch:
Wohl niemand wird bestreiten, dass Kinder ein Recht auf eine gewaltfreie Erziehung haben. Aber wo fängt »Gewalt« an? Gehört die Ohrfeige im Affekt dazu? Und schadet der »kleine Klaps« wirklich nicht?

Günther Deegener analysiert in diesem Buch Formen und Vorkommen von Gewalt in der Familie und weist nach, dass Schlagen, Schreien, Erniedrigen durchaus nicht nur ein Problem in sozial unterprivilegierten Familien ist, wie so gerne angenommen wird. Entscheidend ist der Gewaltbegriff überhaupt, womit auch subtilere Formen wie verbale Missachtung, Erniedrigung oder Verängstigung in den Blick der Betrachtung rücken.

An die umfangreiche Auswertung neuester Erkenntnisse der Familienforschung schließt sich ein ausführlicher Praxisteil an, in dessen Mittelpunkt die Frage steht, wie Eltern eine gewaltfreie Erziehung verwirklichen können. Allgemeine Grundlagen, Hilfestellungen und Hinweise werden ergänzt durch eine Vielzahl konkreter Beispiele aus dem Erziehungsalltag.

Der Autor:
Prof. Dr. Günther Deegener, Diplom-Psychologe, arbeitet an der Kinder- und Jugendpsychiatrischen Universitätsklinik in Homburg/Saar und ist Vorsitzender des Deutschen Kinderschutzbundes e.V. im Saarland.

Seine zahlreichen Buchveröffentlichungen umfassen psychotherapeutische Fach- und Studienliteratur, aber auch praxisnahe Handbücher für Therapeuten, Lehrer und Eltern.

Bei Beltz erschien zuletzt sein Buch »Kindesmissbrauch – erkennen, vorbeugen helfen«.

Günther Deegener

Die Würde des Kindes

Plädoyer für eine Erziehung ohne Gewalt

Mit einem Vorwort von
Dr. Christine Bergmann,
Bundesministerin für Familie, Senioren,
Frauen und Jugend

Besuchen Sie uns im Internet:
http://www.beltz.de

Alle Rechte, insbesondere das Recht der Vervielfältigung und Verbreitung sowie der Übersetzung, vorbehalten. Kein Teil des Werkes darf in irgendeiner Form (durch Fotokopie, Mikrofilm oder ein anderes Verfahren) ohne schriftliche Genehmigung des Verlages reproduziert oder unter Verwendung elektronischer Systeme verarbeitet, vervielfältigt oder verbreitet werden.

Beltz Taschenbuch 65
Originalausgabe

© 2000 Beltz Verlag, Weinheim und Basel
Umschlaggestaltung: Federico Luci, Köln
Umschlagabbildung: Heinrich Hoffmann, Der Struwelpeter
© 1990 Esslinger Verlag J.F.Schreiber München
Satz: Satz- und Reprotechnik GmbH, Hemsbach
Druck und Bindung: Druckhaus Beltz, Hemsbach
Printed in Germany

ISBN 3 407 22065 0

Inhalt

Vorwort von Christine Bergmann

Es ist heute noch nicht für alle selbstverständlich, dass Erziehungsmittel, die Kindern körperlichen oder seelischen Schaden zufügen, nicht akzeptiert und toleriert werden können. Viele glauben, dass in der Erziehung ein gewisses Maß an Gewalt zumindest in bestimmten Situationen unverzichtbar sei. Sie machen dabei einen Unterschied zwischen Kindesmisshandlung – die abgelehnt wird – und der »normalen« Ohrfeige, die nicht als Gewalt gilt. Andere lehnen zwar Gewalt als Erziehungsmittel ab, setzen sie aber in Situationen der Überforderung gleichwohl ein, weil sie sich anders nicht zu helfen wissen. Um hier ein deutliches Signal zu setzen, haben wir das Gesetz zur Ächtung der Gewalt in der Erziehung auf den Weg gebracht. Durch eine Änderung des §1631 Abs. 2 des BGB soll ausdrücklich klargestellt werden: »Kinder haben ein Recht auf eine gewaltfreie Erziehung. Körperliche Bestrafungen, seelische Verletzungen und andere entwürdigende Maßnahmen sind unzulässig.«

Darüber hinaus soll im Sozialgesetzbuch festgeschrieben werden, dass die Leistungen der Familienförderung auch Wege aufzeigen sollen, wie Konfliktsituationen in der Familie gewaltfrei gelöst werden können.

Damit sind nach jahrelangen Diskussionen die gesetzgeberischen Schritte für eine gewaltfreie Erziehung getan.

Eine Änderung von Gesetzen allein reicht jedoch nicht aus. Die praktische Verwirklichung einer gewaltfreien Erziehung erfordert vielmehr einen Umdenkungsprozess, der nicht einfach verordnet werden kann. Was wir jetzt brauchen, ist ein Bewusstseinswandel in der gesamten Öffentlichkeit hin zu einem anderen Leitbild von

Erziehung, das geprägt ist von Respekt, Verantwortung und Fürsorge für das Kind.

Im gesellschaftlichen Bewusstsein muss sich die Überzeugung verankern, dass Gewalt in der Erziehung indiskutabel und falsch ist. Nicht nur Eltern und Familien, sondern auch alle staatlichen und privaten Einrichtungen, die mit Erziehung befasst sind, müssen dieses Leitbild von einem »anderen Umgang« mit Kindern verinnerlichen und im Alltag des Erziehungsgeschehens praktizieren. Mir ist bewusst, dass dies für manche Eltern und auch für den einen oder anderen »Professionellen«, also auch für Erzieherinnen und Erzieher, einen Paradigmenwechsel darstellt. Aber der Umdenkungsprozess ist auf allen Ebenen notwendig – auch im Sinne der Erwachsenen.

Wir müssen uns darüber klar sein: Wie Menschen friedlich und ohne Gewalt miteinander umgehen, wird in der Erziehung erlebt und erlernt. Mit einer konsequent gewaltfreien Erziehung stellen wir deshalb wichtige Weichen für die Zukunft unserer Gesellschaft insgesamt.

Erziehung zu einem gewaltfreien Umgang miteinander betrifft uns alle und ist nicht nur Privatsache der Familien. Aber wir alle tragen auch die Verantwortung, den Eltern bei dieser schwierigen Aufgabe zu helfen.

Mit dem vorliegenden Buch, das Eltern Rat und Hilfe in Erziehungsfragen gibt, leistet der Deutsche Kinderschutzbund hierzu einen wertvollen Beitrag. Ich danke allen, die hieran mitgearbeitet haben.

Dr. Christine Bergmann
Bundesministerin für Familie, Senioren, Frauen und Jugend

1.

Vorwort

Auch am Anfang des neuen Jahrtausends sind wir in Deutschland noch weit davon entfernt, die Würde und die Rechte von Kindern hinreichend zu beachten. Dabei mag der Untertitel dieses Buches »Plädoyer für eine Erziehung ohne Gewalt« vielen LeserInnen ebenso übertrieben und provozierend vorkommen wie der Umstand, dass mir während des Schreibens zur Kennzeichnung des Ist-Zustandes unserer alltäglichen Erziehung immer wieder der Begriff des »Mobbing« in den Sinn kam! Aber ist es nicht doch so, dass die Erziehung unserer Kinder noch viel zu viel von Schreien, Schimpfen, Tadeln, Drohen und Erniedrigen bestimmt ist, dass immer noch viel zu häufig mit dem so genannten kleinen Klaps und mit Ohrfeigen gestraft wird, und dass darüber hinaus noch viel zu oft Kinder verprügelt bzw. körperlich misshandelt oder vernachlässigt oder sexuell missbraucht werden?! Leider muss ich davon ausgehen, dass die LeserInnen am Ende des Buches nachvollziehen können, warum ich meine, dass auch heute noch für eine gewaltfreie Erziehung eingetreten werden muss bzw. von einem »Mobbing-Alltag in deutschen Kinderzimmern« gesprochen werden kann.

Natürlich möchte ich nicht bei dieser eher schockierenden »Diagnose« stehen bleiben! Abgesehen von der ermutigenden Tatsache, dass sich in den Beziehungen zwischen Erwachsenen und Kindern in den letzten Jahrzehnten schon einiges zum Guten gewandelt hat, gibt es für die Zukunft durchaus zahlreiche und Erfolg versprechende »Rezepte«, um sich aufgrund dieser Diagnose »gesünder« gegenüber unserer Kindern und Jugendlichen zu verhalten. »Rezepte« ist natürlich nicht wörtlich zu nehmen: Aber ich hoffe doch, mit dem vorliegenden Buch neue Einsichten, hilfreiche Ratschläge, zusätzliche Informationen und bedenkenswerte Anregungen vermitteln zu können für ein gewaltärmeres Miteinander zwischen Erwachsenen und Kinder bzw. Jugendlichen. Dabei rechne ich mit denen, die Eltern professionelle Hilfe in ihren Erziehungsbemühungen (und Nöten!) anbieten, aber auch damit, die Eltern selbst ermutigen zu können, zunehmend weitere Möglichkeiten der Elternbildung und Hilfen zur Erziehung in Anspruch zu nehmen. Und letztlich hoffe ich, dass ich einen Anstoß dazu geben kann, dass sich Erwachsene vermehrt im Rahmen ihrer gar nicht so geringen politischen Einflussmöglichkeiten für die allgemeine Gewaltvorbeugung in unserer Gesellschaft einsetzen.

Das »Plädoyer für eine Erziehung ohne Gewalt« möchte ich überhaupt an alle Erwachsenen richten, es ist also nicht alleinig auf »Fachleute« oder auf »Eltern« ausgerichtet und auch in Bezug auf »Theorie und Praxis« wollte ich beiden Aspekten gleichberechtigten Platz einzuräumen.

Im »Einstimmungs«-Kapitel versuche ich, den heutigen Erziehungsalltag und meine Beweggründe zum Schreiben dieses Buches zu verdeutlichen. Dabei vergleiche ich das »Mobbing am Arbeitsplatz« von uns Erwachsenen mit dem »Mobbing im Kinderzimmer« und komme zu dem Schluss, dass in einer am Grundgesetz und der Humanität orientierten Erziehung kein Platz für Gewalt und Entwürdigung ist.

Da es im vorliegenden Buch vor allen Dingen um die heute noch bestehende »Grauzone« (das heißt: noch als erlaubt oder sogar empfohlen angesehener) körperlicher Züchtigung und entwürdigender Erziehungsmaßnahmen geht, wird im *3. Kapitel (Begriffe begreifen: »Erziehung« und »Misshandlung«)* versucht zu klären, wie denn eine »gute«, »positive« Erziehung beschrieben werden kann.

Im *4. Kapitel (Erziehung von gestern und heute. Oder: vererbte Elternrechte und -sünden)* erfolgt ein kleiner historisches Rückblick. Es wird aufgezeigt, wie sehr auch unser heutiger Erziehungsalltag noch geprägt ist von veralteter Tradition bis zurück ins 19. und 18. Jahrhundert.

Dies spiegelt sich auch wider in der Diskussion der letzten 25 Jahre über den § 1631, Absatz 2 des Bürgerlichen Gesetzbuches (BGB), wobei es im *Kapitel 5 – Eine unendliche (beschämende) Geschichte:*

der § 1631 BGB – um die Frage geht, wie eindeutig körperliche Strafen, seelische Verletzungen und andere entwürdigende Erziehungsmaßnahmen als unzulässig angesehen bzw. verpönt werden sowie Kindern ein Recht auf gewaltfreie Erziehung eingeräumt wird. Das *6. Kapitel (Verbot von Prügel und Entwürdigung: schwedische Erfahrungen)* zeigt dann auf, dass mit der Änderung des § 1631 BGB sowie z.b. einer umfassenden Öffentlichkeitsarbeit langfristig durchaus allgemeine Einstellungen sowie tatsächlich stattfindende Veränderungen im Erziehungsalltag erreicht werden können. Die häufig geäußerte Ansicht, dass mit einem eindeutigen Verbot von Körperstrafen und entwürdigenden Erziehungsmaßnahmen nun »Lauschangriffe im Kinderzimmer« stattfinden, Legionen von Staatsanwälten die Eltern verfolgen und sich ein Denunziantentum in Deutschland ausbreiten würde, ist völlig aus der Luft gegriffen! Wie dringend nötig Veränderungen im Erziehungsalltag sind, beweisen die (erschreckenden) Häufigkeitszahlen zur körperlichen Züchtigung und zu verschiedenen Formen der Kindesmisshandlungen im *Kapitel 7 (Häufigkeiten von Entwürdigung, Züchtigung und Misshandlung).*

Die beiden folgenden *Kapitel 8 und 9 – Ursachen der Erziehungsgewalt (sind komplizierter als Stammtischparolen)* sowie *Risiko- und Schutzfaktoren für die gesunde Entwicklung von Kindern* – dienen zur Vertiefung der bisherigen Ausführungen. Diese beiden Kapitel könnten beim ersten Lesen auch zunächst übersprungen werden und für eine spätere eingehendere Auseinandersetzung mit dem Thema aufgespart werden.

Trotz der Häufigkeitszahlen im 7. Kapitel findet sich in der Diskussion z.B. zur körperlichen Züchtigung immer wieder u.a. der die Wirklichkeit verniedlichende Satz:»So ein kleiner Klaps hat doch noch niemandem geschadet.«Warum dieser Satz die Problematik völlig vereinfacht, warum eben doch bereits die Ohrfeige und der kleine Klaps ein Armutszeugnis in unserer Erziehung (bzw. von uns selbst) sind, warum schwerer gezüchtigte sowie misshandelte Kinder die mit ihrer Gewalterfahrung verbundenen Leiden verdrängen sowie vergessen wollen und wie stark sich Entwürdigung und Misshandlung auf die seelische Gesundheit der Kinder bis hin in das Erwachsenenalter auswirken können, davon handelt vor allen Dingen das *Kapitel 10 (»Das hat mir doch als Kind auch nicht geschadet« – wirklich?!)*.

Das *Kapitel 11* stellt den Hauptteil des vorliegenden Buches dar: *Hilfestellungen für Eltern: Verstehen lernen und Beziehungen fördern.* Da dieses Kapitel z.T. eher allgemeine Grundlagen, Hinweise und Einstellungen vermitteln soll und die konkret beschriebenen Erziehungsprobleme nur eine Auswahl der »unendlich« möglichen Erziehungskonflikte darstellen, werden im anschließenden *Kapitel 12 (Elternbriefe: Informationen und Ratschläge während der Entwicklung der Kinder)* einige Elternbriefe aus Deutschland, Österreich und der Schweiz knapp vorgestellt, die umfassendere Hilfestellungen anbieten und als eine sehr empfehlenswerte Möglichkeit fortgesetzter Elternbildung angesehen werden.

Das abschließende *13. Kapitel – Gewaltprävention geht alle (nicht nur die Eltern) an!* – soll zusätzliche Wege aufzeigen, die m.E. notwendig sind, um die auch in Deutschland noch weit verbreitete »soziale Krankheit« Gewalt (manche Fachleute sprechen auch von einer Seuche) zu mindern sowie zu einer humanen, gewaltarmen, die Würde aller Mitmenschen achtenden Gesellschaft zu kommen.

Günther Deegener
Dezember 1999

2.

Einstimmung

Du Idiot, Du!

Nur Unsinn machst Du!

Du machst mich ganz krank!

Ich halt das nicht mehr aus mit Dir!

Stell' Dich nicht so blöd an!

Ich hau' Dir gleich eine runter!

Wer nicht hören will, muß fühlen!

Gleich knallt's!

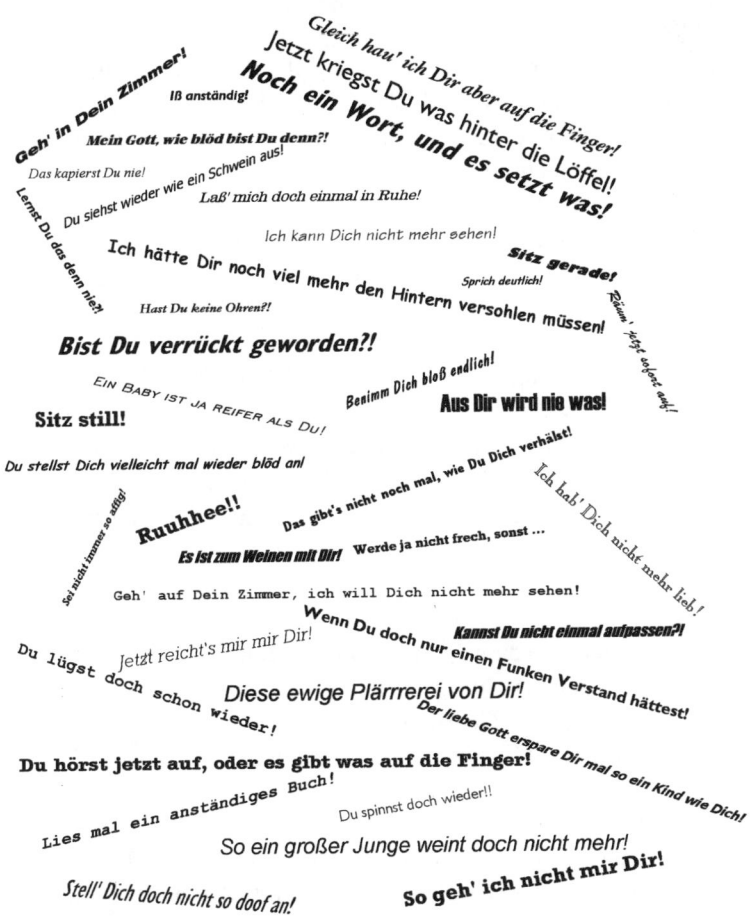

Gleich hau' ich Dir aber auf die Finger!

Jetzt kriegst Du was hinter die Löffel!

Noch ein Wort, und es setzt was!

Geh' in Dein Zimmer!

Iß anständig!

Mein Gott, wie blöd bist Du denn?!

Das kapierst Du nie!

Du siehst wieder wie ein Schwein aus!

Laß' mich doch einmal in Ruhe!

Lernst Du das denn nie?!

Ich hätte Dir noch viel mehr den Hintern versohlen müssen!

Ich kann Dich nicht mehr sehen!

Sitz gerade!

Sprich deutlich!

Räum' jetzt sofort auf!

Hast Du keine Ohren?!

Bist Du verrückt geworden?!

EIN BABY IST JA REIFER ALS DU!

Benimm Dich bloß endlich!

Aus Dir wird nie was!

Sitz still!

Du stellst Dich vielleicht mal wieder blöd an!

Sei nicht immer so zappelig!

Ruuhhee!!

Das gibt's nicht noch mal, wie Du Dich verhältst!

Es ist zum Weinen mit Dir!

Werde ja nicht frech, sonst ...

Ich hab' Dich nicht mehr lieb!

Geh' auf Dein Zimmer, ich will Dich nicht mehr sehen!

Wenn Du doch nur einen Funken Verstand hättest!

Kannst Du nicht einmal aufpassen?!

Jetzt reicht's mir mir Dir!

Du lügst doch schon wieder!

Diese ewige Plärrrerei von Dir!

Der liebe Gott erspare Dir mal so ein Kind wie Dich!

Du hörst jetzt auf, oder es gibt was auf die Finger!

Lies mal ein anständiges Buch!

Du spinnst doch wieder!!

So ein großer Junge weint doch nicht mehr!

Stell' Dich doch nicht so doof an!

So geh' ich nicht mir Dir!

13

Zu diesen vorangestellten »Szenen aus dem Erziehungsalltag« ahne ich einige ganz spontane kritische Fragen der LeserInnen, die ich einleitend sehr knapp und vorläufig beantworten möchte:

1. Frage:

»Ist dies wirklich ein allgemein gültiges Spiegelbild über den alltäglichen Umgang von uns Erwachsenen mit Kindern und Jugendlichen in Elternhaus, Kindergarten, Schule, Sportverein usw.?!«
Die Antwort ist eindeutig: »Sicherlich nein!« (und diese Antwort wird bei den meisten LeserInnen Zustimmung finden).

2. Frage:

»Neigen wir Erwachsenen wirklich im alltäglichen Umgang mit unseren Kindern und Jugendlichen in Elternhaus, Kindergarten, Schule, Sportverein usw. dazu, diese zu oft und zu krass zu disziplinieren, zu tadeln, zu erniedrigen, zu beschimpfen, zu bedrohen, zu bestrafen?!«
Die Antwort ist für mich ebenfalls klar: »Sicherlich ja!« (diese Antwort wird schon bei viel mehr LeserInnen auf Ablehnung stoßen).

3. Frage:

»Ist es nicht auch umgekehrt so, dass in den letzten 20 Jahren viele Eltern bzw. Erwachsene in der Erziehung sehr unsicher geworden sind, vielleicht sogar eher zu wenig Grenzen setzen?«
Die Antwort hierauf fällt mir sehr viel schwerer. Knapp formuliert: »Jein, wir neigen dazu, von dem einen Extrem in das andere zu verfallen!«

4. Frage:

»Ist es wirklich so, dass in unserer heutigen Gesellschaft wir Erwachsenen in der Erziehung zu häufig auch zu eindeutiger körperlicher (und seelischer) Gewalt greifen?«
Die Antwort hierauf ist für mich wieder eindeutig: »Sicherlich ja!«

5. Frage:

»Und jetzt bekommen wir Ratschläge, so eine Art ›Kochbuch‹, wie wir es besser machen können? Von jemand, der wieder mal alles besser weiß? Haben Sie denn Kinder? Ist Ihnen noch nie die Hand ausgerutscht?«

Die Antworten hierauf bringen mich etwas in Verlegenheit und können nicht mehr ganz so knapp wie die bisherigen ausfallen: »Nein, nein, ich mach auch nicht alles besser in der Erziehung als die LeserInnen. Ja, ich habe mich immer öfter in der Erziehung meiner Kinder über mein Verhalten geschämt – bin auch heute alles andere als zufrieden mit mir! Und zum ›Kochbuch‹ und den Ratschlägen: Mit dem vorliegenden Buch will ich eher versuchen, neue Einsichten zu vermitteln, andere Einstellungen hervorzurufen und zum Nachdenken anzuregen. Denn selbstverständlich macht es keinen Sinn, die unendliche Zahl ›schwieriger Erziehungssituationen‹ kochbuchhaft durchzugehen, etwa: X ist Y Jahre alt, zeigt das Verhalten Z und deswegen nehmen Sie A und O und X wird vorzüglich gelingen.

Andererseits: Natürlich sind auch (allgemeine) Ratschläge sinnvoll, es wird auch neues Wissen vermittelt, es sollen auch Hinweise erfolgen zu weiteren Hilfestellungen und Möglichkeiten des Lernens auf dem Weg in eine gewaltärmere Erziehung und damit auch Gesellschaft.«

Diese Fragen und Antworten deuten auch meine Beweggründe zum Schreiben des vorliegenden Buches an, die mit den beiden folgenden Zitaten nochmals griffig zusammengefasst werden:

> »Es grenzt an Fahrlässigkeit gegenüber den Ansprüchen und Bedürfnissen der Kinder, sich weiterhin bei der Erziehung allein auf Instinkt und Tradition zu verlassen.«
> *Horst Petri, Psychoanalytiker und Friedenspädagoge*

> »Es wird immer wieder auf die große Bedeutung der Familie als Ort der Geborgenheit hingewiesen. In einer Zeit des gesellschaftlichen Wandels sind Eltern auf Orientierungshilfen, auf Möglichkeiten zu Information, Auseinandersetzung und Austausch angewiesen.«
> *Tag der Elternbildung des 1. Schweizer Lernfestivals*

Ich möchte nun noch einmal zu den »Szenen aus dem Erziehungsalltag« zurückkehren und diese Aussagen auf das Arbeitsleben von uns Erwachsenen übertragen. Dazu möchte ich die LeserInnen bitten, sich vorzustellen, dass (einzelne oder mehrere) Vorgesetzte bzw. MitarbeiterInnen sie auf ihrem Arbeitsplatz folgendermaßen behandeln:

◆ sie werfen Ihnen abwertende Blicke zu;
◆ sie kritisieren mehr oder weniger ständig und übertrieben Ihre Arbeit;
◆ sie neigen Ihnen gegenüber zu Sticheleien und versuchen Sie lächerlich zu machen;
◆ sie behandeln Sie manchmal wie Luft und meiden Sie in den Pausen, in der Kantine, bei den Gesprächen am Arbeitsplatz;
◆ sie lassen Sie nicht ausreden;
◆ sie kontrollieren Sie deutlich über das normale Maß hinaus;
◆ sie schreien und schimpfen auch bei kleinsten Fehlern, die Sie begehen;
◆ sie machen sich offen oder hinter Ihrem Rücken lustig über Ihre Kleidung, ihr Auftreten, ihre Sprache;
◆ sie lästern über Ihre Ansichten, Angewohnheiten und Interessen;
◆ sie unter- oder überfordern Sie häufig;
◆ sie enthalten Ihnen wichtige Informationen vor;
◆ sie versuchen, Sie von den KollegInnen zu isolieren;
◆ sie schrecken Ihnen gegenüber – wenn auch eher selten – sogar vor körperlichen Angriffen, sexuellen Belästigungen und Telefonterror nicht zurück.

Entsprechend den oben angeführten Antworten zu den »Szenen aus dem Erziehungsalltag« wird man eindeutig sagen können, dass diese Handlungen kein allgemein gültiges, wirlichkeitsnahes Bild des alltäglichen Miteinander von KollegInnen und Vorgesetzten in unserem Berufsleben widerspiegeln. Die meisten der angeführten Handlungen sind für sich allein genommen eher Lappalien – dennoch reagieren wir auch auf diese oft sehr empfindlich! Zwar haben wir mehr oder weniger gut gelernt, mit solchen Situationen umzugehen, aber so recht gewöhnen können und wollen wir uns dennoch nicht an sie, manches sitzt sehr tief, wurmt und kränkt uns. Wenn eine dieser Handlungen massiv auftritt, wird es schon schwieriger für uns, dies zu verkraften und »gesunde«, »reife« Konfliktlösungen zu finden. Treten sie schließlich gar gehäuft und über einen längeren Zeitraum auf, so werden sie unser Wohlbefinden, unsere Leistungsfähigkeit, unser Selbstvertrauen usw. stärker beinträchtigen. Viele fühlen sich dann hilflos, ohnmächtig und ausgeliefert, sie reagieren z.b. mit Selbstzweifeln, Konzentrationsstörungen, Angstzuständen, Schlafstörungen, Kreislaufbeschwerden, Magendrücken, Depressivität usw. Wie wir auf solche Handlungen reagieren, hängt also mit davon ab, wie häufig und durch wie viele Personen und über welchen Zeitraum sowie mit welcher Ausprägung sie uns gegenüber gezeigt werden. Aber auch hier gibt es viele Unterschiede: Was der eine noch scheinbar wegsteckt, kann beim anderen schon starke seelische Wunden hinterlassen.

An dieser Stelle muss ich darüber aufklären, dass ich alle oben angeführten Verhaltensweisen und deren mögliche Auswirkungen verschiedenen Veröffentlichungen über *Mobbing am Arbeitsplatz* entnommen habe. Vielfach wird dabei von Mobbing (dies kommt von »to mob« = anpöbeln) dann gesprochen, wenn jemand *mindestens einmal in der Woche und über mindestens ein halbes Jahr hinweg* solche ablehnenden, feindseligen, ausgrenzenden, erniedrigenden usw. Handlungen ausgesetzt ist. Wenn wir solche Maßstäbe auf unser Verhalten gegenüber den Kindern und Jugendlichen in Elternhaus, Kindergarten, Schule, Sportverein usw. übertragen, so ist es wohl kaum übertrieben zu formulieren, von einem weit verbreiteten Ausmaß unterschiedlichster Formen eines Mobbing in der Erziehung zu sprechen. Gegenüber dem Mobbing am Arbeitsplatz besteht allerdings ein entscheidender Unterschied: Dieses erfolgt meist mehr bewusst als unbewusst, d.h. willentlich, böswillig und intrigierend. Gleiches auch für unser »Mobbing in der Erziehung« anzunehmen wäre sicherlich falsch. Eher würde ich davon ausgehen, dass wir uns zu wenig Gedanken über unser Erziehungsverhalten und seine Auswirkungen machen, dass wir unsere Erziehungsgewohnheiten im Verlaufe der Zeit zu wenig hinterfragen. Dies bedeutet auch, dass wir zu wenig eine Brücke herstellen zwischen dem »Mobbing in der Erziehung« einerseits sowie dem »Mobbing am Arbeitsplatz« oder z.B. auch einem »Mobbing in der Familie« andererseits. Jeder von uns hat doch bereits vielfach »am eigenen Leibe« bzw. »an der eigenen Seele« erfahren, wie wichtig für uns Selbstbestätigung, Vertrauen, Geborgenheit, Sicherheit, Zuwendung und Anerkennung in der Familie bzw. Ehe sowie im Beruf oder im Verein usw. sind und wie stark unser Wohlbefinden gefährdet ist durch die gegenteiligen Erlebnisse von Zurückweisung, Feindseligkeit, Vereinsamung, Misserfolg und Enttäuschung. Wir wissen alle, wie wichtig für uns Selbstentfaltung, eigenbestimmte Bedürfnisbefriedigung und Ich-bestimmtes Handeln sind und wie erneut unser Wohlbefinden gefährdet ist durch gehäufte Verzichte der Wünsche und Bedürfnisse, zu starke Unterdrückung der eigenen Meinung sowie krasse Begrenzungen der Handlungsfreiheit. Wir müssten also eigentlich aufgrund der so entstandenen eigenen Konflikte sowie Beeinträchtigungen der Gesundheit und Persönlichkeit gut nachfühlen können, wie wichtig für die Kinder und Jugendlichen die hinreichende Erfahrung von (Selbst-)Vertrauen, Geborgenheit, Sicherheit, Selbstständigkeit, Ich-Bewusstsein, Bestätigung usw. sind, und in ihnen dann Bollwerke gegenüber Entwicklungsstörungen entstehen lassen.

An dieser Stelle möchte ich den LeserInnen eine Szene beschreiben, die ich häufiger auch in Diskussionen anführe: »Sie werden von Ihrem Vorgesetzten wegen eines Fehlers zur Rede gestellt. Es ergibt sich eine kurzer Wortwechsel und plötzlich bekommen Sie ›einen kleinen Klaps‹!« Die häufigste Reaktion unter den ZuhörerInnen ist zunächst Lachen, begleitet von einem ungläubigen Kopfschütteln und wohl auch Gedanken wie: »Was soll denn dieses an den Haaren herangezogene Beispiel?!« Solche Reaktionen können nur entstehen, weil unter allen ZuhörerInnen nicht der leiseste Zweifel daran besteht, dass eine solche Szene im doppelten Sinne »unmöglich« ist, sie verstößt so stark gegen die verinnerlichten Normen des Umgangs, der Sitte, der Menschenwürde, dass sie eigentlich nicht geschehen kann. Auch bei der folgenden Fortsetzung dieser Szene kommt es zu vergleichbaren Reaktionen: »Sie beschweren sich beim Personalrat über das Verhalten des Vorgesetzten. Ihre Beschwerde wird abgelehnt, vor allen Dingen mit der Begründung, dass solche ›kleinen Klapse‹ letztlich noch keinem so richtig geschadet hätten.«

Erst allmählich breitet sich nun unter den ZuhörerInnen auch Betroffenheit aus. Es wird zunehmend erkannt und anerkannt, wie unterschiedlich wir die Würde und Integrität von Erwachsenen gegenüber Kindern bewerten, wie stark wir das gleiche Verhalten (»den kleinen Klaps«) mit zweierlei Maß messen, obwohl doch die Kinder in vielerlei Hinsicht verletzlicher sind. Walter Wilken, Bundesgeschäftsführer des Deutschen Kinderschutzbundes, weitet dieses Beispiel noch auf vielfältige Szenen des Erziehungsalltags aus: »Vor der Eisdiele oder an der Quengelkasse im Supermarkt, beim Zubettgehen oder beim Plantschen in der Pfütze. Das Kind folgt den Ermahnungen nicht, ist widerborstig, die Situation eskaliert. Dann die Androhung von Schlägen – oder es setzt wirklich eine Ohrfeige. Seltsamerweise gibt es ähnliche Spannungen, natürlich in einer anderen Tonlage vorgetragen, z.b. zwischen Ehepartnern, im Kollegenkreis, gegenüber dem Kellner, der demonstrativ weghört, oder mit dem Chef, der einen mal wieder bis zur Weißglut reizt. Noch so nett geäußerte Wünsche ihm gegenüber gehen ins Leere. Aber zu ungesteuerten Beschimpfungen, Androhungen von Schlägen oder zum Schlagen kommt es dann doch nicht. Warum eigentlich nicht? Warum macht man bei der Behandlung von Erwachsenen und seinen eigenen Kindern einen so bedeutsamen Unterschied?« Damit ist nun noch ein weiterer Beweggrund zum Schreiben dieses Buches deutlich geworden: es geht mir auch darum, zunehmend zu verdeutlichen, dass in einer am Grundgesetz und der Humanität orientierten Erziehung kein Platz für Gewalt und Entwürdigung ist – weder im Elternhaus noch im Kindergarten, in der Schule, im Verein, in der Lehre usw.

Zum Schluss dieser Einstimmung in das Buch noch zwei Anmerkungen:

◆ Es entspricht nicht meiner Absicht und Einstellung, mit »erhobenem Zeigefinger« zu schreiben, Schuldgefühle zu vermitteln und »vom hohen Ross herab« zu predigen. Auf der anderen Seite glaube ich aber auch, dass es dringend notwendig ist, uns Erwachsenen sehr eindringlich nahe zu legen, eine neue Verantwortung gegenüber unseren Kindern und Kindeskindern zu übernehmen. Leider neigen wir Menschen dazu, erst sehr spät den Kopf aus dem Sand zu nehmen und – ähnlich wie bei den Silvestervorsätzen – viele Dinge höchstens mit halbem Herzen in Angriff zu nehmen. Von daher erscheint es mir notwendig, uns z.T. sehr klar unseren beschämenden Reifegrad hinsichtlich Gewalt und Entwürdigung in der Erziehung aufzuzeigen, um uns die Augen zu öffnen sowie zu wirklichen Veränderungen im alltäglichen Handeln zu bewegen.

◆ Nicht nur Erwachsene erziehen Kinder, sondern auch Kinder die Erwachsenen. Dies sollten wir Erwachsenen sehr viel bewusster wahrnehmen und schätzen lernen, gerade auch in unserer so vielfach beschriebenen, sich schnell wandelnden Welt und Gesellschaft. Wenn wir diesen gemeinsamen Lernprozess mehr im Miteinander als im Gegeneinander gestalten, so haben wir Erwachsenen sogar die Chance, noch einmal »erwachsen« zu werden, vielleicht sogar »reifer« als beim ersten Mal!

Der folgende Text aus dem »Handbuch für Kinder mit schwierigen Eltern« der französischen Psychoanalytikerin Jeanne Van den Brouck spiegelt diese beiden Punkte sowie auch meine bereits angeführten Beweggründe zum Schreiben dieses Buches wieder. Die Autorin wählt die Perspektive von Kindern und Jugendlichen, um uns den Erziehungsalltag mit anderen Augen verstehen zu lassen – was keineswegs nur drollig-amüsant ist. Und – worauf Francoise Dolto im Nachwort hinweist – es wird eindringlich »die Einsicht in das Wie und Warum der Tatsache ermöglicht, dass Eltern ihre Kinder nicht über den Punkt hinaus führen können, bis zu dem sie selbst gelangt sind«.

»Vergessen wir nicht, dass die Erziehung eines Kindes 15 bis 18 Jahre dauert, die Erziehug von Eltern aber ein halbes Jahrhundert oder mehr.«

Ich bin auf die Probleme jener armen, oft unverstandenen, verlassenen Wesen aufmerksam geworden, die man Eltern nennt; und ich bin mir der ganzen Verzweiflung bewusst geworden, die Eltern heimsucht, wenn sie unverständigen, brutalen oder einfach ungeschickten Kindern schutzlos ausgeliefert sind. Lange Zeit hat sich alle

Aufmerksamkeit und Sorge auf das Kind, seine Probleme, Bedürfnisse und Leistungen konzentriert. Jetzt endlich haben wir gemerkt, dass Elternsein keineswegs weniger schwierig ist als Kindsein.

Wenn wir uns von den überkommenen Mythen des Familienvaters und der überaus hingebungsvollen oder tüchtigen Mutter einmal freimachen, dann erscheinen uns die Eltern als zerbrechliche und empfindsame Wesen, die durch den Zufall einer Geburt rücksichtslos in einen Strudel von Gefühlen hineingerissen werden, auf den sie praktisch durch nichts vorbereitet sind – sieht man einmal von vorausgegangenen Träumereien ab und von dem gewissen Durcheinander, welches das erwartete Kind im Bauch seiner Mutter anrichtet, um seiner Persönlichkeit Ausdruck zu verleihen. Kurz gesagt: Die Geburt ist immer eine Frühgeburt. In der Tat muss man sich darüber Rechenschaft ablegen, dass so ein junger, wohlmeinender und unerfahrener Erwachsener innerhalb von Stunden oder Augenblicken Vater oder Mutter werden kann. Genau das ist es, was man das Geburtstrauma nennt. Sofort nach der Geburt ist die ungleiche Lage offenkundig. Das Neugeborene hat überhaupt keine Verantwortung. Es wird sogleich in die Obhut unzähliger Spezialisten genommen, deren Aufgabe es ist, seine Bedürfnisse und Wünsche aufzuspüren und zu befriedigen. Die neugeborenen Eltern hingegen trifft die volle Last der Verantwortung. Sie werden schlagartig unter einer Lawine von Gefühlen, Ängsten und Ratlosigkeit begraben, ganz zu schweigen von den praktischen und materiellen Problemen, die auch nicht gerade klein sind.

Wer also Wert darauf legt, seinen Eltern ein einigermaßen gutes Kind zu sein, wer sie anständig behandeln und korrekt erziehen will, der muss sich diese Umstände immer vor Augen halten. Es bedarf unerschöpflicher Geduld und Nachsicht, großen Fingerspritzengefühls und auch der Achtung, die man den Schwachen schuldet; denn alles hängt davon ab, wie man seine Eltern in den ersten Wochen behandelt. Wer sie sogleich durch Geschrei terrorisiert, ihre Kochkünste herabwürdigt und ihre Irrtümer in der Ernährung mit Durchfällen oder Hautausschlägen beantwortet, der läuft Gefahr, sie auf Jahre hinaus zutiefst zu verunsichern. Ein gewitztes Kind wird von Anfang an auf die Probleme achten, die das Innenleben seiner Eltern aufwühlen; es wird ein gewisses psychologisches Einfühlungsvermögen an den Tag legen und die unterschiedlichen Bedürfnisse eines Vaters und einer Mutter erkennen. Ein solches Kind wird die Fortschritte würdigen, die seinen Eltern gelingen, es wird den Rhythmus dieser Fortschritte voraussehen und eine Sprache finden, die seine Eltern verstehen können. Ist ein Kind bestrebt, seinen Eltern eine gute Erziehung zuteil werden zu lassen, dann besteht sein ehrgeizigstes Ziel darin, sie zu Erwachsenen zu machen. Wenige erreichen das wirklich. Man tut also gut daran, den Reifungsprozess der Eltern nach Kräften zu fördern; denn tut man das nicht, werden aus ihnen einfach nur große Leute, die zunehmend altersschwach werden, aber niemals erwachsen. Es hat den Anschein, als machten sich diesen Teil der Erziehungsarbeit mit Vorliebe die heranwachsenden Kinder zu Eigen.

Es geht im Wesentlichen darum, das erstarrte Gefüge zu erschüttern, in das der Erwachsene sich so gerne verkriecht, sobald man aufhört, ihn anzuspornen. Um den Eltern die Möglichkeit zu geben, sich die notwendige Beweglichkeit zu bewahren, macht sich das Kind also zur Quelle andauernder Schwierigkeiten in den Bereichen von Gefühl, Moral, Intellekt, Lebensunterhalt usw. Alle Schichten werden in Bewegung gebracht, umgestaltet und aufgelockert. Das ist eine riesige und Kraft raubende Arbeit, die alle Willensstärke des Kindes erfordert. In sehr vielen Fällen ist es auch ein wenig enttäuschend. Denn in der Tat legen die Erwachsenen sich im Allgemeinen keine Rechenschaft ab über die Mühe, die man sich ihretwegen macht, und sie zeigen auch keinerlei Dankbarkeit. Es kommt vor, dass sie bockig werden oder sogar mit einer fast paranoiden Haltung reagieren. Nur Kinder, die bereit sind, sich voll und ganz einzusetzen, sollten diese undankbare Arbeit übernehmen. Aber es lohnt sich auch: Viele Eltern können ihr pädagogisches Reifezeugnis mit zumindest ausreichenden Noten aus der Hand der Kinder erhalten.

3.

Begriffe begreifen: »Erziehung« und »Misshandlung«

Im vorliegenden Buch geht es vor allen Dingen um die heute noch bestehende »Grauzone« körperlicher Züchtigung und entwürdigender Erziehungsmaßnahmen. Dies wird bei vielen LeserInnen die Frage aufwerfen, wie denn nun eine »gute«, »positive« Erziehung definiert werden kann bzw. von welchem Verhalten an von »schlechter« oder »schädlicher« Erziehung gesprochen werden kann. Zur Beantwortung dieser Frage habe ich eine Reihe von Büchern zurate gezogen, um Erklärungen für den Begriff »Erziehung« zu finden. Es wurde sehr schnell klar, dass dieser Begriff offensichtlich genauso schwer zu erklären ist, wie Erziehung von Kindern selbst sich äußerst schwierig gestaltet. Vielleicht war es gerade diese Erkenntnis, die zu folgender Kennzeichnung des Erziehungsbegriffes führte:

»Erziehung (Selbsterziehung) benötigen zuallererst die Pädagogen und Erwachsenen, bevor sie sich anschicken, andere erziehen zu wollen.«

Eine eher »typisch-traditionelle« Begriffserklärung lautet folgendermaßen:

»Erziehung ist eine planmäßige und zielgerichtete Einwirkung auf junge Menschen, um sie mit all ihren Fähigkeiten und Kräften geistig, sittlich und körperlich zu formen und zu verantwortungsbewussten und charakterfesten Persönlichkeiten heranzubilden.«

Dies entspricht eher dem alten, in Deutschland viel verwendeten Bild vom Kind als einem Baum, der vom pädagogischen, elterlichen Gärtner an einen Stab gebunden und zurechtgeformt und -geschnitten werden muss, damit er nicht auswuchert.

Aus der Heimschulordnung der Heimschule Lender (Sasbach bei Achern) von 1973:

»Soll aus einem Bäumchen ein stämmiger, gerade gewachsener Baum werden, muss der Gärtner es an einen Stab binden, damit es nicht bei Wind und Wetter krumm gebogen wird. Übertrage dieses Bild nun auf den Menschen: Soll ein junger Mensch zu einem aufrechten und charakterfesten Mann heranreifen, muss er an feste Grundsätze gewöhnt werden. Dazu dient die feste Ordnung, die wie ein Stab Hilfe leisten soll zu einem gesunden und aufrechten Wachstum. Wenn du dann zu innerer Reife und selbstständiger Überzeugung herangewachsen bist, kann die äußere Bindung wegfallen. Du bist stark geworden, um Sturm und Wetter zu widerstehen und deinen eigenen Weg zu gehen.«
Der »Stab« bzw. die »feste Ordnung« sieht dann z.B. folgendermaßen aus:

- »Gewissenhaftigkeit, Ordnungssinn und Pünktlichkeit müssen dabei Richtschnur sein, damit jeder sich im Heim wohl fühlen kann.«

- »Am Benehmen bei Tisch erkennt man den wohlerzogenen und den unerzogenen Menschen. Die Heimerzieher bemühen sich, die geltenden Anstandsformen und Tischsitten täglich neu einzuüben und zur festen Gewohnheit werden zu lassen. Der Speisesaal wird ruhig und ohne Hast betreten. Der Unterhaltungston sei ruhig und rücksichtsvoll.«

- »Von der Sexta bis Untersekunda einschließlich werden keinerlei Musikgeräte (Radios, Ton- und Schallplattenapparate) zugelassen. Diese Anordnung ist erforderlich, um auch in der Freizeit Schülern die Möglichkeit zum Studium oder zu ruhiger freier Beschäftigung zu bieten.«

- »Menschen, die immer nur reden und nicht auch schweigen können, haben keine geistige Tiefe, vergeuden ihre Energie mit leerem Geschwätz, gehen ihren Mitmenschen auf die Nerven und verhindern ihren Geist an tieferem Denken. Alle großen Denker der Geschichte waren zugleich auch schweigsame Menschen.«

- »Achte auch auf die Formen des Anstandes. Der Unterhaltungston sei sauber und froh, natürlich und gesund.«
- »Während eines Monates sollte jeder Schüler wenigstens ein gutes Buch lesen. Auch hier gilt als Maßstab der charakterlichen Beurteilung: ›Sage mir, was du liest, und ich sage dir, wer du bist.‹ Aus Verantwortung vor Gott und den Eltern müssen deswegen der Heimleitung Bücher und Zeitschriften, soweit sie nicht ausdrücklich genehmigt sind, zur Einsichtnahme vorgelegt werden.«

Vor dem Hintergrund solcher Erziehungseinstellungen entstanden wohl auch solch sprichwörtliche Redensarten wie »Wer die Rute spart, verdirbt das Kind« oder »Ein kleiner Klaps hat noch niemand geschadet«. Eher das Gegenteil, also eine die Würde, Eigenständigkeit und Selbstbestimmung des Kindes betonende Erläuterung von Erziehung findet sich in der folgenden Definition:

»Erziehung hat das Ziel, Menschen, die dem Erziehungsprozess unterworfen sind, zu befähigen, die Antriebe und Bedingungen ihres eigenen Handelns zu erkennen und sich als Subjekte verwirklichen zu können.«

Der Erziehungswissenschaftler Liegle versucht mit den folgenden 10 Geboten die allgemeine Richtung und Grundhaltung aufzuzeigen für eine neue erzieherische Verantwortung der Erwachsenen gegenüber den Kindern:

1.
Du sollst Kinder nicht als Mittel zu irgendeinem Zweck betrachten oder gebrauchen!

2.
Du sollst Kinder nicht als Bausteine der Zukunft betrachten oder behandeln, sondern als Baumeister der Erwachsenen, die sie einmal werden wollen!

3.
Du sollst dir kein Bildnis machen von dem zukünftigen Erwachsenen im Kind!

4.
Beeinflusse das Kind nicht dadurch, dass du das forderst,
was du selbst möchtest, dass das Kind es sei, sondern durch
den Eindruck dessen, was du selber bist!

5.
Ehre die Eigentümlichkeit und die Willkür deiner Kinder, auf dass
es ihnen wohl ergehe und sie kräftig leben auf Erden!

6.
Vertraue auf die moralischen und intellektuellen Fähigkeiten
des Kindes und präge dir selbst den Gedanken ein, dass jedes Kind
die Wiederholung der Naturkräfte und deshalb unbegrenzt
ist wie das Weltall.

7.
Du sollst Kinder lieben wie dich selbst, denn sie sind wie du,
nämlich eine je eigentümliche Persönlichkeit mit eigener Würde
oder, in religiöser Sprache, Ebenbild Gottes!

8.
Du sollst Verantwortung übernehmen für dein Leben und Handeln,
denn diese sind Wegweiser für die dir anvertrauten Kinder!

9.
Du sollst Verantwortung übernehmen für die Welt, in der
Kinder eine Zukunft haben sollen!

10.
Liebe in deinen Kindern nicht dein Fleisch und Blut, nicht deine
Zukunft, nicht dein Eigentum, sondern ihre Gegenwart, ihr
Selbstsein und ihr Selbstwerden!

Ähnlich sind auch die Gedanken von Khalil Gibran, an denen sich
unsere erzieherischen Einstellungen und Handlungen ausrichten
sollten:

Von den Kindern

Eure Kinder sind nicht eure Kinder.

Sie sind die Söhne und Töchter der Sehnsucht
des Lebens nach sich selber.

Sie kommen durch euch, aber nicht von euch, und obwohl
sie mit euch sind, gehören sie euch doch nicht.

Ihr dürft ihnen Liebe geben, aber nicht eure Gedanken,
denn sie haben ihre eigenen Gedanken.

Ihr dürft ihren Körpern ein Haus geben, aber nicht ihren Seelen,
denn ihre Seelen wohnen im Haus von morgen, das ihr nicht
besuchen könnt, nicht einmal in euren Träumen.

Ihr dürft euch bemühen, wie sie zu sein,
aber versucht nicht, sie euch ähnlich zu machen.
Denn das Leben läuft nicht rückwärts, noch verweilt es im Gestern.

Ihr seid die Bogen, von denen eure Kinder als
lebende Pfeile ausgeschickt werden.

Es wird deutlich, dass es kaum sinnvoll ist, »Erziehung« mit einem
knappen Satz zu umschreiben, da hinter unseren konkreten Erziehungsmaßnahmen sehr unterschiedliche Menschenbilder sowie
Einstellungen zur Beziehung zwischen Erwachsenen und Kindern
stehen und zum Tragen kommen können. Je verinnerlichter diese
von Liegle und Gibran angeführten »christlichen«, »humanen«,
»demokratischen« Grundwerte von den Erwachsenen werden, umso mehr wird sich deren alltägliches Erziehungsverhalten auch
schon ganz von selbst anfangen zu ändern.

Erziehen ist auch das Verstehen-Lernen von Kindern.

Die amerikanische Familienberaterin und -therapeutin Waterbury-
Tieman versuchte nun diese noch eher allgemeinen Erziehungs-
grundwerte etwas konkreter auf den Erziehungsalltag zu übertragen. Sie geht zunächst davon aus, dass Erziehung die wohl am meisten verwirrende Aufgabe und Verantwortung darstellt, der sich
Eltern gegenübersehen. Die meisten der Eltern, mit denen sie gear-
beitet hat, würden genauso wie sie selbst mit Fragen ringen, wie
z.B.: »Was ist Erziehung und was ist sie nicht?« oder »Was ist zu viel

Erziehung und was zu wenig?« Die Antworten darauf sind vielfältig wie Erziehung selbst, wobei sie folgende Überschrift zu ihren »grundlegenden Einstellungen zur Erziehung« wählt:

»Erziehung ist ein Wort mit fünf Buchstaben: L-I-E-B-E.«

Ihre (übersetzten und hier leicht veränderten) Grundsätze und Erläuterungen in Bezug auf »Erziehung« lauten folgendermaßen:

◆ Zuerst einmal: Erziehung ist nicht gleichzusetzen mit Elternsein, sie ist nur ein Teilaspekt davon. Um wirksam zu sein, muss Erziehung im Rahmen von Liebe, Pflege, Geborgenheit und Wertschätzung erfolgen.
◆ Erziehung ist nicht Bestrafung im engeren Sinne oder gar Schlagen. Strafen und erst recht Züchtigungen tun wir üblicherweise aus unserer eigenen Frustration heraus den Kindern an. Oft herrscht dann auch Unwissen darüber, was sonst getan werden könnte. Strafe ist typischerweise eine Art unüberlegte Reflexreaktion auf Ungezogenheiten oder schlechtes Betragen, auf die wir zu lange nicht reagierten.
◆ Erziehung ist darauf angelegt, zu helfen und nicht zu verletzen. Erziehung ist etwas, das wir für unsere Kinder tun, um ihnen Selbstdisziplin zu lehren. Erziehung ist ein Ausdruck der Liebe, die wir für unsere Kinder fühlen. Weil wir sie lieben, sagen wir aus Sorge um sie: »Nein, ich kann dich das nicht tun lassen. Ich werde auf dich aufpassen, bis du gelernt hast, dies selber zu tun.«
◆ Erziehung verändert sich im Laufe der Zeit, um den Notwendigkeiten und Bedürfnissen des sich entwickelnden Kindes zu entsprechen.
◆ Erziehung ist besonnenes, nachdenkliches und rücksichtsvolles Handeln mit der Absicht, den Kindern zu lehren, was annehmbares Verhalten ist, wie man eigene Fehler korrigiert, eine gute Wahl und nachdenkliche Entscheidung trifft sowie in Zukunft Probleme und Schwierigkeiten vermeiden kann.
◆ Erziehung akzeptiert Fehler als eine Möglichkeit, um zu lernen und sich weiterzuentwickeln.

- Erziehung ist am wirksamsten, wenn sie durch Erwachsene erfolgt, die das Verhalten auch glaubhaft vorleben, was sie vom Kind erwarten.
- Erziehung nimmt vielfältige Formen an. Dazu gehören: Grenzsetzungen; Anerkennung und Lob für erwünschtes Verhalten; Ignorieren von Provokationen und Kleinigkeiten; »Auszeiten«, d.h. kurzfristige Trennung, damit sich der Konflikt nicht höher schaukelt; natürliche, folgerichtige Konsequenzen; begrenzte Wahlmöglichkeiten; überlegte Belohnungen. Wir selbst, also unsere Zeit, Aufmerksamkeit und Anerkennung, sind die besten Belohnungen für Kinder. Je vielseitiger, kreativer und differenzierter wir reagieren können, umso effektiver wird Erziehung sein.
- Erziehung verlangt einen ungeheuren Anteil an Selbst-Erziehung und Selbst-Disziplin. Wirksame Erziehung setzt voraus, dass Eltern ruhig bleiben und vermeiden, das Verhalten ihres Kinds persönlich zu nehmen. Erziehung erfordert manchmal die Verwendung von einer fest-entschlossenen, ernsten Stimme. Es darf auch Wut und Ärger zum Ausdruck gebracht werden, aber es sollte dabei ein ganz bestimmtes Verhalten getadelt und nicht das Kind in seiner gesamten Persönlichkeit »in Bausch und Bogen« verdammt werden. Wenn Eltern außer Kontrolle geraten, geraten auch die Kinder außer Kontrolle und schließlich eskaliert auch die Situation und gerät ebenfalls außer Kontrolle: Das Ergebnis ist üblicherweise Bestrafung, nicht Erziehung. Dies führt dann im Laufe der Zeit zur Zerrüttung der Elternteil-Kind-Beziehungen.
- Erziehung ist dann am wirkungsvollsten, wenn sie im Zusammenhang mit uneingeschränkter, vorbehaltloser Liebe erfolgt, begleitet von aufmerksamem Zuhören (allein weil Eltern zuhören, bedeutet dies nicht schon, dass sie mit dem Kind derselben Meinung sind oder ihm zustimmen), Verständnis und Verstehen-Wollen, sinnvollen Grenzsetzungen, angemessen-realistischen Erwartungen, Akzeptanz von Gefühlen und auch stärkerer Erregung (während Gefühle meist annehmbar und nachfühlbar sind, trifft dies durchaus nicht immer für die sie begleitenden Verhaltensweisen zu), offener und freimütiger Kommunikation und gleichgewichtiger Betonung der Rechte und Pflichten.

◆ Erziehung sollte Selbstvertrauen, Selbstsicherheit und Eigenverantwortlichkeit der Kinder fördern.

◆ Erziehung ist nicht nur auf das Hier und Jetzt, sondern auch auf die Zukunft ausgerichtet. Eltern sollten sich davon überzeugen, dass die Erziehung, die sie anwenden, übereinstimmt mit den Zielen, die sie für ihre Kinder haben. Die Zeit und die Mühe, die Eltern für das Nach- und Überdenken der Erziehung ihrer Kinder aufwenden, ist langfristig eine sehr lohnende Wertanlage in die Entwicklung von später eigenverantwortlichen Erwachsenen.

◆ Erziehung träumt von kräftigen, selbstständigen, auf ihre Zukunftsaufgaben gut vorbereiteten und verantwortungsbewussten Erwachsenen in gesunden, die Würde von Mitmensch und PartnerIn beachtenden Beziehungen.

◆ Letztlich: Es gibt weder perfekte Kinder, noch perfekte Eltern! Eltern sollten sich die Erlaubnis geben, Fehler zu machen. Sie sollten aber auch daran denken, aus ihnen zu lernen. Aus den Fehlern sollte weiter die Motivation erwachsen, es zukünftig besser zu machen. Ihre Kinder werden ihnen zweifellos dazu Gelegenheit geben.

Wenn wir Eltern und Erwachsenen das Glück haben sollten, lange zu leben, so werden eines Tages vielleicht unsere Kinder die Sorge und Pflege von uns übernehmen. Können und sollten wir wirklich hoffen, dass sie dies so tun, wie wir uns gegenüber ihnen in der Erziehung verhalten haben?!

Letztlich möchte ich das vorliegende Buch als eine Annäherungshilfe an das begreifen, was der Bielefelder Jugendforscher Hurrelmann als »eine Erziehung in einer demokratischen Kultur« bezeichnet, »nämlich die ständige gemeinsame Absprache, ja das Aushandeln von Umgangsformen und Regeln mit Begründung und Erläuterung, angemessen für jede Entwicklungsstufe des Kindes«, wobei er das Ziel der Erziehung in »Selbstständigkeit, Entscheidungsfähigkeit, Kooperationsbereitschaft und Verantwortungsgefühl der Kinder« sieht.

> *Gisela Preuschoff* mag das Wort »Erziehung« deswegen nicht, weil darin »ziehen« steckt: »In der Tat ist es wenig nützlich, Kinder in eine bestimmte Richtung ziehen und zerren zu wollen, wie das im Alltag so oft vorkommt. ›Erziehung ist Beziehung‹ hat Martin Buber gesagt. Das klingt besser, spricht Geben und Nehmen an, Wechselseitigkeit. Beziehungen entstehen dadurch, dass man etwas miteinander macht, sie wachsen und gedeihen durch positive Erfahrungen und durch *gemeinsame* Kommunikation.«

In den nächsten Kapiteln wird noch deutlich werden, dass zwischen gewaltfreier Erziehung und eindeutigen Kindesmisshandlungen fließende Übergänge bestehen. Die Grauzone zwischen diesen beiden Polen ist sehr groß. In diesem Übergangsbereich besteht heute noch vielfach die Einstellung, dass entwürdigende und körperlich (stark) strafende Erziehungsmaßnahmen (welche im Einzelnen durchaus auch dem Bereich eindeutiger Misshandlungen zugeordnet werden könnten) als »tolerierbar«, »richtig«, »angemessen«, »vom Gesetz und der Rechtssprechung gebilligt« sowie »zur Erziehung gehörend« anzusehen sind. Solche gewaltförmige bis gewalttätige Erziehung hat bei uns eine lange Tradition und zeigt sich bis heute in erschreckend hohen Zahlen (angefangen vom »kleinen Klaps« bis hin zu eindeutigen Misshandlungen): Dies wird noch in den folgenden Kapiteln belegt werden!

Im vorliegenden Zusammenhang erscheint es sinnvoll, nun nach Erläuterungen zum Begriff der Erziehung auch auf den Begriff der »Misshandlung« näher einzugehen. Gewalt gegen Kinder wird meist unterteilt nach körperlicher Misshandlung, Vernachlässigung, seelischer Misshandlung und sexuellem Missbrauch:

Körperliche Misshandlung:

Schläge und andere gewaltsame Handlungen, die den Kindern Verletzungen zuführen können, also z.B. Schlagen mit Händen, Stöcken, Peitschen; Stoßen von der Treppe; Schleudern gegen die Wand; Verbrennen mit heißem Wasser oder Zigaretten sowie auf den Ofen setzen; Einklemmen in Türen oder Autofensterscheiben;

Pieksen mit Nadeln; ins kalte Badewasser setzen und untertauchen; eigenen Kot essen und Urin trinken lassen; Würgen; Vergiftungen.

Vernachlässigung:

(Massive) Beeinträchtigung oder Schädigung der Entwicklung aufgrund unzureichender Pflege und Kleidung, Ernährung und gesundheitlicher Fürsorge, Beaufsichtigung und mangelndem Schutz vor Gefahren. Häufig kommt es aufgrund finanzieller Not, beengter Wohnverhältnisse und dem Leben in sozialen Brennpunkten zu nicht hinreichenden Anregungen und Förderungen der motorischen, geistigen, emotionalen und sozialen Entwicklung der Kinder. Die vielfach auch sehr ausgeprägten Folgen der Vernachlässigung werden auch heute noch häufig von Laien wie auch Fachleuten unterschätzt. Deswegen wurde schon vor vielen Jahren der Ausdruck von der »Vernachlässigung der Vernachlässigung« geprägt.

Seelische Misshandlung:

Ausgeprägte Ablehnung, Verängstigung, Terrorisierung und Isolierung des Kindes; sie beginnt beim täglichen Beschimpfen, Verspotten und Erniedrigen und reicht über Einsperren in dunklen Räumen sowie Anbinden im Bett bis zu vielfältigen massiven Bedrohungen einschließlich Todesdrohungen. Umgekehrt muss auch ein zu starkes Behüten sowie Erdrücken des Kindes mit Fürsorge in diesem Zusammenhang erwähnt werden: Eltern verhalten sich dann wie »Glucken auf dem Kücken«, die Kinder werden dann in ihren Entfaltungsmöglichkeiten behindert, bleiben in ihrer Entwicklung stehen, fühlen sich extrem ohnmächtig und abhängig.

Sexueller Missbrauch:

Jede Handlung, die an oder vor einem Kind entweder gegen den Willen des Kindes vorgenommen wird oder der das Kind aufgrund seiner körperlichen, seelischen, geistigen oder sprachlichen Unterlegenheit nicht wissentlich zustimmen kann. Die MissbraucherInnen nutzen ihre Macht- und Autoritätsposition aus, um ihre eigenen Bedürfnisse auf Kosten der Kinder zu befriedigen, die Kinder werden zu Sexualobjekten herabgewürdigt.

Die Verwendung des Misshandlungsbegriffes kann mehr oder weniger *eng* bzw. *weit* sein. Eine enge Auslegung liegt z.B. dann vor, wenn von Misshandlung nur bei körperlicher Verletzung eines Kindes gesprochen wird. Da nun aber bei vielen Fällen sexuellen Missbrauchs oder seelischer Misshandlung sowie Vernachlässigung keine körperlichen Schädigungen bzw. Verletzungen beobachtbar sind, erscheint es notwendig, den Begriff der Misshandlung auszuweiten. Dabei müssen dann neben den Verletzungen auch andere körperliche Folgen oder seelische Beeinträchtigungen sowie Entwicklungsstörungen berücksichtigt werden.

Die Auslegung des Gewalt- oder Misshandlungsbegriffes hängt auch sehr stark von den jeweiligen Normen und Werten einer Gesellschaft oder sozialen Schicht oder Berufsgruppe usw. ab, d.h., es werden gleiche Verhaltensweisen ggf. höchst unterschiedlich bewertet. Dabei spielt es weiter eine Rolle, in welchem praktischen Zusammenhang über ein bestimmtes Verhalten gesprochen wird. In strafrechtlichen Verfahren wird häufig ein sehr enger Begriff der Misshandlung angewendet. Dies liegt daran, dass man vermeiden möchte, aufgrund von Fehlentscheidungen massiv in die Familien sowie die Elternrechte einzugreifen (wobei es häufig auch schwierig ist, hinreichendes »Beweismaterial« zu erbringen, da z.B. bestimmte Verletzungen auch durch Unfälle bedingt sein können). Weitere Misshandlungsbegriffe wird man dagegen eher bei misshandlungsgefährdeten, weil vielfältig belasteten Familien anwenden, um so noch schlimmeren Handlungen und Folgen rechtzeitig durch Hilfen vorbeugen zu können.

Das kriminologische Forschungsinstitut Niedersachsen verwendete für seine bundesweite repräsentative Befragung einen relativ engen Gewaltbegriff, da z.B. seelische Misshandlung und Vernachlässigung nicht erfragt wurden.

Die verwendeten Definitionen seien hier aufgeführt, da sie wichtig sind zur Beurteilung der noch später aufgeführten Ergebnisse dieser Befragung. Zunächst einmal wird *elterliche körperliche Züchtigung* als eine »von Eltern in der Absicht der Kontrolle kindlichen Verhaltens ausgeführte Zufügung von Schmerz« umschrieben, die »durch personengerichtete körperliche Gewalt« erfolgt, »ohne dass damit die Absicht der Verursachung ernsthafter Verletzungen oder

Schädigungen verfolgt wird und ohne dass die rechtlichen Grenzen des elterlichen Züchtigungsrechts überschritten werden«. Davon abgegrenzt wird *elterliche physische Misshandlung von Kindern*, da sie »eine gegen ein Kind gerichtete, körperliche Gewaltausübung durch Eltern« ist, welche »die rechtlichen Grenzen des elterlichen Züchtigungsrechts eindeutig überschreitet« und dabei einschließt die »Zufügung körperlicher Schmerzen mit der Absicht oder der Inkaufnahme des Risikos von Verletzungen aufseiten des Kindes« (unabhängig davon, ob dies aus erzieherischen Absichten heraus erfolgt oder aber durch andere Motive erfolgt). Hervorgehoben werden muss, dass von den Autoren auch die körperliche Züchtigung als »*Gewalt*« bezeichnet wird, und mit der körperlichen Misshandlung bildet sie zusammen die beiden »*Gewalt*formen« der *körperlichen elterlichen Erziehungsgewalt*. Weiter wird noch *sexueller Kindesmissbrauch* definiert als »sexuelle Instrumentalisierung eines Kindes oder Jugendlichen durch eine erwachsene oder bedeutend ältere Person, bei welcher der Erwachsene seine Überlegenheit – ungeachtet des Willens oder des Entwicklungsstandes eines Kindes – im Interesse der Befriedigung seiner Bedürfnisse nach Intimität oder Macht ausnutzt«.

Die Überleitung zu den folgenden Kapiteln soll nun mit der Feststellung erfolgen, dass die Erziehungsratschläge früherer Jahrhunderte und Jahrzehnte vielfach als »Anleitung zur Erziehungs-Gewalt« und damit eindeutigen Befürwortung von Handlungsweisen aus dem Rahmen der o.a. Kindesmisshandlungsformen anzusehen sind. Leider findet diese Tradition auch heute noch in unserem Erziehungsalltag viel zu häufig ihren »Niederschlag«.

4.

Erziehung von gestern und heute. Oder: vererbte Elternrechte und -sünden

Unsere heutigen Erziehungseinstellungen sowie unser gelebter Erziehungsalltag sind wesentlich mitbestimmt durch nicht hinreichend hinterfragte und den neuen Anforderungen in einer sich stark wandelnden Gesellschaft zu wenig angepasste Überlieferungen und »herrschende Meinungen« von einer Generation auf die andere. Um dies zu veranschaulichen, beginne ich mit einigen Zitaten:

>»Der Gehorsam eines Kindes ist immer leicht zu erreichen, wenn der Erzieher den Unterschied zwischen Verbotsgehorsam und Gebotsgehorsam beachtet. Man bringt ein Kind schon in den ersten zwei Jahren zum Verbotsgehorsam, d.h. dazu, dass es nicht tut, was ihm verboten ist. Viel länger aber dauert es, dass ein Kind irgendeinen Befehl, also ein Gebot ausführt. Zu diesem Gebotsgehorsam braucht man gewöhnlich viel mehr als zwei Jahre. Falsch ist es, den Verbotsgehorsam erreichen zu wollen durch Zureden, durch Erklärungen oder durch zartes Wegleiten der Hand von der beabsichtigten Tat. Erklärungen versteht ein Kind von 12 bis 18 Monaten noch nicht, ein zartes Wegleiten der Hand ist aber sogar angenehm. Der schmerzende Schlag aber bleibt ihm in Erinnerung. Voraussetzung ist dabei, dass der erstmalige Schlag geschmerzt hat, dass er ohne Erregung und nicht im Ärger erteilt und dass das verbietende Wort kurz und laut, aber nicht schreiend ausgesprochen wurde. Man könnte gewiss mit einer Nadel oder einem elektrischen ›Erziehungsstab‹ den Schmerz verursachen und die Rute war ja auch ein solches Erziehungsinstrument und auch in der Hand einer vernünftigen Mutter ein wirkungsvolles Erziehungsmittel. Kinder, die in der angegebenen

Weise richtig behandelt werden, fassen den Erziehungsschlag wie ein Geschick auf und verbinden damit keine Abneigung gegen den Erzieher. Das lehrt vielfältige Erfahrung. Man kann oft bei kleinen Kindern sehen, dass sie sogar, wenn sie irgendetwas Unerlaubtes anstellen, sich selbst ›strafen‹, z.b. durch einen Schlag auf die Hand. So wird auf diese Art der Verbotsgehorsam bei jedem Kind im Alter von 1 1/2 bis 2 Jahren erzielt, wenn man von abnormen Kindern absieht. … Die Mutter gebe die Schläge lieber nicht, denn sie schlägt gewöhnlich nicht kräftig genug. Jedes Naschen ist einem Diebstahl gleichzusetzen und unnachsichtig und wortlos zu bestrafen. Der Erziehung steht besonders eine kindliche Eigenschaft hindernd im Weg. Das ist die Ichsucht, damit verbunden Geltungssucht, Herrschsucht, Eigensinn, Eitelkeit und Hochmut, Habgier und Neid. Die Ichsucht des Kindes zu vermindern ist eine Hauptaufgabe der Erziehung.«

Vergleichen wir diese »Erziehungsanleitung« einmal mit einigen Zitaten aus Erziehungsbüchern des 18. und 19. Jahrhunderts, die Alice Miller in ihrem Buch »Am Anfang war Erziehung« aufführt:

»Der Gehorsam besteht darin, dass die Kinder
1. gern tun, was ihnen befohlen wird,
2. gern unterlassen, was man ihnen verbietet,
3. mit den Verordnungen, die man ihrethalben macht, zufrieden sind.«

(J. Sulzer, 1748)

»Der Erzieher, welcher seine Befehle mit Gründen begleitet, räumt zugleich Gegengründen eine Berechtigung ein, und damit wird das Verhältnis zum Zögling verschoben.«

(L. Keller, 1852)

»Bis in sein viertes Lebensjahr lehrte ich Konrädchen hauptsächlich viererlei: Aufmerken, gehorchen, sich vertragen und seine Begierden mäßigen.«

(C.G. Salzmann, 1796)

Die o.a. Zitate sind aus einem 1952 erschienenen Buch mit dem Titel »Über den Umgang mit Kindern«, verfasst von Franz Hamburger, Kinderarzt und ehemaliger Vorstand der Universitäts-Kinderkliniken in Graz und Wien. Diese beispielhaft angeführten Zitate sollen daran erinnern, dass wir in Deutschland eine Jahrhunderte andauernde Tradition besitzen, den Kindern bereits im Kleinst- und Kleinkindalter mit einem zu viel an Dressur und Strafe zu begegnen, mit einem zu viel an Einengungen, Verhinderungen, Geboten und Anordnungen. Eine solche Erziehungshaltung führte zur Marionettenhaftigkeit der Kinder und auch späteren Erwachsenen, zu Obrigkeitshörigkeit und Rückgratlosigkeit, welche insgesamt wohl auch mit die Gräueltaten erklären, die im Dritten Reich passiv oder aktiv von vielen Millionen unterstützt bzw. verübt wurden.

Das Kind wird nicht erst ein Mensch, es ist schon einer.

Sigrid Tschöpe-Scheffler

Alice Miller kennzeichnet die aufgeführten Erziehungshaltungen mit »schwarzer Pädagogik«, welche darauf abzielt, die Lebendigkeit, Kreativität, Ursprünglichkeit, Neugier und Selbstständigkeit in den Kindern zu unterdrücken, sie »pflegeleicht« werden zu lassen. Diese Anpassung geschieht aber nicht nur »äußerlich« aufgrund der vielen Ge- und Verbote sowie Strafen, sondern die Kinder verinnerlichen auch diese von Elternhaus, Kindergarten, Schule usw. vermittelten Normen. Sie beginnen also auch von sich aus alles eigentlich Natürliche und Lebendige in sich zu unterdrücken. Um diesen Prozess der Verinnerlichung und Übernahme der Normen der Eltern zu verstehen, sei nochmals auf die Abbildung im Einstimmungskapitel über die »Szenen aus dem Erziehungsalltag« zurückgekommen. Zunächst einmal verweisen die aufgeführten Aussagen auf die Vielzahl der von uns Erwachsenen verwendeten Verbote, Mahnungen, Zurechtweisungen, Drohungen, Strafen usw. im Erziehungsalltag. Diese sind aber häufig verbunden mit äußerst abwertenden Urteilen über die Kinder, also z.B. »Du bist ein böses Kind!«; »Wie kann man sich nur so blöd anstellen!«; »Wie ein kleines Baby verhältst du dich!« Dabei neigen wir Eltern auch noch dazu, das gesamte Kind von »Kopf bis Fuß« als böse oder schlimm oder dumm u.Ä. zu bezeichnen, anstatt unsere Ermahnungen ganz ausdrücklich nur auf eine bestimmte Handlung des Kindes zu beziehen. Zu diesen Kränkungen und Abwertungen tritt dann noch der angedrohte oder tatsächliche Verlust der elterlichen Zuwendung und Liebe: »Papi wird ganz traurig werden, wenn er hört, was du wieder gemacht hast!«; »Geh auf dein Zimmer, ich kann dich nicht mehr sehen!«; »Ich spiele lieber mit deinem Bruder, der ist viel lieber!« Da das (Klein-)Kind sich in einer völligen Abhängigkeit von seinen Eltern be- und empfindet sowie Mutter und Vater bezüglich ihrer Bewertungen der eigenen kindlichen Persönlichkeit wie »Stellvertreter Gottes auf Erden« ansieht, wird das Kind ausgeprägte Gefühle von Schuld, Unzulänglichkeit, Unsicherheit und Selbstzweifel erleben. Es wird sich weiter zwangsläufig anpassen müssen, um zusätzliche Gefühle von Einsamkeit, Ohnmacht, Hilflosigkeit und Angst zu vermeiden. Es wird, um nicht die lebensnotwendigen Gefühle von Liebe, Halt, Zuwendung, Behütung, Versorgung, Wärme und Geborgenheit zu verlieren, sich nach dem Bilde der Eltern ausrichten, d.h., das Kind wird so werden wollen, wie es selber meint und auch erlebt, von den Eltern geliebt werden zu können. Je stärker nun eine solchermaßen charakterisierte »schwarze Pädagogik« ausgeübt wird, umso mehr wird das Kind seine Natürlichkeit und Einzigartigkeit bekämpfen, es wird sich eine »zweite Natur« zulegen. Eltern (und letztlich auch das Kind) halten dies dann für vernünftig, richtig und gesund: Aber in Wirklichkeit darf sich das Kind eben nicht zu einem »kraftvollen, eigenständigen Baum« entwickeln, sondern es verbleibt ein verkümmertes und verkrüppeltes Bonsai-Bäumchen.

Die Gefahren einer solchen Entwicklung beschreibt die Liedermacherin Bettina Wegener in ihrem bekannten Lied:

Kinder

Sind so kleine Hände, winzge Finger dran
darf man nicht drauf schlagen, die zerbrechen dann
sind so kleine Füße, mit so kleinen Zehn
darf man nie drauf treten, könn sie sonst nicht gehn

sind so kleine Ohren, scharf, und ihr erlaubt
darf man nie zerbrüllen, werden davon taub
sind so schöne Münder, sprechen alles aus
darf man nie verbieten, kommt sonst nichts mehr raus
sind so klare Augen, die noch alles sehn
darf man nie verbinden, könn sie nichts verstehn
sind so kleine Seelen, offen und ganz frei
darf man niemals quälen, gehn kaputt dabei
ist so'n kleines Rückgrat, sieht man fast noch nicht
darf man niemals beugen, weil es sonst zerbricht
gerade klare Menschen, wär'n ein schönes Ziel
Leute ohne Rückgrat, hab'n wir schon zu viel.

Auch bezüglich der Erziehung zur Geschlechtsrolle lässt sich eindringlich aufzeigen, wie sehr insbesondere Mädchen, aber auch
Jungen durch gesellschaftliche Einstellungen in ihren Entwicklungsmöglichkeiten behindert und verformt werden. Es wird für
viele unglaublich klingen, aber es ist wirklich erst etwa 35 Jahre her,
dass die folgenden Zitate aus Aufklärungsbüchern noch zu großen
Teilen herrschende Meinung widerspiegelten (und auch heute
durchaus noch nicht überwunden sind):

- »Diese Verschiedenheit von Mann und Frau wird schon im
  Kind deutlich. Gib einem Mädchen von drei, vier Jahren eine
  Puppe, die ›Mama‹ schreit. Wie zärtlich, besorgt und behut-
  sam geht das Mädchen mit der Puppe um. Genau wie eine
  Mutter mit ihrem Kind. Kein Mensch hat es ihm gesagt oder
  gezeigt. Es liegt ganz einfach in ihm. Es ist seine Anlage zum
  Lieben und Bemuttern. Gib dieselbe Puppe einem Jungen
  von vier Jahren. Er dreht und wendet die Puppe und jetzt –
  da sie ›Mama‹ schreit – wird er stutzig. Im nächsten Augenblick hat er ein Taschenmesser zur Hand (Mädchen mit Ta-
  schenmessern wären stillos und undenkbar) und schon
  schlitzt er der Puppe den Bauch auf. Er will wissen, was dahinter steckt, was ›Mama‹ schreit.« (Goldmann 1965)
- »Die Verteilung der Gaben kann man auch an den Berufen
  erkennen. Es gibt Berufe, die nur für den Mann geschaffen

sind, z.B. Schlosser, Baumeister, Staatsmann. Sachliches Planen, harte Arbeit nach außen, Grundsatz, Gesetz. Der Frau liegt mehr der Blick für das Kleine, das Zarte, das Kind, das Pflegen, das Hüten, das Persönliche und Lebendige.« (Tilmann und Arndt 1962)

- »Andere Mädchen beneiden Ehefrauen vielleicht auch nicht, weil sie sich zu gut für die Haushaltsarbeit halten. Ist ihnen zu wenig geistig, wichtig, einträglich. Möchten mit ihren (dummen) Gedanken höher hinauf: wissenschaftlich, künstlerisch, schöpferisch, wenigstens kaufmännisch. Klar, dass sie bei ihren geistigen ›Qualitäten‹ sich zu schade für Kartoffelschälen und Windelwaschen sind.« (Wirtz, o.J.)

Mit diesen Zitaten befinden wir uns in den 60er-Jahren, in denen begonnen wurde, dass Züchtigungsrecht des Lehrers in den Schulen durch Ministerialerlässe aufzuheben, nachdem »bereits« seit 1951 aufgrund der Neufassung der Gewerbeordnung Lehrlinge nicht mehr geschlagen werden durften.

»Der Lehrer Johann Häberle hatte in seinem Amt ganze Arbeit geleistet – nicht nur in der pädagogischen Praxis, sondern auch bezüglich penibler Buchführung. Während seiner 51 Dienstjahre verteilte der Pauker aus dem 19. Jahrhundert exakt 911.517 Stockschläge sowie 24.010 Rutenhiebe, dazu kamen rund 21.000 Klapse mit dem Lineal, gut 10.000 Maulschellen und knapp 8.000 Ohrfeigen. 777-mal ließ er Schüler auf Erbsen knien, 613-mal vollzog sich diese erzieherische Maßnahme auf einem Dreikantholz.
Über viele Jahrhunderte hinweg galt die körperliche Züchtigung als unumgängliches Mittel, das Böse auszutreiben, das nach damaliger Auffassung dem Menschen seit seinem Auszug aus dem Paradies von Geburt an innewohnt. Strafende Erzieher – und das hieß in aller Regel: schlagende Erzieher – besaßen allerhöchsten Segen, denn Strafe war gottgewollt. Erklärtes Erziehungsziel war es, den Eigenwillen des Kindes, seine ›harte Natur‹ zu brechen.«

Cornelia Nack

1960 wurde dann durch das Gesetz zum Schutz der arbeitenden Jugend festgelegt, dass Kinder und Jugendliche im Rahmen eines Beschäftigungsverhältnisses nicht körperlich gezüchtigt werden dürfen sowie vor körperlicher Züchtigung und Misshandlung durch andere Beschäftigte zu schützen sind. Und »schon« 1900 wurde das Züchtigungsrecht des Ehemannes gegenüber der Ehefrau abgeschafft. Aber Gesetze alleine bewirken keine wirkliche Umkehr, wenn sich nicht gleichzeitig gesellschaftliche Einstellungen grundlegend ändern. So flüchten noch heute in Deutschland jährlich mehr als 30.000 bis 40.000 Mütter (vielfach mit ihren Kindern) in die derzeit rund 400 Frauenhäuser und es wird geschätzt, dass ungefähr zwei bis drei Millionen Frauen jährlich von ihren Männern geschlagen werden. Zusätzlich wird die Zahl der Vergewaltigungen in der Ehe auf jährlich mindestens 150.000 geschätzt.

»Das Züchtigungsrecht ist dem Vater etwa im Augsburger Stadtrecht von 1276 zugesichert, so Professor Wolfgang Schild, Strafrechts-Theoretiker und Rechtsphilosoph an der Uni Bielefeld. Der Augsburger Gesetzestext gestattet dem Vater ›seinen ungeratenen Sohn bis zum 18. Lebensjahr zu züchtigen‹. Allerdings mache das Gesetz zugleich eine Einschränkung, denn der Vater dürfe dazu weder Waffen einsetzen, noch dürfe dies blutende Wunden hinterlassen. Das Familienoberhaupt durfte seinen Nachwuchs nur mit der Hand, nicht mit Stöcken und Peitschen schlagen – das unterschied seine Behandlung vom Tier, sagt Schild. Denn für beide war die gleiche Erziehungsmethode bestimmend: Zähmung und Zucht. Die ›Aufklärung als Theorie der vernünftigen Männer‹, so heute der Bielefelder Rechtsphilosoph Schild, schloss Frauen und Kinder aus. Ihnen war demnach mit der Sprache nicht beizukommen: Nur ein vernünftiger Mensch ist ohne Gewalt, durch den Appell an seinen Verstand zu überzeugen. Kinder mussten dagegen sinnlich spüren, um etwas zu lernen.«

Saarbrücker Zeitung vom 17./18.10.1998

In der Vergangenheit haben auch die althergebrachten gesellschaftlichen Einstellungen viel zu sehr die Gesetzesauslegungen beeinflusst. Das wohl bekannteste Beispiel ist ein beschämendes Urteil aus dem Jahre 1986 des Bundesgerichtshofes (also immerhin des höchsten deutschen Gerichtes) zur Bewertung des Begriffes »entwürdigende Erziehungsmaßnahmen«. Tatsache war Folgendes: »In allen Fällen bediente sich der Ehemann eines 1,4 cm starken und in sich stabilen Wasserschlauches. Er schlug dem Kind jeweils mehrmals mit dem Schlauch auf das Gesäß und die Oberschenkel, wobei jeweils rote Striemen entstanden.« In dem Urteil des Gerichts wird die »entwürdigende Erziehungsmaßnahme« folgendermaßen interpretiert: »Dass die Verwendung eines Schlaggegenstandes, hier eines stockähnlichen Gegenstandes, der Züchtigung schon für sich genommen den Stempel einer entwürdigenden Behandlung ... aufdrückte, ist aber aus diesen Grundsätzen nicht herleitbar.« Mit diesem Urteil, was wohl damals wirklich noch überwiegend »im Namen des Volkes« gesprochen wurde, möchte ich überleiten zum folgenden Kapitel über die bisher »unendliche« Geschichte des § 1631 des Bürgerlichen Gesetzbuches (BGB).

Solange Schlagen rechtlich erlaubt ist, bleiben alle außerrechtlichen Bemühungen um eine Zivilisierung der Erziehungsstile ohne Verbindlichkeit.

Detlev Frehsee

5.

Eine unendliche (beschämende) Geschichte: der § 1631 BGB

Die folgenden Ausführungen müssen vor dem Hintergrund des Artikel 2, Abs. 2 des Grundgesetzes bewertet werden, wonach alle StaatsbürgerInnen, also auch jedes Kind, ein Recht auf »körperliche Unversehrtheit« besitzen. Bezüglich des § 1631 des Bürgerlichen Gesetzbuches (BGB) soll mit dem Jahr 1980 begonnen werden, in welchem im damals neuen elterlichen Sorgerecht der Begriff der »elterlichen Gewalt« durch »elterliche Sorge« ersetzt wurde sowie im § 1631, Absatz 2 festgelegt wurde: »Entwürdigende Erziehungsmaßnahmen sind unzulässig« (allerdings wurde bereits 1957 aus diesem § 1631 in Verbindung mit dem Gleichberechtigungsgesetz ersatzlos gestrichen, dass »der Vater kraft des Erziehungsgesetzes angemessene Zuchtmittel gegen das Kind anwenden kann«). Damit gab es in der Bundesrepublik eigentlich kein Gesetz mehr, welches die körperliche Züchtigung von Kindern erlaubt. Die für Laien vielleicht schwer verständliche Diskussion der nächsten Jahrzehnte bis heute entstand aus der Tatsache, dass es umgekehrt kein Gesetz gab, das die Anwendung so genannter angemessener körperlicher Züchtigung durch Eltern verbietet. Da nun weiter Eltern auch eine Pflicht zur Erziehung besitzen, wurde zusätzlich argumentiert, dass zu den zulässigen Erziehungsmitteln auch angemessene körperliche Züchtigung zu rechnen sei. Insgesamt wurde dadurch unterschiedlichen Auslegungen des Begriffes der »entwürdigenden Erziehungsmaßnahmen« Tür und Tor geöffnet. Bereits Zitate aus Bürger-Informationen des Bundesministeriums der Justiz über das »neue elterliche Sorgerecht« von 1980 zeigen diesen »argumentativen Eiertanz« auf (wobei bereits damals das schwedische Vorbild eines gesetzlichen Züchtigungsverbotes bestand):

»Warum ist nicht nach schwedischem Vorbild ein Züchtigungsverbot in das Gesetz aufgenommen worden? Die Neuregelung des Rechts der elterlichen Sorge sieht schlechthin ein Verbot entwürdigender Erziehungsmaßnahmen vor. ... Darüber hinaus ist ein besonderes Verbot des elterlichen Züchtigungsrechtes in das Gesetz nicht aufgenommen worden. Hierfür sind folgende Gesichtspunkte ausschlaggebend: Nach § 1631 Abs. 1 BGB umfasst die Sorge für die Person eines Kindes das Recht und die Pflicht, das Kind zu erziehen. Als zulässiges Mittel elterlicher Erziehung wird allgemein unter anderem die körperliche Züchtigung angesehen. ... Zwar gibt es jetzt eine ausdrückliche gesetzliche Regelung des elterlichen Züchtigungsrechts nicht mehr; die überwiegende Meinung im Schrifttum und der Rechtssprechung erkennt aber auch weiterhin kraft Gewohnheitsrecht und nach herrschender sittlicher Anschauung ein aus dem elterlichen Sorge- und Erziehungsrecht bzw. entsprechender Pflicht hergeleitetes Recht der Eltern zur körperlichen Züchtigung an. Dies darf als Erziehungsmittel im Rahmen des durch den Erziehungszweck gebotenen Maßes verwendet werden; auf Gesundheit und seelische Verfassung des Kindes ist indessen Rücksicht zu nehmen. ... Der Umstand, dass in einigen Fällen die bestehende Grenze zwischen erlaubter Züchtigung und strafbarer Handlung überschritten wird und die Grenzziehung schwierig ist, bietet noch keinen hinreichenden Anlass, die körperliche Züchtigung allgemein zu verbieten.«

Das Züchtigungsrecht leitet sich hier aus einem »Gewohnheitsrecht« und sogar »herrschender sittlicher Anschauung« ab – eben diese Art von »Sittlichkeit« muss endlich geändert werden! Es kann nicht sein, dass noch heute Ansichten vertreten werden wie diejenigen von Palandt, welcher noch 1985 in dem wohl bekanntesten Kommentar zum BGB schrieb:

»Die körperliche Züchtigung ist nicht schon als solche entwürdigend; der Klaps auf die Hand und selbst die wohlerwogene, nicht dem bloßen Affekt der Eltern entspringende (»verdiente«) Tracht

Prügel bleiben nach der Gesetz gewordenen Fassung zulässige Erziehungsmaßnahmen. Die Züchtigung muss sich jedoch in jedem Fall im Rahmen des durch den Erziehungszweck gebotenen Maßes halten, also Rücksicht nehmen auf Alter, Gesundheit und seelische Verfassung des Kindes. In schweren Fällen ist eine Abstimmung mit dem anderen Elternteil erforderlich.«

Wird also einerseits immer argumentiert, dass »entwürdigende Erziehungsmaßnahmen« seit dem neuen § 1631 von 1980 verboten sind, so wird andererseits die Erlaubnis und sogar eigentlich auch die Empfehlung zur körperlichen Züchtigung mit fast abenteuerlichen Begründungen gegeben. Es überrascht so auch kaum mehr, wenn die Rechtsmedizinerin Trube-Becker für diese damalige Zeit das Urteil eines Oberlandesgerichtes aufführt, das eine Mutter von zwei 11 und 13 Jahre alten Kindern dazu auffordert, »notfalls durch Zuchtmittel ... die kindlichen Gefühle gegenüber dem Vater zu wecken und den Widerstand der Kinder zu überwinden«, den von der Mutter geschiedenen Vater zu besuchen.

Der § 1631 BGB Abs. 2 verblieb in der Folgezeit unverändert trotz zahlreicher Bemühungen vonseiten der Fachwelt und Politik:

◆ 1979 verabschiedete der Deutsche Kinderschutzbund eine Resolution, in welcher gefordert wird, die Prügelstrafe den Eltern gesetzlich zu verbieten.

◆ 1989 empfahl eine unabhängige Regierungskommission zur Verhinderung und Bekämpfung von Gewalt, das elterliche Züchtigungsrecht abzuschaffen.

◆ 1989 forderte der Deutsche Kinderschutzbund die folgende Änderung des § 1631, Abs. 2 BGB: »Entwürdigende Erziehungsmaßnahmen – insbesondere Körperstrafen und seelisch verletzende Sanktionen – sind unzulässig.« Die Reaktion der Regierung war unverändert. So antwortete z.B. der damalige Bundesjustizminister Engelhard: »Die Zurückhaltung des Gesetzgebers gegenüber weiter gehenden, auf ein generelles Züchtigungsverbot zielenden Forderungen entspricht ... den Postulaten einer freiheitlichen pluralistischen Gesellschaft, die das Erziehungsrecht der Eltern respektiert und deshalb weder Erziehungsziele vorschreiben noch von Status wegen Erziehungsmethoden verordnen kann.«

◆ 1989 verabschiedeten die Vereinten Nationen das Übereinkommen über die Rechte des Kindes, welches auch von der Bundesrepublik Deutschland unterschrieben wurde. Im Artikel 19 heißt es ausdrücklich: »Die Staaten ergreifen alle entsprechenden gesetzlichen, verwaltungstechnischen, sozialen und bildungspolitischen Maßnahmen, um Kinder gegen alle Formen von körperlicher oder seelischer Gewalt, gegen Verletzung oder Missbrauch, Vernachlässigung oder nachlässige Behandlung, Misshandlung oder Ausbeutung sowie sexuellen Missbrauch zu schützen, solange sie sich in der Obhut von Eltern, gesetzlichen Vormunden oder anderen Erziehungsberechtigten befinden.«

◆ 1990 sprechen sich der Deutsche Kinderschutzbund, die Kinderkommission des Deutschen Bundestages sowie die Zeitschrift Brigitte (unterstützt von 27 Fachverbänden) für die folgende Gesetzesänderung aus: »Kinder sind gewaltlos zu erziehen. Entwürdigende Erziehungsmaßnahmen – insbesondere körperlich und seelisch verletzende Strafen – sind unzulässig.«

◆ 1991 sprach sich die Konferenz der Justizminister für Maßnahmen aus, die verdeutlichen sollen, dass Schläge usw. kein geeignetes Erziehungsmittel sind.

◆ 1991 wiederholt die Kinderkommission des Deutschen Bundestages in einer Pressemitteilung ihre Forderung, dass die Prügelstrafe »so bald als möglich abgeschafft« werden müsse.

◆ 1996 wurde im Bundesrat der folgende Vorschlag zur Änderung des § 1631 vorgelegt: »Kinder sind gewaltfrei zu erziehen. Körperstrafen, seelische Verletzungen und andere entwürdigende Maßnahmen sind unzulässig.«

◆ Im November 1997 wurde der § 1631 neu gefasst und lautet nun: »Demütigende Erziehungsmaßnahmen, insbesondere körperliche und seelische Misshandlung, sind unzulässig.« Die von vielen Kinderorganisationen und Fachleuten geforderte klarere Formulierung, dass Kinder ohne Gewalt zu erziehen sind, wurde erneut nicht aufgenommen.

◆ Im Oktober 1998 bekennen sich SPD und Bündnis 90/Die Grünen in ihrer Koalitionsvereinbarung zum »Schutz der Schwachen durch Recht« und halten schriftlich u.a. fest: »Deshalb ächten und bekämpfen wir Gewalt als Erziehungsmittel (§ 1631 Abs. 2 BGB).«

◆ Im Juni 1999 brachte dann die Bundesregierung in erster Lesung folgenden Entwurf in den Bundestag ein: »Kinder haben ein Recht auf gewaltfreie Erziehung. Körperliche Bestrafungen, seelische Verletzungen und andere entwürdigende Maßnahmen sind unzulässig.«

Bereits 1975 schrieben Petri und Lauterbach die folgende Utopie über einen Text in der Bild-Zeitung zu einer Gesetzesänderung zum elterlichen Züchtigungsrecht. Diesem Wunschtraum sind wir zwar erheblich näher gekommen, aber der Text vermittelt auch, was noch alles verwirklicht werden muss und noch heute aktuell ist, also z.b. das Erkennen der Bedeutsamkeit der Gesetzesinhalte für unsere Gesellschaft (sodass alle Medien das Thema positiv aufgreifen, sogar die BILD-Zeitung), die Aufklärung über die Beweggründe der Gesetzesänderung, die Bereitstellung von Hilfs- und Beratungsangeboten für eine gewaltarme Erziehung sowie die eben nicht beabsichtigte »Lawine der Strafverfolgung« von Eltern. Der gekürzte Bild-Zeitungs-Text dieser »Utopie« lautet folgendermaßen:

Wegen ihrer großen Bedeutung drucken wir in unserer heutigen Ausgabe die Rede der amtierenden Bundesministerin für Jugend, Familie und Gesundheit, Frau …, ab, die sie im Auftrag der Bundesregierung am … über die Abschaffung des Züchtigungsrechtes der Eltern gehalten hat. Die Rede wurde über alle Fernsehsender ausgestrahlt und soll in einer Woche, im 1. und 2. Programm jeweils um 18.00 Uhr wiederholt werden.
»Liebe Mitbürger, liebe Eltern, liebe Jugend, liebe Kinder!
Wie Sie alle wahrscheinlich aus der Presse bereits wissen, tritt ab … das neue Gesetz zum Elterlichen Sorgerecht in Kraft. Die Bundesregierung hat mich beauftragt – und ich freue mich über diesen Auftrag sehr –, Sie besonders über die Regelung des Gesetzesteiles zu informieren, der die Abschaffung des Züchtigungsrechtes der Eltern und sämtlicher Erzieher, ob in Schulen oder in Heimen, vorsieht. Unser bisheriges Gesetz kannte schon

seit langer Zeit kein offizielles Züchtigungsrecht mehr, aber es gab bisher auch keine Regelung, die die Züchtigung von Kindern ausdrücklich verbot. Es gab also bisher nur ein so genanntes Gewohnheitsrecht und mit ihm ging es wie mit anderen alten Gewohnheiten, die einem lieb geworden sind, es wurde in unserer Gesellschaft, in unseren Familien, gern Gebrauch davon gemacht. Die meisten von Ihnen können sich an ihre eigene Kindheit erinnern und besonders an Augenblicke, wo der Lehrer, der Vater oder die Mutter, aus welchem Anlass auch immer, die Hand oder den Rohrstock schwang, und an die Angst, die Sie dabei ausgestanden haben. So geht es auch unseren Kindern heute und die meisten von Ihnen bekommen daher ein schlechtes Gewissen, wenn Sie ein Kind geschlagen haben, ohne es vorher recht zu bedenken. Sie alle wollen aus Ihren Kindern glückliche Menschen machen, die sich gern an ihre Kindheit und an ihre Eltern erinnern und die aus dieser Zeit das Vertrauen gewonnen haben, das sie später zur Überwindung vieler Schwierigkeiten, die das Leben bietet, dringend brauchen. Ein geprügeltes Kind – und das wissen Sie alle heute bereits – ist aber kein glückliches Kind und hat es schwerer, später sein notwendiges Glück zu erobern. Wenn es allzu stark zu Gehorsam dressiert wurde, entwickelt es eine Untertanenseele, die das Kind anfällig macht für Verführungen zu sozialem Unrecht oder politischem Terror, weil seine eigene kritische Denkfähigkeit und seine schöpferischen Kräfte zu stark verschüttet wurden. Viele Kinder werden auch seelisch krank oder bleiben es ihr Leben lang, wenn sie allzu viele und allzu schlimme Prügel bekommen haben. Viele Eltern, die als Kinder selbst viel geschlagen wurden, wiederholen das Gleiche bei ihren Kindern, ohne dass sie es eigentlich wollen – und dabei können Kinder schwer zu Schaden kommen. Besonders diese Eltern brauchen unsere Hilfe. Heute wissen wir, dass Kinder nur durch Liebe und Vertrauen zu reifen Erwachsenen, verantwortungsvollen Eltern und mündigen Staatsbürgern werden können. Sie haben ein Recht darauf, und um diese Rechte zu verankern, wurde das neue Gesetz zum Elterlichen Sorgerecht geschaffen. Es soll den Eltern und Erziehern als Hilfe dienen, dem Kind die Rechte einzuräumen, die Sie selbst als Kinder von

Ihren Eltern auch gern bekommen hätten. Vor allem sollen die Jugendlichen und Kinder selbst wissen, welche Rechte sie haben, weil unsere Kinder uns diese Hilfe am besten geben können, indem sie uns daran erinnern und ermahnen, wenn wir aus alter Gewohnheit, aus Nervosität oder aus Gedankenlosigkeit diese Rechte vernachlässigen oder überschreiten. Es wird manche Eltern geben, die sich so schnell nicht werden umstellen können und die immer wieder in der Gefahr sind, zu alten, geliebten Gewohnheiten zurückzukehren. Andere Eltern und Nachbarn werden sie dann daran erinnern müssen, was für eine gesunde und glückliche Entwicklung der Kinder notwendig ist. Sollten auch diese keinen Erfolg haben, so stehen genügend Aufklärungs- und Beratungsstellen zur Verfügung, die von der Regierung und von den einzelnen Ländern errichtet werden und an die sich jeder Ratsuchende zur Beratung oder auch zur Therapie der Familie, einzelner Eltern oder des Kindes wenden kann. Sollten diese Angebote und andere Aufklärungsmöglichkeiten, über die Sie in der Presse ausführlich informiert werden, nicht ausreichen und sollte es zu wiederholten Überschreitungen der Rechte des Kindes, insbesondere zu Züchtigungen kommen, so sieht das Gesetz Auflagen vor. Nach diesen müssen die betroffenen Eltern eine Zeit lang regelmäßig an Informationsabenden und Beratungen teilnehmen, die kostenlos in den genannten Beratungsstellen erfolgen. Die Nichterfüllung solcher Auflagen kann mit Geldbußen verbunden sein. Wir sind jedoch davon überzeugt, dass die meisten von Ihnen von dem breiten Hilfsangebot Gebrauch machen werden, da es kaum Eltern gibt, die nicht an dem Glück ihrer Kinder interessiert sind. Das Gesetz regelt darüber hinaus, dass Mütter und Väter in begrenztem Umfange für die Teilnahme an Erziehungsinformationen und -beratungen von der beruflichen Tätigkeit freigestellt werden. Im Interesse unserer Kinder und zu Ihrem eigenen Glück mit ihnen wünsche ich Ihnen persönlich und im Namen der Bundesregierung viel Erfolg bei Ihren künftigen Bemühungen, die Rechte des Kindes mehr als bisher anzuerkennen und zu respektieren.«

Die Redaktion der BILD-Zeitung schließt sich den Wünschen der Bundesministerin an. Wir werden in unseren nächsten Ausgaben unsere Leser über die vorhandenen Informations- und Beratungszentren informieren und in Zukunft des Öfteren Artikel über Erziehungsfragen und die Entwicklungspsychologie des Kindes bringen.

Die Red.

Ob nun der jetzige § 1631 BGB oder eine neue Fassung: So oder so ist es notwendig, dass Regierung, Medien, Fachwelt, Jugendhilfe usw. aufgerufen sind, die Bevölkerung über die Inhalte und Ziele eines solchen Gesetzes mehr aufzuklären sowie parallel dazu verstärkt Hilfen zu einer gewaltarmen Erziehung anzubieten (deswegen sieht die jetzige Bundesregierung parallel zur Änderung des § 1631 Abs. 2 auch die folgende Ergänzung des § 16 Abs. 1 des Kinder- und Jugendhilfegesetzes vor: »Sie sollen auch Wege aufzeigen, wie Konfliktsituationen in der Familie gewaltfrei gelöst werden können«). In Zukunft darf es nicht mehr zu solchen Befragungsergebnissen kommen, wie sie 1981 Metzner in der Frankfurter Rundschau veröffentlichte: Etwa ein dreiviertel Jahr nach dem In-Kraft-Treten des neuen elterlichen Sorgerechts von 1980 wussten 96% der befragten Eltern von Kindern unter 14 Jahren nicht, dass »entwürdigende Erziehungsmaßnahmen« unzulässig sind, und sie wussten wohl auch nicht, was unter diesen Erziehungsmaßnahmen zu verstehen ist. Wer es wusste, fand wohl auch wenig Hilfestellungen, Ratschläge und Wege, sie zu vermeiden.

6.

Verbot von Prügel und Entwürdigung: schwedische Erfahrungen

Allen Befürwortern der Abschaffung der Prügelstrafe geht es mit der Änderung des § 1631 BGB und des Verbotes von Körperstrafen, seelischen Verletzungen und entwürdigenden Erziehungsmaßnahmen einerseits sowie des Gebotes der gewaltfreien Erziehung von Kindern andererseits nicht darum, nun eine Lawine der Strafverfolgung loszutreten. Die Befürchtung vieler Erwachsener, dass mit einem eindeutigen Verbot körperlicher Züchtigung und seelischer Misshandlung nun Heerscharen von Eltern vor dem Richter landen würden, sind völlig aus der Luft gegriffen. Das Verbot soll vielmehr dazu beitragen, in der gesamten Bevölkerung das Bewusstsein zu verändern gegenüber einer schon seit langem nicht mehr zeitgemäßen Auffassung »elterlicher Erziehungspflicht bzw. -sorge« sowie gegenüber einer (mehr direkt als indirekt) durch Gesetz und Auslegung der Rechtssprechung noch bestehenden Erlaubnis zur Züchtigung. Schlagwortartig ausgedrückt: jedem Erwachsenen soll mit diesem Verbot eindringlich vor Augen gehalten werden, dass in einer am Grundgesetz (und damit auch am – neuen – § 1631 BGB) ausgerichteten Erziehung kein Platz ist für Prügelstrafe, körperliche Züchtigung, seelische Misshandlung und entwürdigende Erziehungsmaßnahmen. Die frühere Justizsenatorin Peschel-Gutzeit von Hamburg drückt dies knapp folgendermaßen aus:

»Eine Änderung des § 1631 Abs. 2 BGB würde den Kreis der zivilrechtlich möglichen Sanktionen nicht erweitern. Ein ›Klaps‹ würde auch künftig den Entzug des Sorgerechts nicht rechtfertigen. Es geht vielmehr um die Änderung des Wertesystems, um eine Rechtshygiene, die eine bedeutsame Leitbildfunktion hat.

Der Gesetzgeber würde dadurch klarstellen, dass er Körperstrafen jeder Art missbilligt, dass er sie ächtet. Die Anwendung von Gewalt in familiären Konflikten würde nicht länger dadurch begünstigt, dass sie – in Grenzen – rechtlich geduldet wird. Ein gesetzliches Verbot körperlicher Strafen in der Erziehung würde derartigem Verhalten ein deutliches Unwerturteil entgegenstellen und damit eine größere Sensibiliät für das Problem der Gewalt in der Familie im Sinne einer bewusstseinsbildenden Maßnahme bewirken.«

Es muss also bei allen Erwachsenen das Bewusstsein darüber vertieft werden, dass bisher vielfach mit zweierlei Maß gemessen wird:

◆ die Würde und Integrität von Erwachsenen wird anders bewertet als von Kindern;
◆ den LehrerInnen wird verboten, ihre SchülerInnen zu schlagen, aber die Erziehungsgewalt im Elternhaus wird toleriert;
◆ wir wenden uns zu Recht gegen die alltägliche Überflutung von Gewaltdarstellung im Fernsehen, aber tun wenig bis gar nichts gegen Aggressivität und Gewalt bei der Bewältigung von Familien- und Erziehungsproblemen;
◆ wir würden vielfältige Gründe finden, warum ein Arbeitgeber seinem Arbeitnehmer keinen »kleinen Klaps« geben darf, aber rechtfertigen sehr oft das gleiche Verhalten gegenüber Kindern, obwohl sie in vielerlei Hinsicht verletzlicher sind;
◆ heftige Gefühle gelten unter Erwachsenen nicht als Entschuldigungsgrund für Gewalttätigkeiten, werden aber bei Eltern gegenüber ihren Kindern mit (zu) viel Verständnis als Gründe für »Ausrutscher« und Klapse bis hin zur Prügel toleriert bis gebilligt;
◆ wir gehen heute gegen die Misshandlungen von Frauen in der Ehe an, aber bewerten es anders, wenn Kinder die Opfer sind;
◆ wir regeln bis ins Kleinste über Gesetze die Umgangsformen zwischen Erwachsenen, scheuen uns aber vor einer Veränderung des § 1631 Abs. 2 BGB, die mehr Klarheit darüber verschaffen soll, was gegenüber Kindern und Jugendlichen verboten ist.

Fünf Gründe für die Ablehnung der Körperstrafen von *Adrienne Haeuser*:
1) Schwere körperliche Bestrafung ist Kindesmisshandlung.
2) Weniger schwere körperliche Bestrafung artet oft in Misshandlung aus.
3) Jede körperliche Strafe, ob mild oder hart, schadet der Selbstachtung und Seele des Kindes.
4) Mit jeder körperlichen Strafe lernt das Kind, dass die Anwendung körperlicher Gewalt als Verhalten akzeptabel sein kann.
5) Durch eine körperliche Strafe lernt das Kind nicht, wie es sich verhalten soll.

Häufig wird nun gegen eine Änderung des § 1631 BGB angeführt, dass solch ein Gesetz unsinnig wäre, weil man mit Strafen nicht die Liebe der Eltern zu den Kindern erzwingen könne. Außerdem könne das Gesetz auch deswegen nichts bewirken, weil die Züchtigungen und Misshandlungen unter Ausschluss der Öffentlichkeit erfolgen. Die elterliche Gewalt könne so entweder gar nicht wahrgenommen und also auch nicht geahndet werden oder aber man würde ein Volk von Spitzeln, Spionen und Denunzianten wollen, welche an den Wohnungstüren der Familien lauschen. Zu solchen Argumenten ist Folgendes zu sagen:
1) Es wäre sicherlich einseitig und wenig hilfreich, den Erwachsenen nur vorzuhalten, was sie falsch machen. Das Gesetz muss natürlich durch vermehrte Öffentlichkeitsarbeit, Aufklärung und Hilfestellung begleitet werden, um Einstellungen in der Bevölkerung zu ändern und ein Erlernen neuer gewaltfreier Erziehungsmaßnahmen zu ermöglichen.
2) In keiner Gesellschaft wird man durch noch so harte Bestrafungen erreichen, dass z.B. Diebstahl, Raubüberfälle und Körperverletzungen nicht mehr vorkommen: Dennoch wird keine Gesellschaft auf Gesetze und Verurteilungen von Gesetzesverstößen nur deshalb verzichten, weil nicht alle strafbaren Handlungen bekannt oder aufgeklärt werden können.

Schläge und Prügel sind keine Argumente, nur Dokumente der körperlichen Überlegenheit von Erwachsenen!

In vielen europäischen Ländern bestehen bereits Züchtigungsverbote, z.T. schon sehr lange: Schweden (1979), Finnland (1984), Dänemark (1986), Norwegen (1987), Österreich (1989). Die Erfahrungen in diesen Ländern zeigen, dass Gesetzesänderungen im Verlaufe der Zeit nachhaltige Wirkungen auf die Einstellung gegenüber dem Schlagen von Kindern haben. Dazu muss allerdings auch viel Aufklärungs-, Öffentlichkeits- und Überzeugungsarbeit geleistet werden, um das verinnerlichte »Gewohnheitsrecht« zu ändern sowie neue gewaltfreie Erziehungshaltungen und -maßnahmen zu entwickeln und zu lernen. Konkret bedeutet dies vermehrte Hilfe, Beratung und ggf. auch Therapie für Eltern und Familien. Der Kinder- und Jugendpsychiater Lempp drückt dies folgendermaßen aus:

- Eine gewaltfreie Erziehung einzuführen, wenn bislang eine gewalttätige praktiziert wurde, ist schwierig, aber nicht unmöglich, aber sie fordert Geduld und das Ertragen von Rückschlägen.
- Gewaltfreie Erziehung muss daher von Anfang an, von Geburt an erfolgen.
- Paragraph 1631 Abs. 2 BGB sollte lauten: Als Erziehungsmaßnahmen sind nur Handlungen erlaubt, die auch gegenüber Erwachsenen erlaubt sind.
- Es geht um eine Ächtung, eine Tabuisierung der Gewalt in jeder Form. Diese muss gegenüber Kindern beginnen, damit diese ein gewaltfreies (gewaltarmes) Leben von klein auf erfahren. Nur so kann auch Gewalt als Form politischer Auseinandersetzung allmählich abgebaut werden.

Die Sozialarbeiterin Adrienne Haeuser hielt 1989 in San Franzisko einen Vortrag, in dem sie die positive Entwicklung in Schweden seit der Verabschiedung des »Züchtigungsverbots« im Jahre 1979 darstellt. Die historische Ausgangslage in Schweden beschreibt sie – hier gekürzt – folgendermaßen:

54

»Vor dem Ersten und selbst noch nach dem Zweiten Weltkrieg war Schweden von deutscher Autoritätsgläubigkeit und religiösem Dogma beeinflusst. Zur Kindeserziehung gehörte in Schweden die regelmäßige – oft wöchentliche – Züchtigung, mit der beabsichtigt wurde, den Teufel auszutreiben und Platz für den Willen Gottes zu schaffen. Seit der Nachkriegsära ist die Religion bei der Kindeserziehung bedeutungslos geworden. Die meisten Schweden beachten die Kirche heutzutage nur bei Taufen und Beerdigungen. Vorherrschend sind Werte wie Rechte und Gleichheit für alle, auch für Kinder. Trotz dieser für Kinder scheinbar idyllischen Bedingungen entdeckte Schweden, wie andere Industrieländer, in den späten 60er-Jahren Kindesmisshandlungen. Daher das Gesetz von 1979.«

Diese Ausgangslage ähnelt derjenigen in Deutschland. Allerdings wurde dann bereits 1979 in Schweden gesetzlich bestimmt, dass ein Kind keiner körperlichen Bestrafung oder sonstigen verletzenden oder erniedrigenden Behandlung unterworfen werden darf. Die Ziele des Gesetzes waren:
1) Eine positive Erziehung für alle Kinder an sich sowie
2) eine Abschreckung vor Kindesmisshandlung.
Daher wurde jede körperliche Bestrafung verboten, ob milde und selten erfolgend oder hart und oft.

Körperliche Strafen haben keinen Lerneffekt, sondern vermitteln die Botschaft:»Du musst das tun, was ich von dir verlange, denn ich bin stärker als du!«, und damit verbunden auch die Erkenntnis:»Wenn ich selbst mal groß und stark bin, kann ich mich gegen Schwächere auf die gleiche Weise durchsetzen« – die Spirale der Gewalt, die immer weitergegeben wird.
Kritisches Forum für Kinder

Adrienne Haeuser überprüfte nun 1981 und 1988 die Auswirkungen dieses Gesetzes. Für 1981 stellte sie Folgendes fest:

»Bereits zwei Jahre nach dem Erlass des schwedischen Verbots war eindeutig festzustellen, dass das Gesetz in der schwedischen Öffentlichkeit allgemein bekannt war. Überdies schien es nicht sehr umstritten zu sein. Einige Leute waren sogar erstaunt, dass ich mich mit dem Thema befassen wollte. Ich traf einige wenige Schweden, bei denen die Erwähnung des Gesetzes Heiterkeit hervorrief. Sie bezeichneten das Gesetz als so etwas wie einen Scherz, und zwar hauptsächlich deshalb, weil sie der Meinung waren, man könne nicht per Gesetz ein bestimmtes Verhalten verordnen. Noch weniger Schweden standen dem Gesetz direkt ablehnend gegenüber. Die überwiegende Mehrheit der Eltern von 1981 sagte, dass sie seit der Verabschiedung des Gesetzes sensibilisiert seien und es sich zweimal überlegten, ihr Kind zu schlagen. Wenn sie schließlich doch zu Schlägen griffen, so war die körperliche Strafe weniger hart. Die Eltern berichteten, sie wüssten, dass die körperliche Bestrafung keine gute Erziehungsmethode sei und empfänden es als Versagen, wenn sie darauf zurückgriffen.«

Ähnlich wie in Deutschland wurde damals in Schweden noch sehr stark die antiautoritäre Erziehung vertreten. Es ist hier nicht der Ort, auf die vielfach auch falsch verstandene antiautoritäre Erziehung näher einzugehen. Die Folge war jedoch wohl sowohl in Schweden wie auch in Deutschland, dass Kinder auch zu wenig und zu grenzenlos erzogen wurden. Adrienne Haeuser kennzeichnet dies für Schweden im Jahr 1981 so:

»1981 fiel mir auch auf, dass die Kindererziehung in Schweden sehr antiautoritär war. Fachleute erzählten mir, dass in Schweden eine sehr bewusste Entscheidung zur Förderung einer antiautoritären Erziehung getroffen wurde, damit die Kinder früh lernen würden, kreativ zu sein und selbst nachzudenken. 1981 sah ich Kinder, die sich zu Hause und in der Öffentlichkeit in einer Weise aufführten, welche die meisten Eltern in anderen Ländern nicht tolerieren würden. Es wurde jedoch nicht eingeschritten. Ich musste die Notwendigkeit eines Verbots der körperlichen

Züchtigung in einem antiautoritären Erziehungsumfeld infrage
stellen. Eine Gesellschaft, die an ihre Kinder geringe Anforderungen stellt, hat wenig Veranlassung, sie zu bestrafen.«

Doch diese Bewegung des Pendels von dem Pol einer extrem autoritären hin zu dem entgegengesetzen Pol einer ebenso übertriebenen antiautoritären Erziehung schien sich mit der Zeit in Schweden
abzuschwächen. In Verbindung mit dem Züchtigungverbot traten
Veränderungen ein, welche Haeuser folgendermaßen – positiv! –
umschreibt:

»1988 hatte sich das Erziehungsumfeld in Schweden drastisch
verändert. Die Kinder wurden diszipliniert und die Eltern ›trau-
ten sich, Eltern zu sein‹, wie ein Professor bemerkte. Für diese
Veränderung gab es anscheinend drei Gründe: a.) Fachleute in
kindlicher Entwicklung sagten den Eltern nun, dass die (ex-
treme) antiautoritäre Erziehung ein Experiment gewesen und
gescheitert sei; b.) Schweden war wie große Teile der übrigen
Welt in diesem Zeitraum im sozialpolitischen Bereich etwas kon-
servativer geworden; und c.) die Eltern hatten Alternativen zur
körperlichen Strafe gefunden.
In der Tat sagten die meisten Eltern 1988 sehr direkt, dass sie von
körperlichen Strafen überhaupt keinen Gebrauch machten. Sie
brauchten nicht länger ›zweimal zu überlegen‹. Ich traf niemanden, der dem Gesetz von 1979 ablehnend gegenüberstand oder es
für einen ›Scherz‹ hielt. Allgemein stimmte man darin überein,
dass die körperliche Bestrafung keine gesunde Methode der Kindererziehung sei. Eine Kapazität auf dem Gebiet erzählte mir, dass
die Schweden das Gesetz nun verinnerlicht hätten. Ein Professor
wies darauf hin, dass es aufgrund der jetzt vorherrschenden kul-
turellen Norm für schwedische Eltern leichter sei, keinen Gebrauch
von körperlichen Strafen zu machen als sie zu rechtfertigen. Fachleute wie Eltern waren gleichermaßen der Auffassung, dass die we-
nigen Eltern, die weiterhin auf irgendeine Form körperlicher Bestrafung zurückgriffen, sehr ernste persönliche Probleme hätten,
die von einer Fachkraft behandelt werden müssten.«

Mit dieser allgemeinen Einstellungsänderung sowie aufgrund einer ausgedehnten Öffentlichkeitsarbeit gelang es also, dass Eltern in Schweden zunehmend das Schlagen und Züchtigen gegen andere Erziehungsmethoden austauschten. Für 1988 konnte Haeuser so festhalten:

»Schwedische Eltern machen heute u.a. von folgenden Erziehungsmethoden Gebrauch: ›Aus-Zeiten‹ (kurzfristiger Ausschluss von einem Spiel oder Ähnlichem), Belohnungen, Entzug von Privilegien usw. Jedoch sind die meisten Eltern auf verbale Konfliktlösungen angewiesen, welche sowohl den Eltern als auch dem Kind die Möglichkeit bieten, Zorn und Verärgerung zum Ausdruck zu bringen. Die Eltern bestehen während der Auseinandersetzung auf Augenkontakt. Um die Aufmerksamkeit des Kindes für die Diskussion zu erlangen, halten die Eltern es manchmal für notwendig, das Kind ruhig zu stellen, indem sie es fest am Arm halten. Die Eltern geben zu, dass die Diskussion manchmal mit Schreien beginnt oder in Geschrei ausartet, halten dies jedoch für eindeutig weniger erniedrigend als körperliche Bestrafung. Bei der Sprache noch nicht zugänglichen Kleinkindern ist man in Schweden der Auffassung, dass die Wohnung kindersicherer gestaltet werden sollte. Auch ermuntert der schwedische Staat die Eltern, ihrem Kind Zeit und Aufmerksamkeit zu schenken.«

Für 1988 lagen in Schweden keine gesonderten Daten über Kindesmisshandlung vor, sodass es nicht feststellbar war, ob das Gesetz bei allen Arten körperlicher Strafen zu einer Verringerung führte. Jedoch führt Haeuser weiterhin folgende positiven Entwicklungen bis 1988 auf:

»Die Behörden stellen jedoch übereinstimmend fest, dass das Gesetz zumindest bewirkt hat, dass Kindesmisshandlungen früher gemeldet werden und ihre Behandlung durch früheres Einschreiten erleichtert wird. Seit Erlass des Gesetzes haben Kinder öfter Misshandlungen gemeldet. In dem gesamten Land waren jedoch nur zwei dieser Meldungen unbegründet. Dies hat diejenigen beruhigt, die vermuteten, das Gesetz würde zu chaotischen Zuständen führen, da es aus leichten Fällen elterlichen Fehlverhaltens Staatsaffären machen könnte.«

Natürlich bewirkte das Gesetz für sich genommen nicht all diese Entwicklungen. Was parallel alles getan werden muss, deutet sich in den folgenden Ausführungen von Haeuser an:

»Dem neuen Gesetz wurde 1979 viel Aufmerksamkeit in den Medien gewidmet. Sogar auf Milchkartons wurde auf das Gesetz hingewiesen, da man hoffte, dass dann beim Frühstück oder Abendessen darüber diskutiert würde. Am bedeutsamsten war jedoch, dass die Regierung eine ins Auge fallende und äußerst verständliche Broschüre über Recht und Kindererziehung mit dem Titel ›Können Sie Kinder ohne Schläge erziehen?« an jede Familie mit einem kleinen Kind sowie an Kindertagesstätten und Schulen sandte. In der Broschüre wurde betont, dass alle Eltern manchmal Unwillen zum Ausdruck bringen müssten, was aber nicht durch körperliche Strafe geschehen solle, weil diese potentiell zu physischen und psychischen Schäden führe. Darüber hinaus wurde auf Alternativen und Hilfsangebote hingewiesen. Die meisten Eltern berichteten 1988, sie hätten in der Schule von dem Gesetz gehört. Nach Verabschiedung des Gesetzes wurde das Thema Kindererziehung und Elternschaft im schulischen Lehrplan für die Klassen 7 bis 9 intensiviert. Die Eltern haben keine Einwände dagegen, dass ihre Kinder über das Gesetz informiert werden. Ein Elternteil sagte: ›Dies lehrt die Kinder, nicht gewalttätig zu werden‹«.

In einer neuesten wissenschaftlichen Untersuchung von Durrant (1999) zeigte sich ebenfalls, dass die folgenden, mit dem Züchtigungsverbot verbundenen Ziele langfristig in Schweden erreicht werden konnten:

1. Änderung der öffentlichen Einstellung gegenüber körperlichen Züchtigungen.

Während 1965 noch 53% der Befragten in Schweden meinten, dass körperliche Züchtigung von Kindern in der Erziehung notwendig ist, sanken diese Zahlen kontinuierlich im Verlaufe der Zeit: 1968 = 42%, 1971 = 35%, 1981 = 26%, 1994 = 11%. Dabei ergaben sich weiter folgende Trends: Ältere Menschen (über 54 Jahre alt) befürworteten 1994 die körperliche Züchtigung häufiger (18%) als jüngere Befragte (unter 35 Jahre alt = 6%), Männer bejahten körperliche Züchtigung fast dreimal so viel wie Frauen (16% gegenüber 6%) und bei Befragten mit Grundschulabschluss war dies fast viermal so viel der Fall wie bei Befragten mit Universitätsbesuch (18% gegenüber 4%). Aber trotz dieser Gruppenunterschiede kann als Bilanz festgehalten werden, dass nur noch eine Minderheit in Schweden (auch in den o.a. Gruppen) die körperliche Züchtigung befürwortet.

2. Frühere Erkennung von Kindern, die dem Risiko von Misshandlung ausgesetzt sind, u.a. aufgrund der eindeutigen Grenzziehung zwischen erlaubten und nichterlaubten Erziehungsmaßnahmen.

So lag aufgrund der Kriminalstatistik der Anteil von eher geringfügigen und mittelschweren (polizeilich angezeigten) Kindesmisshandlungen zwischen 1981 und 1996 bei durchschnittlich 92%, was zu der Annahme berechtigt, dass rechtzeitiges Erkennen und frühzeitige Hilfen die schwereren Formen der Kindesmisshandlung vermeiden helfen. Zwischen 1971 und 1975 starben in Schweden fünf Kinder aufgrund von Kindesmisshandlungen (definiert als disziplinierende Maßnahme zur Beseitigung eines störenden Verhaltens des Kindes ohne Tötungsabsicht). Zwischen 1976 und 1990 starb in Schweden sogar kein Kind an den Folgen solcher Misshandlungen und zwischen 1990 und 1996 starben vier Kinder aufgrund körperlicher Misshandlung (wobei »nur« eines dieser Kinder durch einen Elternteil getötet wurde).

3. *Früher einsetzende und verstärkte Hilfestellungen für Familien mit (im weistesten Sinne) Gewaltproblemen gegenüber Vermeidung von Zwangsmaßnahmen.*

Zwar zeigten die Untersuchungsergebnisse, dass die Schweden im Verlaufe der Zeit in erhöhtem Maße körperliche Züchtigung berichteten und anzeigten, aber dies führte nicht zu einer erhöhten Anzahl von strafverfolgten Eltern oder anderen Erziehern. Die Zielsetzung in Schweden besteht (auch aufgrund weiterer Gesetze) eindeutig nicht in Zwangsmaßnahmen und Strafverfolgung, sondern in Prävention und Hilfe. So sank z.b. die Zahl der außerhäuslich untergebrachten Kinder, es stieg die Zahl der Familien, bei denen die Eltern durch Fachleute Unterstützung erfuhren, es sank die Zahl der Zwangsmaßnahmen und es stieg die Zahl der Familien, welche freiweillig und zustimmend Hilfe in Anspruch nahmen.

Es sei hier ausdrücklich betont, dass Eltern ermutigt werden sollten, Hilfe bei einem Jugendamt oder einer Erziehungsberatungsstelle oder einem Kinderschutz-Zentrum zu suchen, wenn sie merken, dass ihnen die Erziehung über den Kopf wächst und sie immer häufiger zu entwürdigenden Erziehungsmaßnahmen oder körperlicher Züchtigung greifen. Es kostet sicherlich viel Mut – aber auch Eltern müssen nicht immer mit ihren Problemen alleine klarkommen! Und: Niemand will sie strafen oder wird sie verächtlich betrachten! Sondern es wird versucht werden, mit den Eltern gemeinsam zu erarbeiten, welche Hilfe sie vorübergehend benötigen.

7.

Häufigkeiten von Entwürdigung, Züchtigung und Misshandlung

Viele LeserInnen werden trotz der bisherigen Ausführungen glauben, dass sich in den letzten 10 bis 20 Jahren in Deutschland die Erziehungseinstellungen grundlegend gewandelt haben und deswegen auch die Häufigkeit von eindeutigen Kindesmisshandlungen verschiedenster Art sowie auch der »kleinen Klapse« in dieser Zeit deutlich und stetig gesunken sei. Leider trifft diese Ansicht und Hoffnung nicht zu. Dies ergibt sich beispielhaft aus einer Untersuchung des Kriminologischen Forschungsinstituts Niedersachsen (KFN), welche als die neueste und breit angelegteste und somit auch aussagekräftigste angesehen werden muss. Es handelt sich dabei um eine 1992 durchgeführte repräsentative Befragung von Personen im Alter zwischen 16 und 59 Jahren zu ihren Kindheitserfahrungen mit körperlicher Gewalt durch Eltern. Dabei ergaben sich die folgenden Zahlen (Wetzels und Pfeiffer 1997):

Prävalenz der Gewalterfahrungen durch Eltern

Antwortmöglichkeiten: nie, selten, manchmal, häufig, sehr häufig
Mehrfachnennungen möglich, N = 3241

Fragestellung	selten	mehr als selten
Gegenstand geworfen	7,0%	3,7%
hart angepackt oder gestoßen	17,9%	12,1%
eine runtergehauen	36,0%	36,5%
mit Gegenstand geschlagen	7,0%	4,6%
mit Faust geschlagen, getreten	3,3%	2,6%
geprügelt, zusammengeschlagen	4,5%	3,5%
gewürgt	1,4%	0,7%
absichtliche Verbrennungen	0,5%	0,4%
mit Waffe bedroht	0,6%	0,4%
Waffe eingesetzt	0,6%	0,3%
körperliche Gewalt insgesamt (Fragen 1–10)	36,1%	38,8%
körperliche Misshandlung insgesamt (Fragen 5–10)	5,9%	4,7%

Insgesamt bejahten 74,9% der Befragten, in ihrer Kindheit körperliche Gewalthandlungen durch ihre Eltern erlebt zu haben, und 10,6% berichteten (eindeutige!) körperliche Misshandlungen (da im oberen Teil der Tabelle mehrere Fragen zu Gewalterfahrungen von den Befragten bejaht werden konnten, entsprechen die Prozentwerte im unteren Tabellenteil nicht den Summenwerten für alle Fragen). In der gleichen Untersuchung wurde im Übrigen auch nach Gewalt unter den Eltern gefragt: 13,8% hatten diese als Kinder »selten« beobachtet, 8,8% »häufiger als selten«. Im Einzelnen ergaben sich die folgenden Häufigkeiten bezüglich der erlebten elterlichen Partnergewalt:

Konfrontation mit elterlicher Partnergewalt in der Kindheit *(nach Pfeiffer und Wetzels 1997)*		
Konfliktaustragung der Eltern untereinander: »Ich habe gesehen/gehört«	selten	häufiger als selten
1. ein Elternteil hat den anderen mit der Hand geschlagen	10,6%	5,5%
2. ein Elternteil hat den anderen heftig herumgestoßen	7,3%	4,8%
3. Eltern haben [bei Streit] mit Gegenständen geschmissen	7,0%	3,7%
4. ein Elternteil hat den anderen mit Faust geschlagen	2,7%	1,7%
5. ein Elternteil hat den anderen mit Waffe verletzt	2,5%	1,2%
Konfrontation mit elterlicher Gewalt	13,8%	8,8%

Diese neuesten Ergebnisse zur körperlichen Gewalt sind immer noch in etwa vergleichbar mit früheren Befunden:

◆ Engfer befragte Ende der 70er-Jahre 570 Familien mit Kindern im Alter zwischen 8 und 14 Jahren im Hinlick auf die Häufigkeit harter Strafen. In diesen »Normalfamilien« berichteten ca. 1/3 der Eltern, ihre Kinder zu verprügeln, in 10% der Fälle geschah dies relativ häufig und unter Zuhilfenahme gefährlicher Gegenstände, wie z.b. Stock oder Gürtel. In einer weiteren Studie wurden 38 Familien über einen längeren Zeitraum hinweg untersucht: 16% dieser Familien wiesen Gewaltprobleme gegenüber den Kindern auf. Dabei handelte es sich nicht um die üblichen »kleineren« Erziehungskonflikte, in deren Verlauf Kinder den viel zitierten Klaps auf den Po bekommen, sondern um wiederkehrende, ausgesprochen angespannte Konfliktsituationen, in denen die Mütter sich nicht mehr zu helfen wussten und aus Ärger oder Ohnmacht heraus ihre Kinder schlugen.

◆ Der Berliner Psychoanalytiker Petri veröffentlichte 1981 seine Befragung zur Häufigkeit erlittener Schläge in der Kindheit von vier verschiedenen Untersuchungsgruppen:

1) eine Normalgruppe von 127 Erwachsenen im Durchschnittsalter von 26 Jahren,

2) eine Gruppe von 126 Patienten, welche an neurotischen Störungen litten (Durchschnittsalter 31 Jahre),

3) eine weitere Gruppe mit 63 Patienten, welche an Psychosen erkrankt waren (Durchschnittsalter 30 Jahre),

4) 61 männliche strafgefangene Jugendliche im Durchschnittsalter von 19 Jahren.

Bei den Gruppen 1 bis 3 wurden etwa jeweils zur Hälfte Frauen und Männer befragt.

Zu den Ergebnissen:

• Mit Ausnahme der Frauen aus der Psychosegruppe gaben die Angehörigen aller anderen Gruppen nur bis zu höchsten 6% an, in ihrer Kindheit »nie« geschlagen worden zu sein.

• In allen Gruppen (bis auf die Häftlingsgruppe) wurde etwa zwischen 40 und 50% bejaht, »selten« geschlagen worden zu sein.

• Entsprechend wurde umgekehrt zwischen 40 bis 50% bejaht, in der Kindheit »mehr als selten«, d.h. »manchmal«, »häufig« oder »sehr häufig«, geschlagen worden zu sein. Die Häftlinge bejahten dies zu 61%.

• Zur Intensität der erlebten Gewalt ergaben sich die folgenden Angaben:

a) 50 bis 60% aller Befragten wurden mit Gegenständen geschlagen, nur bei den Frauen der Normalgruppe waren es »nur« 37%.

b) 30 bis 40% der Frauen und 25 bis 40% der Männer der Normal-, Neurosen- und Psychosengruppe hatten durch die Schläge Verletzungen erlitten. In der Häftlingsgruppe lag der Wert bei 57%. Als Verletzung war definiert worden: »Blutergüsse, Striemen, Platzwunden und sonstiges«.

c) Bei der Frage nach der Häufigkeit der Verletzungen hatten in allen Gruppen (bis auf die Häftlingsgruppe) 10 bis 15% bejaht, »5- bis 10-mal« bzw. »mehr als 10-mal« solche Verletzungen erlitten zu haben. In der Häftlingsgruppe wurden 38% in dieser Intensität geschlagen.

◆ In einer Befragung von Schneewind und Mitarbeitern (1983) gaben 75% der Mütter und 62% der Väter an, ihrem Kind gelegentlich eine Ohrfeige zu geben, und 10% der Mütter sowie 6% der Väter bejahten Schläge mit einem Gürtel bzw. mit anderen Gegenständen.

◆ Wahl (1990) führte 1985 eine repräsentative Befragung von etwa 2.600 deutschen Frauen und Männer im Alter von 18 bis 69 Jahren durch und fand, dass etwa die Hälfte der Eltern sich dazu bekannte, ihr Kind zumindest einmal geschlagen bzw. geohrfeigt zu haben. Einen Klaps oder leichtes Schütteln bejahten etwa 75% dieser Eltern. Argumentative Taktiken (also sagen, was einen stört u.Ä.) waren insgesamt gesehen etwa so verbreitet wie verbal-aggressive Taktiken (schimpfen, anschreien) und leichte Formen der körperlichen Gewaltanwendung. Gut zwei Drittel der Befragten stimmten der Ansicht zu, dass es Situationen mit Kindern gäbe, in denen nur eine Ohrfeige oder ein Klaps helfen würde.

◆ In einer Umfrage der Zeitschrift ELTERN von 1988 gaben 60% der Männer und 70% der Frauen an, ihre Kinder geschlagen zu haben. 48% waren der Auffassung, Kinder könnten durchaus einen Klaps vertragen, und 12% meinten, dass eine ordentliche Tracht Prügel manchmal angebracht sei. Als Hauptgrund für »Erziehungsschläge« wurde mit 43% Ungehorsam angegeben.

◆ Kreuzer und Mitarbeiter (1993) legten etwa 3.200 Studienanfänger die folgende Frage vor:»Sind Sie in Ihrer Kindheit oder Jugend von einem Elternteil oder von beiden Eltern geprügelt oder in ähnlicher Weise misshandelt worden?« Mit »oft« antworteten 1,5% sowie mit »selten« 12,4%.

◆ Bussmann (1996) fand in seiner 1994 durchgeführten Untersuchung, dass ca. 82% der befragten 3.000 Erwachsenen in ihrer Erziehung körperliche Gewalt angewendet hatten. Und in einer 1992 von ihm durchgeführten Befragung von etwa 2.400 Jugendlichen zwischen 13 bis 16 Jahren ergaben sich die folgenden Zahlen: 81% waren geohrfeigt worden, 44% berichteten von »deftigen Ohrfeigen« sowie 31% von einer Tracht Prügel.

Pfeiffer und Wetzels (1997) fassen ihre Übersicht zu solchen früheren Untersuchungen dahingehend zusammen, dass etwa 70% bis 80% aller Kinder physische Gewalt durch ihre Eltern erleben, wobei allerdings die leichteren Formen – wie z.b. einmalige Ohrfeige – einbezogen sind. Aufgrund von neueren Untersuchungen in Deutschland, Schweiz und Österreich mit retrospektiven Befragungen (Bange und Deegener 1996; Burger und Reiter 1993; Elliger und Schötensack 1991; Schötensack und Mitarbeiter 1992; Gloor und Pfister 1995; Kinzl und Biebl 1993; Krahé und Scheinberger-Olwig 1997; Lange 1998; Niederberger 1998; Raupp und Eggers 1993; Richter-Appelt 1994; Richter-Appelt und Tiefensee 1996; Wetzels und Pfeiffer 1997; Wetzels 1997) müssen wir davon ausgehen, dass etwa 15 bis 25% der befragten Frauen sowie 5 bis 10% der befragten Männer sexuelle Missbrauchserlebnisse in ihrer Kindheit und Jugend angeben.

Aufgrund dieser vorliegenden Untersuchungen muss grob von den folgenden Häufigkeiten bezüglich der »Intensität« des sexuellen Missbrauchs für beide Geschlechter ausgegangen werden:

sehr intensiver sexueller Missbrauch versuchte oder vollendete vaginale, anale oder orale Vergewaltigung; Opfer musste Täter oral befriedigen oder anal penetrieren	15%
intensiver sexueller Missbrauch Opfer musste vor Täter masturbieren; Täter masturbierte vor Opfer; Täter fasste Opfer an den Genitalien an; Opfer musste Täter an den Genitalien anfassen; Opfer musste Täter die Genitalien zeigen	35%
weniger intensiver sexueller Missbrauch Täter versuchte, die Genitalien des Opfers anzufassen; Täter fasste Brust des Opfers an; sexualisierte Küsse, Zungenküsse	35%
sexueller Missbrauch ohne Körperkontakt Exhibitionismus; Opfer musste sich Pornos anschauen; Täter beobachtete Opfer beim Baden	15%

Zur Häufigkeit des sexuellen Missbrauchs im Einzelfall wird angenommen, dass es sich etwa bei zwei Drittel der Fälle um einmaligen und bei einem Drittel um mehrmaligen sexuellen Missbrauch handelt. Bei TäterInnen aus dem Bekannten- oder Freundeskreis handelt es sich ungefähr in zwei Drittel der Fälle um einmaligen Missbrauch, bei TäterInnen aus dem Angehörigenkreis sind etwa ein bis zwei Drittel der Fälle mehrmaliger Missbrauch (Missbrauch durch Fremde erfolgt wohl zu 90% der Fälle einmalig).

Zu fragen ist nun weiter, inwieweit verschiedene Formen der Gewalt gegen Kinder oder innerhalb der Familie sich überlagern. Das Kriminologische Forschungsinstitut Niedersachsen (Wetzels 1997) kam zu folgenden Ergebnissen:

◆ Bei kindlichen Opfern von körperlicher Misshandlung durch die Eltern trat eine mehr als dreimal so hohe Rate (59%) der Beobachtung von Gewalt unter den Eltern (»Partnern«) auf als bei Nichtopfern (18%).

◆ Kinder, die Opfer sexuellen Missbrauchs waren (und zwar mit Körperkontakt sowie vor dem 16. Lebensjahr erfolgend), wiesen eine doppelt so hohe Rate von »Partner«-Gewalt zwischen den Eltern auf als Nichtopfer (45,4% gegenüber 21,3%).

◆ Die überwiegende Mehrheit der Opfer sexuellen Kindesmissbrauchs (mit Körperkontakt) gaben an, auch elterliche körperliche Gewalt erlitten zu haben.

◆ Umgekehrt wächst in Fällen elterlicher körperlicher Gewalt auch (statistisch bedeutsam) die Wahrscheinlichkeit, dass die Betroffenen gleichzeitig auch Opfer sexuellen Kindesmissbrauchs werden.

◆ Werden die schweren Formen der direkt gegen die Kinder gerichteten Gewalt – sexueller Missbrauch mit Körperkontakt vor dem 16. Lebensjahr und körperliche Misshandlung – bei der Häufigkeitsberechnung berücksichtigt, so finden sich 13,5% männliche und 16,1% weibliche Opfer.

◆ Wird zusätzlich noch die häufigere Konfrontation mit elterlicher Partnergewalt einbezogen (d.h. nur die Kategorie »häufiger als selten«), so erhöhen sich die Opferraten auf 18,3% (Männer) und 20,5% (Frauen).

Auch Frau Richter-Appelt fand bei 616 Studentinnen in Hamburg starke Überlagerungen verschiedener Misshandlungsformen (sexueller Missbrauch, körperliche Misshandlung sowie seelische und körperliche Vernachlässigung; jeweils vor dem 12. Lebensjahr):

»[Die Ergebnisse] machen deutlich, dass sexueller Missbrauch und körperliche Misshandlung, vor allem wenn sie zusammen auftreten, häufig bei gleichzeitiger körperlicher und seelischer Vernachlässigung stattfinden. Aus der Gruppe der körperlich misshandelten und sexuell missbrauchten Frauen gaben 71% an, seelisch vernachlässigt worden zu sein. Das sind mehr als doppelt so viele wie in der Gruppe der sexuell missbrauchten mit 26% und der Gruppe der körperlich misshandelten mit 34%. Diese beiden Gruppen weisen wiederum mehr als doppelt so viele seelisch vernachlässigte Frauen auf wie die unauffällige Kontrollgruppe mit zwölf Prozent. Noch deutlicher sind die Unterschiede zwischen den Gruppen in der Frage nach der seelischen Misshandlung. 44% der körperlich misshandelten und sexuell missbrauchten Frauen gaben an, auch seelisch misshandelt worden zu sein, was nur 15% der sexuell missbrauchten, 5% der körperlich misshandelten und gar 1% der unauffälligen angab. Körperlich vernachlässigt fühlten sich schließlich 20% der körperlich misshandelten und sexuell missbrauchten Frauen, 4% der nur sexuell missbrauchten, 8% der körperlich misshandelten und 4% der unauffälligen.«

Auch in einer Befragung von Kindern zeigte sich diese Überlagerung von verschiedenen Gewaltformen innerhalb der Familie, wobei diese Ergebnisse auch erneut den hohen Anteil an körperlicher Gewalt in der Familie bestätigen. Befragt wurden 43 Kinder aus einer Kinder- und Jugendpsychiatrie sowie eine Vergleichsgruppe von 42 Kindern aus einer Kinderchirurgie (Gutscher 1978). Die Kinder aus der Vergleichsgruppe erfuhren insgesamt mehr Zärtlichkeit. Über 90% aller Kinder beider Gruppen gaben an, von ihren Eltern in unterschiedlicher Häufigkeit Schläge zu bekommen. Von den seelisch gestörten Kindern wurden 16% von den Vätern und 14% von den Müttern fast täglich geschlagen, in der Vergleichsgruppe wurden dagegen nur 3% der Kinder von den Vätern und 6% von den Müttern ebenso häufig geschlagen. Die Eltern der Psychiatriegruppe waren nach Einschätzung der Kinder etwas weniger zärtlich zueinander und stritten sich häufiger als die Eltern der Vergleichsgruppe. 31% der Eltern der Psychiatriegruppe wurden bei einem Streit untereinander auch schon mal tätlich gegenüber 5% in der Vergleichsgruppe. Eltern, die sich bei einem Streit auch mal untereinander schlugen, prügelten auch häufiger ihre Kinder (insbesondere die Eltern der Psychiatriegruppe) und waren auch weniger zärtlich zu diesen als Eltern ohne solche körperliche Gewalt untereinander.

Je niedriger nun die soziale Schicht der Eltern ist, umso häufiger treten die verschiedenen Formen körperlicher Gewalt bis hin zur Misshandlung sowie auch Gewalt unter den Eltern auf. Häufig wird mit einer solchen Aussage fälschlich ein ausgeprägter »Klassenunterschied« angenommen, wobei dann die unteren sozialen Schichten mit »Prügel« und die oberen sozialen Schichten mit »Liebe« gleichgesetzt werden. Die folgende Tabelle von Pfeiffer und Wetzels (1997) zeigt, dass die Unterschiede zwar bestehen und statistisch sehr bedeutsam sind, aber dass das Ausmaß von körperlicher Gewaltanwendung auch in den oberen sozialen Schichten mehr als erstaunlich hoch ist.

Opfer körperlicher elterlicher Gewalt (insgesamt) und soziale Schicht der Herkunftsfamilie *(nach Pfeiffer und Wetzels 1997)*				
Sozioökonomische Schicht		körperliche Elterngewalt insgesamt		
		nie	selten	häufiger als selten
I	von der	20,0%	38,6%	41,4%
II	niedrigsten	21,8%	34,7%	43,4%
III	zur	25,4%	37,3%	37,3%
IV	höchsten	31,8%	38,2%	29,9%

Das Ausmaß von körperlicher elterlicher Gewalt auch in den oberen sozialen Schichten überrascht auch deswegen, weil für die unteren sozialen Schichten in vielen Untersuchungen immer wieder regelhaft vermehrte Belastungen gefunden wurden, wie z.b. Arbeitslosigkeit, niedriges Einkommen, Schulden, geringerer beruflicher Status, geringere Bildung der Eltern, schlechtere Wohnverhältnisse usw. – Faktoren also, welche sich insgesamt zu einer starken Belastung der Eltern und Familien auswirken und so letztlich die Wahrscheinlichkeit für gewaltförmige Handlungen erhöhen. Dementsprechend berichteten die Opfer physischer Elterngewalt und sexuellen Missbrauchs auch über weniger emotionale Zuwendung durch die Eltern, vermehrte elterliche Bestrafungen auch unterhalb der Schwelle körperlicher Gewalt und ein deutlich konflikthafteres Familienklima.

Sicherlich haben sich nun die elterlichen Einstellungen in Deutschland im Verlaufe der letzten 10 bis 20 Jahre zum Gebrauch von Gewalt bei der Erziehung der eigenen Kinder gewandelt. Aber dieser Wandel scheint sich noch überwiegend in den Köpfen abzuspielen, das alltägliche Handeln ist noch weit entfernt von einer gewaltfreien Erziehung. Wissenschaftler der Universität Bielefeld (Bussmann und Frehsee) veröffentlichten z.b. die folgenden neuesten Forschungsergebnisse mit Erwachsenen: 82% stimmten der Meinung zu, dass »Eltern mehr mit ihren Kindern reden sollten, als gleich eine lockere Hand zu haben«. Die Freude über dieses Ergebnis trübt sich allerdings sehr schnell, wenn weiter aufgeführt wird, »dass immerhin noch 14,4% der befragten Erwachsenen den Einsatz eines Stocks und 5,5% eine Tracht Prügel mit Blutergüssen als vom Recht gedeckt ansehen bzw. sich dessen unsicher sind«. Diese Unsicherheit über die rechtliche Zulässigkeit von schweren Züchtigungsformen findet sich vor allen Dingen bei gewaltbelasteten Eltern, wobei die Untersucher nach den folgenden vier Elterngruppen unterschieden:

1. Gruppe: Eltern mit (nahezu) sanktionsfreier Erziehung. Sie verwenden weder körperliche noch andere Sanktionen und machen ungefähr 7% aller Eltern aus.

2. Gruppe: Eltern mit weitgehendem Verzicht auf Körperstrafen. Sie setzen zur Disziplinierung ihrer Kinder z.B. Fern-

sehverbot, Taschengeldkürzung und Schweigen ein. Diese Gruppe umfasst etwa 11% aller Eltern.

3. Gruppe: Etwa 62% der Eltern verwenden häufig die überwiegend leichten Züchtigungen, wie z.b. Ohrfeigen.

4. Gruppe: Diese Eltern greifen vergleichsweise häufig auch zu stärkerer körperlicher Gewalt in der Erziehung, also z.b. zu einer Tracht Prügel oder zum Versohlen des Po. Diese Gruppe macht etwa 21% aller Eltern aus.

Es zeigt sich also insgesamt, dass bei der Mehrheit der Eltern die häusliche Erziehungspraxis noch weit von dem Ideal einer gewaltfreien Erziehung entfernt ist, die veränderten Einstellungen decken sich nur in geringem Maße mit dem elterlichen Verhalten im familiären Alltag. Weiter zeigte sich, dass der größte Teil derjenigen Eltern, die ihre Kinder massiv züchtigten, selbst in ihrer Kindheit körperliche Züchtigung durch ihre Eltern erlebt hatte (56% leichtere und 33% schwerere Züchtigungen). Von einem Kreislauf der Gewalt in schwerwiegender Ausprägung musste in etwa 30% dieser Fälle gesprochen werden. Ähnlich sind die Ergebnisse in der Untersuchung des Kriminologischen Forschungsinstituts Niedersachsen: Von denjenigen Eltern, die in ihrer Kindheit nicht Opfer elterlicher Gewalt waren, wendeten 24,4% in der Erziehung ihrer eigenen Kinder Körperstrafen an, während Eltern mit häufiger Züchtigung oder Misshandlung in ihrer Kindheit durch ihre Eltern nun gegenüber ihren eigenen Kindern in der Erziehung zu 69,9% auch zu Körperstrafen griffen. Und auch die Zeitschrift Brigitte veröffentlichte 1990 eine Umfrage, wonach von denjenigen, die in ihrer Kindheit nicht geschlagen wurden, 63% für das Verbot der Prügelstrafe eintraten, während nur 33% der »richtig Verprügelten« dies befürworteten.

> »Aus ihrer Verantwortung für die Kinder haben Eltern Autorität. Diese Autorität darf nicht dazu missbraucht werden, die Kinder nach den Vorstellungen der Eltern umzuformen und ihnen ihren Willen aufzuzwingen. Jedoch wird die beste Erziehung wohl nicht ohne Drohen und Strafen auskommen. Körperstrafen und psychischer Druck (Liebesentzug) sind aber ungeeignete Erziehungsmittel.«
>
> *Gerald Gohlke zum Thema »Erziehung« in:*
> *Religionsunterricht – Wissen und Meinung*

Auch weitere Ergebnisse des Kriminologischen Forschungsinstituts Niedersachsen (Wetzels 1997) bestätigen diese Tendenzen. Nur bei der Befragung nach leichteren Formen der körperlichen Züchtigung durch die Eltern ergab sich ein Hinweis darauf, dass die jüngste Altersgruppe diese Form der elterlichen Gewalt weniger erlebte als ältere Befragte. In Bezug auf die körperliche Misshandlung durch die Eltern sowie die Beobachtung elterlicher Partnergewalt ergaben sich keine bedeutsamen Unterschiede zwischen den Altersgruppen und auch beim sexuellen Missbrauch konnten über alle Altersgruppen der Befragten hinweg keine Häufigkeitsunterschiede festgestellt werden. Und in Bezug auf die Körperstrafen (also Elterngewalt insgesamt unter Einschluss auch der »leichteren« Formen körperlicher Züchtigung) fasst Wetzels für die jüngste der untersuchten Altersgruppe (16–20 Jahre) zusammen: »Sie sind mit 69,5% insgesamt, darunter 36,4% ›häufiger als selten‹ davon Betroffenen, als immer noch erschreckend weit verbreitet zu bezeichnen.« Im Einzelnen teilt das Kriminologische Forschungsinstitut Niedersachsen (Pfeiffer und Wetzels 1997) folgende Häufigkeitsverteilung von körperlicher Gewalterfahrung in der Kindheit nach verschiedenen Altersgruppen der Befragten mit:

Körperliche Elterngewalt in der Kindheit nach verschiedenen Altersgruppen der Befragten

(nach Pfeiffer und Wetzels 1997)

Alter der Befragten	Opfer körperlicher Elterngewalt insgesamt			Opfer elterlicher körperlicher Misshandlung		
	nie	selten	häufiger als selten	nie	selten	häufiger als selten
16–20	30,5%	33,1%	36,4%	90,6%	4,5%	4,9%
21–29	29,1%	36,4%	34,5%	89,7%	6,5%	3,8%
30–39	23,1%	39,0%	37,9%	89,1%	6,1%	4,9%
40–49	22,8%	33,9%	43,3%	88,5%	5,7%	5,8%
50–59	22,9%	34,6%	42,5%	88,8%	6,2%	5,0%

Die Zusammenfassung solcher Ergebnisse durch die Autoren klingt insgesamt eher ernüchternd: »Das Ergebnis entspricht den Resultaten des Altersgruppenvergleichs von Bussmann (1996). Demnach ist davon auszugehen, dass sich die Häufigkeit körperlicher Gewalt gegen Kinder langfristig betrachtet etwas verringert hat. Die Tatsache, dass sich die Raten der schwerwiegenden Misshandlungsfälle zwischen den Altersgruppen nicht signifikant unterscheiden, legt ferner – bei Berücksichtigung gedächtnispsychologischer Effekte – nahe, hier zumindest nicht von einer Zunahme auszugehen.«

Und direkt an diese Aussagen schließen die Autoren noch eine Schätzung zur Häufigkeit von Misshandelten in den beiden jüngsten Altersgruppen ihrer Befragten an: Für diese 16 bis 29 Jahre alten Befragten werden auch bei vorsichtiger Schätzung in Bezug auf »die schwerwiegendste Gewaltform, die Misshandlung durch Eltern, ca. 1,2 Millionen Betroffene in dieser Altersgruppe der Bevölkerung« angenommen. Für die gleiche Altersgruppe wird eine ebenfalls vorsichtige Schätzung (untere Grenze) in Bezug auf den sexuellen Missbrauch (nur die Formen mit Körperkontakt vor dem vollendeten 16. Lebensjahr) angegeben: Danach »waren mindestens 120.000 Männer und 520.000 Frauen aus der Altersgruppe der 16- bis 29-Jährigen in diesem Sinne mindestens einmal Opfer« sexueller Gewalt. Und für die Beobachtung von elterlicher Gewalt (und zwar: »häufiger als selten« beobachtet) schätzen die Autoren für die 16- bis 29-Jährigen in unserer Bevölkerung »mindestens 1,04 Millionen« Betroffene. Bei der Zusammenfassung von elterlicher körperlicher Misshandlung, sexuellem Missbrauch (auch außerhalb der Familie) sowie häufigerem Erleben von elterlicher Partnergewalt gehen die Autoren letztlich davon aus, dass die Häufigkeit bei der Gruppe der 16- bis 29-Jährigen in unserer Bevölkerung (bei vorsichtiger Schätzung, also »untere Grenze«) bei »mindestens 2,5 Millionen in dieser Weise in der Kindheit von Gewalt betroffenen Personen« liegt, d.h. »ca. 1/5 der jüngeren Generation«. Klammert man das Erleben elterlicher Gewalt untereinander aus, so war in diesen beiden Altersgruppen »ca. jeder 6. Jugendliche oder junge Erwachsene mindestens einmal Opfer von Gewalt in Form häufiger oder schwerer elterlicher physischer Gewalt oder sexuellen Kindesmissbrauchs«.

Wurden nun die bisher angeführten Untersuchungen vor allen Dingen mit Erwachsenen durchgeführt, die im Nachhinein nach erlittener Gewalt in der Kindheit befragt wurden, so liegt nun auch eine neueste Untersuchung des Kriminologischen Forschungsinstituts Niedersachsen (Wetzels, 1998) vor, in welcher 2.268 SchülerInnen aus Hannover im Jahre 1997 befragt wurden. Diese SchülerInnen waren repräsentativ für neunte Klassen (96% der in den Schulklassen angetroffenen SchülerInnen nahmen an der Befragung teil) und befanden sich im Alter zwischen 13 und 18 Jahren.

Zunächst seien die Ergebnisse zur elterlichen Gewalt dargestellt. Dabei wurde nach den folgenden vier Kategorien unterteilt:

a) *Leichte bzw. seltene Züchtigungen*, welche lediglich einfache Schläge und Ohrfeigen, sofern sie selten geschahen, enthalten, nicht aber das Schlagen mit Gegenständen.

b) *Schwere bzw. häufige Züchtigungen*, also häufige leichte Schläge (z.B. Ohrfeigen) oder seltenes Schlagen mit Gegenständen.

c) *Seltene Misshandlung*, z.B. Faustschläge ins Gesicht oder zusammenschlagen.

d) *Häufige Misshandlung* (wie unter c., also Handlungen, durch welche die Grenzen des bisherigen elterlichen Züchtigungsrechtes eindeutig überschritten werden).

In der folgenden Tabelle sind die Häufigkeiten dieser verschiedenen Formen elterlicher Gewalt aufgeführt, welche die SchülerInnen bis zu ihrem 12. Lebensjahr erlitten. Danach erlitten 10,6% von ihnen (seltene und häufige) Misshandlung sowie 15,8% häufigere bzw. schwerere Züchtigungen: Fasst man diese Gruppen als die schwereren Formen elterlicher Erziehungsgewalt zusammen, so waren also 26,4% der SchülerInnen davon betroffen!

Häufigkeiten (in Prozent) von Opfern elterlicher Gewalt in der Kindheit (vor Vollendung des 12. Lebensjahres)

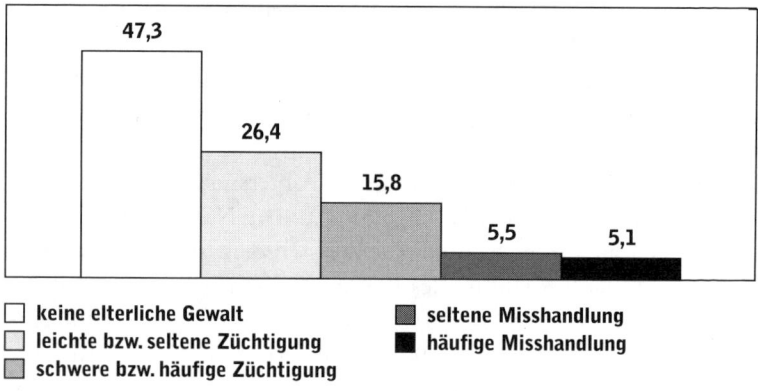

☐ keine elterliche Gewalt   ▨ seltene Misshandlung
☐ leichte bzw. seltene Züchtigung   ■ häufige Misshandlung
▨ schwere bzw. häufige Züchtigung

In einem weiteren Schritt waren diese SchülerInnen nun nur danach befragt worden, welche elterliche Gewalt sie in dem Kalenderjahr vor der Befragung (also in 1997) erlitten hatten. Im Vergleich zur erlittenen elterlicher Gewalt bis zur Vollendung des 12. Lebensjahres stieg zwar die Zahl derjenigen, welche keinerlei Form von Erziehungsgewalt angaben, von 47,3 auf 59,8%, aber immer noch 40,2% bejahten, innerhalb dieses einzigen Jahres elterliche Gewalt erlebt zu haben, davon noch 7,6% eindeutige (seltene oder häufige) Misshandlung. Die nächste Tabelle gibt die genaue Häufigkeitsverteilung wieder:

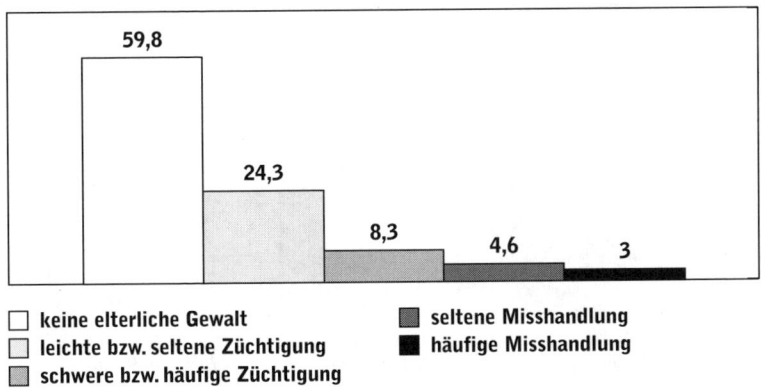

**Häufigkeiten (in Prozent) von Opfern
elterlicher Gewalt in der Kindheit
im Kalenderjahr vor der Befragung (1997)**

59,8

24,3

8,3

4,6

3

☐ keine elterliche Gewalt   ▣ seltene Misshandlung
☐ leichte bzw. seltene Züchtigung   ■ häufige Misshandlung
▣ schwere bzw. häufige Züchtigung

Nicht unerwähnt soll bleiben, dass auch in dieser Untersuchung aufgezeigt werden konnte, wie die Wahrscheinlichkeit elterlicher Gewalt durch verschiedenartigsten Stress stark ansteigen kann. Je stärker also die elterlichen Überbelastungen, umso mehr besteht die Gefahr, dass Eltern sich gegenüber den Kindern und Jugendlichen auch bei nur geringfügigem Anlass vulkanhaft entladen. Als Maß für die Belastung verwendete das Kriminologische Forschungsinstitut die Arbeitslosigkeit des Vaters und/oder den Sozialhilfebezug der Familie. In der nachfolgenden Tabelle wird der Zusammenhang mit elterlicher Gewalt deutlich: Bei Vorliegen von Arbeitslosigkeit/Sozialhilfe gaben 23% der SchülerInnen erlittene elterliche Gewalt an, während in der Vergleichsgruppe dies nur 16% waren.

Sehr zu denken geben sollten auch die folgenden Ergebnisse, mit denen Wetzels in dieser Untersuchung mit SchülerInnen den ebenfalls schon vielfach nachgewiesenen Zusammenhang zwischen Erleiden von Gewalt in der Kindheit sowie selbst verübten Gewalttaten eindrucksvoll bestätigt. Die SchülerInnen wurden auch danach gefragt, welche Gewalttaten sie selbst im Jahre 1997 begangen hatten: 4,3% bejahten Raub, 1,7% Erpressung, 18,7% Körperverlet-

Arbeitslosigkeit und/oder Sozialhilfebezug sowie Häufigkeit (in Prozent) von Opfern elterlicher Gewalt (1997)

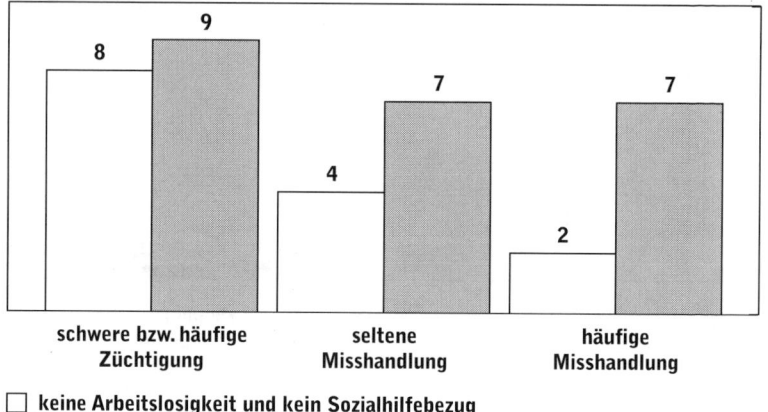

schwere bzw. häufige Züchtigung — seltene Misshandlung — häufige Misshandlung

☐ keine Arbeitslosigkeit und kein Sozialhilfebezug
▨ Arbeitslosigkeit und/oder Sozialhilfebezug

zung sowie 6,4% Bedrohung mit Waffen. Das sind also 20,6% der SchülerInnen, die innerhalb 1997 mindestens einmal eine der aufgeführten Gewalttaten begangen hatten. Diese selbst begangenen Gewalttaten wurden nun in Beziehung gesetzt zu den bereits beschriebenen vier Formen elterlicher Erziehungsgewalt, welche bis zur Vollendung des zwölften Lebensjahres erlitten wurde. Die nächste Tabelle zeigt den eindeutigen Zusammenhang: Je mehr und je stärker elterliche Gewalt in der Kindheit auftrat, umso häufiger verübten die Jugendlichen selbst Gewalttaten.

Während von denjenigen Schülern/Schülerinnen, die keine elterliche Gewalt in der Kindheit erlebt hatten, nur 15,9% angaben, im Jahre 1997 selbst Gewalt ausgeübt zu haben, steigt der Anteil dieser Gewalttäter bei den Opfern verschiedener Formen elterlicher Gewalt stetig an bis hin zu 41,1% in der Gruppe mit häufiger Misshandlung.

In einem weiteren Auswertungsschritt wurden nun die SchülerInnen danach aufgeteilt, ob sie im Kindesalter (also bis zur Vollendung des zwölften Lebensjahres) und/oder im Jugendalter (womit

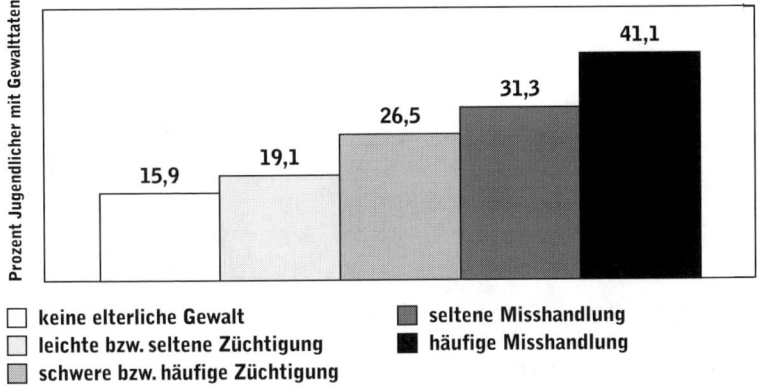

Erlittene elterliche Gewalt in der Kindheit
und Zusammenhang mit
selbst verübten Gewalttaten

Prozent Jugendlicher mit Gewalttaten

41,1

31,3

26,5

19,1

15,9

☐ keine elterliche Gewalt   ▨ seltene Misshandlung
☐ leichte bzw. seltene Züchtigung   ■ häufige Misshandlung
▨ schwere bzw. häufige Züchtigung

hier das Jahr 1997, also ein Jahr vor der Befragung im Jahre 1998 gemeint ist) innerhalb der Familie Gewalt durch die Eltern erlitten hatten. Nimmt man diese Alterseinteilung, so ergaben sich folgende Opfer-Häufigkeiten in Bezug nur auf die schweren bzw. häufigeren Züchtigungen und die eindeutigen (seltenen oder häufigeren) Misshandlungen:

◆ 69,5% der SchülerInnen gaben an, weder im Kindes- noch im Jugendalter solche Formen der schwerwiegenderen Erziehungsgewalt erlebt zu haben.
◆ Bei 14,5% der SchülerInnen waren diese Gewalterfahrungen auf die Kindheit begrenzt.
◆ 11,7% erlitten sowohl in der Kindheit also auch im Jugendalter elterliche Gewalt.
◆ Bei 4,2% begann die elterliche Gewalt erst im Jugendalter, diese SchülerInnen verneinten also, diese ausgeprägten Gewaltformen auch im Kindesalter erlitten zu haben.

Auch für diese vier Gruppen ergibt sich ein eindeutiger Zusammenhang zwischen dem elterlichen Erziehungsverhalten und selbst verübten Gewalttaten, wie es die folgende Tabelle aufzeigt:

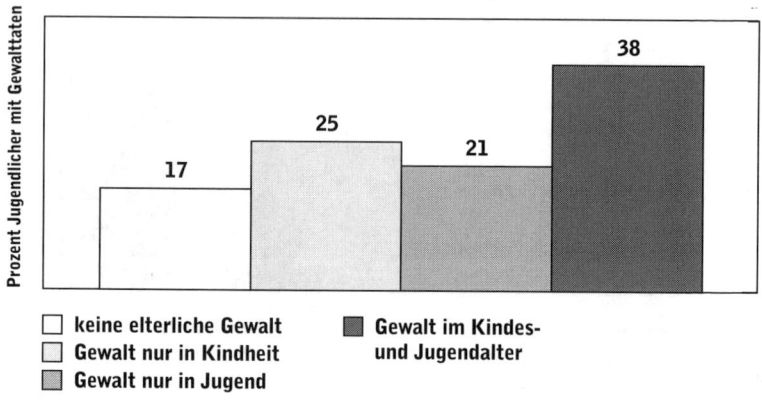

**Erlittene elterliche Gewalt in der Kindheit
und/oder Jugendalter und Zusammenhang mit
selbst verübten Gewalttaten**

Prozent Jugendlicher mit Gewalttaten

38

25

21

17

☐ keine elterliche Gewalt
☐ Gewalt nur in Kindheit
▨ Gewalt nur in Jugend

■ Gewalt im Kindes-
und Jugendalter

Es ist in diesem Zusammenhang auch äußerst wichtig darauf hinzuweisen, dass der Anteil von Gewalttätern abnimmt, wenn auch die elterliche Gewalt aufhört. Dies zeigte sich in den folgenden Untersuchungsergebnissen des Kriminologischen Forschungsinstituts Niedersachsen. Verglichen wurden SchülerInnen, bei denen die elterliche Gewalt nach der Kindheit aufhörte, mit SchülerInnen, bei denen diese Gewalt von der Kindheit bis ins Jugendalter andauerte. Hörte nun die Elterngewalt nach der Kindheit auf, so gaben nur 25% der Befragten an, selbst Gewalttaten verübt zu haben, während dies 38% von denjenigen bejahten, die in Kindheit und Jugend elterliche Gewalt erlebten.

Trotz der Eindeutigkeit dieser Ergebnisse ist hier eine Warnung vor zu vereinfachenden Schlussfolgerungen einzufügen: Einmal führt natürlich elterliche Gewalt nicht zwangsläufig auch zu späteren Gewalttaten der Geschlagenen, zum anderen gibt es auch jugendliche Gewalttäter, die in der Kindheit und Jugend keine elterliche Erziehungsgewalt erlitten haben. Es gibt vielfältige Faktoren, die diese Zusammenhänge beeinflussen, z.B. auch die erlebte Gewalt zwischen den Eltern, im Freizeit- und Schulbereich sowie in den Medien, aber auch die zunehmend für viele Jugendliche sich ergebende »auf dem Abstellgleis«-Situation aufgrund u.a. von fehlendem

Ausbildungsplatz und Sozialhilfeabhängigkeit. Aber auch wenn man solche Faktoren mit berücksichtigt, so verbleibt dennoch, dass den geschilderten Beziehungen zwischen elterlicher Gewalt und selbst verübten Taten eine entscheidende Bedeutung zukommt. Die gerade in jüngster Zeit bei uns so oft beklagte Jugendgewalt und -kriminalität hat also oft einen wichtigen Ursprung im Kinderzimmer, da die elterliche Aggression und Gewalt »vorbildhaft« wirken für die Lösung von Konflikten sowie das allgemeine menschliche Miteinander.

»Kinder sind gewaltfrei zu erziehen. Denn wer im Kinderzimmer lernt, dass mit körperlicher Überlegenheit Konflikte scheinbar gelöst werden, wird auch als Erwachsener zuschlagen.«

Frau Ridder-Melchers, Gleichstellungs-Ministerin
von Nordrhein-Westfalen

»Körperliche Züchtigung ist zutiefst kinderfeindlich, unmensch-lich und erniedrigend, sie ist mit Vorstellungen von Demokratie und Menschenrechten absolut unvereinbar. Kurzfristig kann sie Gehorsam bewirken, langfristig fördert sie die Akzeptanz von Gewalt. Wer Prügel sät, darf sich nicht wundern, wenn er Ge-waltverbrechen erntet.«

Gruppe: KinderRÄchTsZÄnker

Vor dem Hintergrund der in diesem Kapitel mitgeteilten Untersu-chungen können die folgenden Ergebnisse einer »Kinderrechts-wahl« nicht mehr verwundern, die 1997 durch das Ministerium für Arbeit, Soziales und Gesundheit in Sachsen-Anhalt veröffentlicht wurden. Bei dieser Wahl wurden alle schulpflichtigen Kinder der ersten bis zwölften Klassen gebeten, aus den folgenden 12 Kinder-rechten (welche aus der UN-Kinderrechtskonvention ausgewählt worden waren) die drei für sie wichtigsten auszuwählen:

Kinder haben alle die gleichen Rechte. Kein Kind darf benachteiligt werden.	Kinder haben das Recht, beschützt zu werden, auch im Krieg und auf der Flucht.
Kinder haben das Recht, so gesund wie möglich zu leben.	Kinder haben das Recht, zu leben, ohne wirtschaftlich oder sexuell ausgebeutet zu werden.
Kinder haben das Recht, sich zu bilden und eine Ausbildung aufzunehmen.	Kinder haben das Recht, von Vater und Mutter versorgt zu werden.
Kinder haben das Recht, zu spielen, sich auszuruhen, sich aktiv zu erholen und am kulturellen und künstlerischen Leben teilzunehmen.	Wenn Kinder behindert sind, haben sie das Recht auf besondere Fürsorge und ein aktives Leben.
Kinder haben das Recht sich zu informieren, sich eine eigene Meinung zu bilden, sie frei zu äußern und gehört zu werden.	Kinder haben das Recht, die Kinderrechte zu kennen. Sie sollen auch den Erwachsenen bekannt sein.
Kinder haben das Recht, ohne Gewalt erzogen zu werden.	Die Kinderrechte sollen verwirklicht werden. Das Wohl des Kindes soll vorrangig berücksichtigt werden.

Die Wahlbeteiligung der Kinder und Jugendlichen lag bei 89,2%! An erster Stelle stand bei den SchülerInnen das Recht auf eine gewaltfreie Erziehung (41,3%), an zweiter Stelle das Recht auf Leben ohne (sexuelle) Ausbeutung (37,6%), und an dritter Stelle das Recht auf Informations- und Meinungsfreiheit (31,7%). Natürlich ergaben sich in Bezug auf das Alter und Geschlecht bei den SchülerInnen unterschiedliche Gewichtungen, aber die nachfolgenden Abbildungen sollten hinsichtlich der übereinstimmend hohen Prozentzahlen bei den Rechten auf gewaltfreie Erziehung und auf ein Leben ohne (sexuelle) Ausbeutung doch sehr nachdenklich machen:

Die wichtigsten Rechte der Mädchen

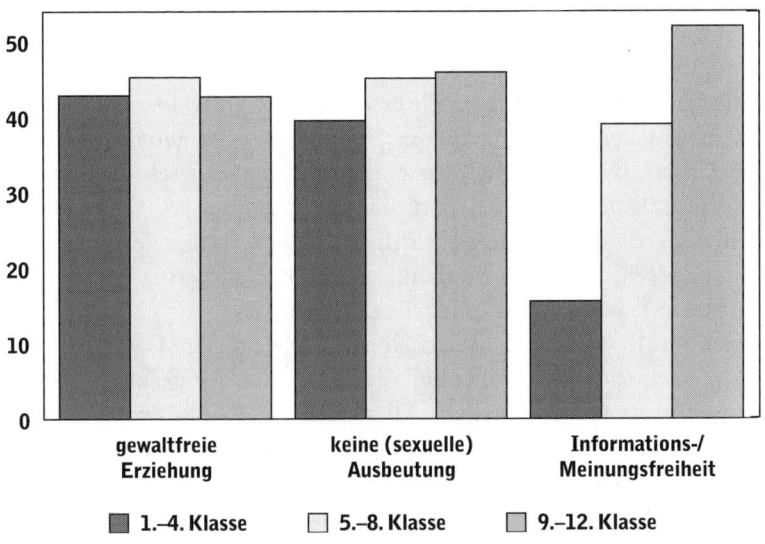

Die wichtigsten Rechte der Jungen

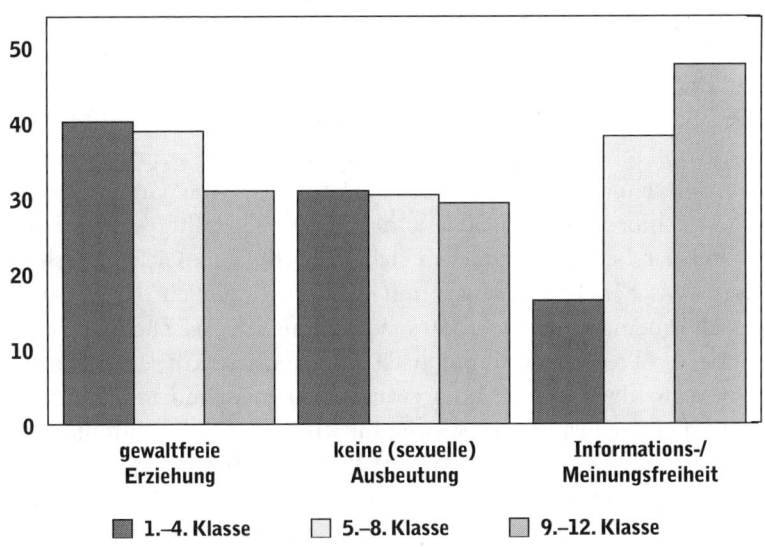

Fassen wir zusammen: Wir befinden uns in einer Zeit, in der einerseits negative Einstellungen gegenüber Körperstrafen und Gewalt in der Erziehung deutlich zunehmen, andererseits aber dieser Wandel sich nur in geringem Maße in der häuslichen Erziehungspraxis durchsetzt. Die Kluft zwischen dem Ideal einer gewaltfreier Erziehung und der Realität des Erziehungsalltags verbleibt so zwar nicht unvermindert, aber eben doch erschreckend groß. Der Bielefelder Forscher Freeseh geht davon aus, dass auch (oder gerade) in einer modernen sowie bezüglich der Normen und Werte sehr toleranten und pluralistischen Gesellschaft das Recht gefragt ist, Verbindlichkeiten zu setzen: »Die gegenwärtige Rechtsprechung zieht dagegen nur eine sehr vage Grenze dahin, dass die Züchtigung keine ›entwürdigende Maßnahme‹ darstellen dürfe (§ 1631 Abs. 2 BGB). Die Orientierungsfunktion dieser Norm ist weitgehend wertlos. ... Dem Recht gelingt es offenbar nicht, ... Eltern eine klare andere Bewertung entgegenzustellen.« Dies erscheint aber notwendig, auch um den äußerst verschieden ausgelegten Begriffen von »Züchtigung« und »Gewalt« eine eindeutige Norm entgegenzusetzen. Die Bevölkerung selbst scheint – jedenfalls bei Befragungen hinsichtlich ihrer Einstellungen – schon sehr viel weiter zu sein als die Politik. Letztere wagte in den letzten 20 Jahren viel zu wenig, gegenüber der vermeintlichen Wählermeinung ein klares Züchtigungsverbot aufzustellen, sie überließ es der Allgemeinheit, Gesetze zu interpretieren, und die Gerichte verhielten sich zu häufig entsprechend diesen Vorgaben. Dabei ist eine solche Zurückhaltung der Politik nach Ansicht von Frehsee gar nicht nötig, gibt es doch nach seinen Untersuchungen eine Mehrheit für eine klare rechtliche Grenzziehung (56,1%; hinzukommen 30,6%, die »teilweise dafür« sind). Zwei Drittel der Befragten sprachen sich sogar für eine Gleichberechtigung zwischen Erwachsenen und Kindern bezüglich der Geltung des allgemeinen Gewaltverbotes aus, denn auch das Züchtigen von Kindern sollte ihrer Meinung nach eine strafbare Körperverletzung sein. Außerdem wollten über zwei Drittel misshandelten Kindern (entgegen der bisherigen Fassung im Kinder- und Jugendhilfe-Gesetz) ein selbst bestimmtes Aufenthaltsbestimmungsrecht abhängig vom Alter gewähren, sodass Kinder, die über Misshandlung berichten würden, auch ohne vormundschaftsrichterlichen Beschluss nicht mehr gegen ihren Willen zu den Eltern zurückmüssten. Die Altersgrenze der Kinder wurde von den Befragten dabei im Durchschnitt mit etwa zwölf Jahren angegeben.

Eine Gesetzesänderung will also durchaus nicht den Staatsanwalt in die Familien und Kinderzimmer schicken, sondern klare Grenzsetzungen und Orientierungsvorgaben machen. Dies erscheint heute durchaus in der Bevölkerung durchsetzbar – auch wenn immer wieder in der Diskussion der Satz auftaucht: »Ein Klaps oder eine kleine Prügel hat mir auch nicht geschadet!«

8.

Ursachen der Erziehungsgewalt (sind komplizierter als Stammtischparolen)

Bisher wurden die Ursachen von verschiedenen Formen der Kindesmisshandlungen und entwürdigenden Erziehungsmaßnahmen noch vor allen Dingen in überholten, aber zäh sich haltenden Erziehungseinstellungen gesehen sowie beschrieben (neben den im vorangegangenen Kapitel angeführten psychosozialen Belastungen vieler Familien sowie der »sozialen« Vererbung der Gewalt von einer Generation auf die andere).

Im vorliegenden Kapitel soll eine differenziertere Darstellung verschiedenster Ursachen erfolgen, und zwar hinsichtlich 1.) der gesellschaftlichen Ebene, 2.) der familiären Ebene und 3.) der individuellen Ebene.

I. Gesellschaftliche Ebene:

In diesem Rahmen sollen nur mehr oder weniger stichwortartig gesellschaftliche Bedingungen der Gewalt dargestellt werden, da an anderen Stellen dieses Buches vielfach auf einzelne Punkte vertieft eingegangen wird:

- Es herrscht allgemein eine zu hohe Toleranz und sogar Befürwortung gegenüber Gewalt und Aggression in unserer Gesellschaft.
- Zu viele Erwachsene billigen immer noch Schläge, Klapse, Ohrfeigen usw. als normales, gerechtfertigtes und erlaubtes Erziehungsmittel.
- Noch immer besteht zwischen Mann und Frau einerseits sowie zwischen den Erwachsenen und Kindern andererseits ein zu großes Macht- und Beziehungsgefälle, wodurch den Schwächeren

viele Entwicklungs- und Entfaltungsmöglichkeiten vorenthalten werden.

◆ Ganz allgemein gestehen wir den Schwächeren, Behinderten und Benachteiligten zu wenig ihre Rechte und Bedürfnisse zu. Sie müssen sich zu sehr unseren Wünschen, Bedürfnissen und Ansichten unterordnen, wobei der Übergang fließend ist von der Nichtbeachtung hin zur Ausgrenzung, Verächtlichmachung und Misshandlung.

◆ Während wir früher in übertriebenem Ausmaß nach den »bürgerlichen Tugenden« wie Gehorsam, Ordnung, Pünktlichkeit, Fleiß, Unterordnung, Anpassung, Sauberkeit und Anstand erzogen wurden und lebten, vollzog sich seit den 60er-Jahren ein Wertewandel. Unter der Überschrift: »Selbstverwirklichung« wurden neue Tugenden angestrebt, wie z.b. Selbstständigkeit, Selbstbewusstsein, gesunder Egoismus, freie Persönlichkeitsentfaltung, Durchsetzung eigener Wünsche und Bedürfnisse. Dieser an sich begrüßenswerte Wandel kippte dann z.t. in das andere Extrem um. Auf der Strecke blieben immer öfter Tugenden wie Empathiefähigkeit, Toleranz, Solidarität und Konfliktfähigkeit. Die eigenen Ansichten und Haltungen wurden z.t. recht rücksichtslos durchgesetzt. Dabei sank auch die Hemmschwelle, die Würde und sogar körperliche Unversehrtheit von Mitmenschen »mit Füßen zu treten«.

◆ Parallel zu dieser Entwicklung trat eine große Verunsicherung in der Erziehung ein. Es gibt keine klaren, einheitlichen gesellschaftlichen Vorgaben und Normen mehr, sondern es herrscht »Pluralität«. Das heißt, dass Kinder nicht mehr auf eine relativ sicher vorhersehbare Zukunft hin erzogen werden können mit ganz bestimmten Aufenthaltsorten, Aufgabenstellungen, Arbeitsplätzen und Lebensanforderungen, sondern eher auf eine ungewisse Zukunft vorbereitet werden müssen. In Verbindung mit dem Wertewandel trat als Folge auf, dass zunehmend Eltern zu wenig erzogen, zu wenig Grenzen setzten, wodurch sich bei den Kindern Maßstäbe verschoben und sie z.t. in ihrem Verhalten schrankenlos wurden. Jedenfalls muss ich im Laufe der letzten Jahre zunehmend Eltern ermutigen, ihre Kinder mehr zu erziehen, worunter ich auch eine Erziehung zu Werten und

Normen einer demokratisch-humanen Gesellschaft verstehe. Es mehren sich die Familien, wo Kinder und Jugendliche umgekehrt die Eltern »erziehen« und diese fast buchstäblich »singen, tanzen, springen und handeln« lassen, wie die Kinder es wollen. Die »Erziehungs«-Mittel der Kinder sind dann u.a. Schreien, Brüllen, Türen schlagen, Werfen von Gegenständen sowie auch Schlagen.

Auf einer Internetseite fand ich in diesem Zusammenhang die folgenden »zwölf persönlichen Rechte« für Kinder und Jugendliche. Beim Durchlesen war ich hin- und hergerissen: einerseits könnte ich viele Rechte sofort unterschreiben, andererseits sträubte sich gleichzeitig vieles in mir, weil eben »Rechte« bei zu krasser Auslegung und einseitigem Ausleben schnell auch in »Unrecht« umschlagen können. Zu jedem der Rechte fielen mir konkrete Szenen ein, die sie bestätigten, z.b. wenn ein Kind mal eine Bitte abgeschlagen oder Aufforderung nicht befolgt hatte und dann aufgrund seiner bisherigen Erziehung sowie Beziehung zu den Eltern massive Schuldgefühle bekam bis hin zu selbst bestrafenden Handlungen, also z.b. sich selbst eine Ohrfeige runterhaute. Aber zu jedem Recht fielen mir auch Szenen ein, in denen diese Rechte zu krass und ohne Rücksicht auf Mitmenschen ausgelebt wurden, z.b. wenn ein Kind fast gar nicht mehr auf Bitten reagierte sowie umgekehrt nur noch Forderungen stellte, ohne noch merken zu können, wie maßlos es geworden war – und dann noch die Eltern (welche ja eher »viel zu lieb« und nachgiebig waren) als »ihm nie etwas gönnend« empfand. Es erscheint mir sinnvoll, die LeserInnen zu bitten, diese nachfolgenden Rechte ebenfalls einmal tiefer auf sich wirken zu lassen und mit konkreten Erlebnissen und Szenen zu verbinden, um zu einer weiteren Klärung der eigenen Einstellungen zu kommen:

Die zwölf persönlichen Rechte

1.

Du hast das Recht, dein Verhalten, deine Gefühle und deine Gedanken selber zu beurteilen, und brauchst dich dafür weder zu rechtfertigen noch zu entschuldigen.

2.
Du hast das Recht, deine eigenen Wünsche und Bedürfnisse
ebenso ernst zu nehmen wie die anderer Menschen.
3.
Du hast das Recht, Fehler zu machen und die Folgen zu tragen.
4.
Du hast das Recht, anderen eine Bitte abzuschlagen, ohne dich
schuldig zu fühlen und für egoistisch zu halten.
5.
Du hast das Recht, deine Meinung zu ändern.
6.
Du hast das Recht, »unlogisch« zu sein.
7.
Du hast das Recht, selber zu entscheiden, ob du das,
was dir andere als Fehler vorwerfen, ändern willst.
8.
Du hast das Recht, selber zu beurteilen, ob du für die Lösung
der Probleme anderer Menschen mitverantwortlich bist.
9.
Du hast das Recht, Fragen nicht zu beantworten.
10.
Du hast das Recht zu sagen: »Ich verstehe nicht.«
11.
Du hast das Recht zu sagen, »Ich weiß nicht«, wenn andere
sagen: »Was wäre, wenn alle so dächten wie du?«
12.
Du hast das Recht, nein zu sagen,
ohne dieses Nein zu begründen.

Aus: K.R.Ä.T.Z.Ä.-Homepage

Was nun jeweils an Verhalten bei einem Kind toleriert oder ge-
wünscht bzw. verboten oder bestraft wird, hängt natürlich auch
von dem jeweiligen Alter des Kindes ab sowie von den mehr oder
weniger verfestigten Einstellungen der Eltern (wer kennt nicht die
Klagen der Erstgeborenen, dass sie es nicht so gut gehabt hätten
wie ihre jüngeren Geschwister, die oft von den inzwischen erfolgten
Lernprozessen der Eltern profitieren). Die folgende Tabelle gibt ei-

nen Eindruck davon wieder, wie unterschiedlich solche Erziehungs-
normen und Verhaltenserwartungen seien können:

Fragen zur Selbstständig-keit von Kindern	Antworten der		
	deutschen Mütter	amerikanischen Mütter	amerikanischen Studentinnen
Ab wann sollte man sich darauf verlassen können, dass ein Junge tags und nachts zuverlässig trocken bleibt?	2,6 Jahre	3,0 Jahre	3,6 Jahre
Von welchem Alter ab würden Sie einen Jungen nach seiner Meinung fragen bei kleineren Entscheidungen, die ihn selbst betreffen?	9,8 Jahre	7,4 Jahre	5,3 Jahre
Von welchem Alter ab finden Sie es in Ordnung, dass ein Junge selbst entscheidet, was er anzieht?	11,3 Jahre	7,9 Jahre	5,7 Jahre
Von welchem Alter ab sollte ein Junge frei über sein Taschengeld verfügen können?	14,8 Jahre	10,9 Jahre	6,8 Jahre

Natürlich haben sich auch diese Normen aus einer Veröffentlichung
von 1973 inzwischen wohl z.t. verändert, d.h., es sind auch unterschiedliche Einstellungen zwischen den Generationen zu berücksichtigen. Es geht auch nicht darum, mit den angegebenen Zahlen
»Richtwerte« aufzustellen, sondern aufgrund solcher Ergebnisse für
sich abzuleiten, die eigenen, oft für »unumstößlich« und »selbstverständlich« gehaltenen Erziehungshaltungen immer einmal wieder
zu hinterfragen, sich neu zu begründen und dann auch dem Kind

(und gegebenenfalls auch anderen Eltern) gegenüber verständlich und mit innerer Überzeugung vertreten zu können. Viel zu häufig verhalten wir uns eher »traditionsgemäß«, ohne viel nachzudenken, gerade wie es unseren momentanen Bedürfnissen entspricht. Wenn dann Einwände der Kinder kommen (»Warum muss ich denn ... ?!«), fallen uns manchmal keine einsichtigen Argumente ein und wir reagieren stattdessen mit Ungereimtheiten, einem »Schluss jetzt, oder es setzt was!« sowie dem »kleinen« Klaps.

II. Familiäre Ebene:

Der Geborgenheit und wechselseitige Unterstützung gebende Familienverband schrumpfte in den letzten 100 Jahren auf die Kleinfamilien. Der Erziehungswissenschaftler Liegle beschreibt diesen Prozess mit dem Begriff der »Auswanderung«, wobei sich dann dieser »Schrumpfungsprozess« folgendermaßen darstellen lässt:

Am Anfang stand die Auswanderung von Personen, die aufgrund ihrer Erwerbstätigkeit dem Familienverband angehörten. Parallel dazu verringerte sich nach und nach die Anwesenheit der Väter in den Familien im Rahmen der Industrialisierung und Auslagerung des Arbeitsplatzes. Durch den Trend zur Kleinfamilie verschwanden auch die Geschwister. Schließlich wanderten auch die Großeltern aus, sie leben meist nicht mehr im gleichen Haus bei ihren Kindern und Enkeln und gehen später in Altenheime. In der letzten Zeit wanderten zunehmend die Mütter aus den Familien aus aufgrund ihrer Loslösung von der herkömmlichen Mutterrolle sowie ihrer verstärkten beruflichen Orientierung. Aber auch durch Scheidung verließen zunehmend Elternteile die Familien. Bei etwa 4% aller Kinder und Jugendlichen bis zum 18. Lebensjahr ist ein Elternteil gestorben. Es verbleibt vielfach nur die Kleinstfamilie und insgesamt ein Verlust an Halt, Miteinander, Unterstützung und Geborgenheit.

Aufgrund dieser Entwicklung könnte formuliert werden: »Wir haben noch Familien, aber mit was für einem Familienleben?« Dieser Satz drückt sicherlich die tatsächlichen Verhältnisse zu verkürzt und formelhaft aus. Richtig ist aber, dass in den Familien für die Kinder im Verlaufe der Zeit viel soziale Geborgenheit verloren gegangen ist, wobei die Familien überfordert sind, unter den gegenwärtigen Lebens- und Arbeitsbedingungen dieser Entwicklung allein entgegenzusteuern. Aber es müssen auch einige Mythen aufgeräumt werden, die sich um die Lebenssituation unserer Kinder gerankt haben. Der Psychologe Wulf Rauer, Vorsitzender des Deutschen Kinderschutzbundes Hamburg, zeigt dies mit den folgenden Zahlen auf:

1) 83,9% der Kinder, die in Familien leben, tun dies mit verheirateten Eltern, nur 16,9% leben mit Alleinerziehenden, in der Regel mit der Mutter. Während in den Alten Bundesländern 86,1% der Kinder mit verheirateten Eltern leben, sind es in den Neuen Bundesländern 74,9%. Die traditionelle Familie stellt für mehr als vier von fünf Kindern Realität dar. Allerdings gibt es landesspezifische Unterschiede: In den Stadtstaaten sind es zwischen 69,3 und 76,1%, in den Westdeutschen Flächenstaaten dagegen 83,8 bis 87,9%. Der Anteil der Alleinerziehenden hat zwar stetig zugenommen, aber keineswegs in dem Ausmaß, das ihm oft zugeschrieben wird.
2) 24,3% aller Kinder wachsen ohne Geschwister auf, sie stellen damit eine deutliche Minderheit und keinesfalls, wie so oft dargestellt, die Mehrheit dar. Berücksichtigt man noch, dass es sich um Querschnittszahlen handelt, so wird die Zahl der Einzelkinder, die solche bleiben, eher noch geringer sein.
3) Der Anteil der Scheidungskinder wird regelmäßig überschätzt. Zwar gehen die Scheidungszahlen kontinuierlich hoch, der Anteil der betroffenn Kinder bleibt aber konstant. 1996 sind 0,9% aller Kinder von Scheidung ihrer Eltern betroffen, in Bremen sind es 1,2%, in Sachsen-Anhalt 0,7%.

Natürlich verbleibt die Feststellung des zunehmenden Verlustes der sozialen Geborgenheit für Kinder. Immerhin lebt jedes siebte Kind

(13,9%) in den alten Bundesländern und jedes vierte Kind (25,1%) in den neuen Bundsländern mit nur einem Elternteil (in der Regel mit der Mutter) zusammen, aber es bedarf auch keiner Dramatisierung dieses Problems: So groß, wie es tatsächlich ist, ist es groß genug! Für die verbliebenen Elternteile bedeutet die beschriebene Entwicklung natürlich ein Mehr an Verantwortung und Belastung. Dabei wird dieser Restfamilie von Pädagogen und Psychologen, von Politik und Werbung auferlegt, eine »heile Welt« darzustellen.

Die Familie soll ein oasenhafter Ort der Entspannung und Harmonie sein, umgeben von der an den seelischen und körperlichen Kräften zehrenden Wüste einer Leistungsgesellschaft. Die Last der Verantwortung für diese Oase liegt dabei heute nur auf den beiden Eltern oder dem verbliebenen Elternteil: Es kann kaum ausbleiben, dass die Eltern sich überfordert, hilflos, versagend oder schuldig fühlen, weil sie den hohen Idealen der Gesellschaft über die heile Welt nicht genügen können. Die Zunahme von Aggression und Gewalt muss auch in Zusammenhang mit diesem Druck gesehen werden.

Die Probleme der Familien verschärfen sich natürlich, wenn Arbeitslosigkeit und Armut hinzukommen. So verschärft sich z.b. die Situation bei allein erziehenden Müttern: Während über 80% der allein erziehenden Väter berufstätig sind, haben nur etwas über die Hälfte der allein erziehenden Mütter einen Arbeitsplatz außer Haus, zwei Drittel von ihnen arbeiten in Teilzeitjobs. Über 40% der allein erziehenden Mütter gehen mit bis zu 1.200 DM monatlich nach Hause: Bei den Vätern ist es »nur« jeder sechste, der mit so wenig auskommen muss. Bei den Niedrigeinkommen sind auf der Mutterseite weit über 400.000 Kinder betroffen, auf Vaterseite rund 25.000. Insgesamt leben von den 15,7 Millionen Kindern (bis 18 Jahre) jedes 7. Kind in den alten und in den neuen Bundesländern sogar jedes 5. Kind unter der von der Europäischen Union definierten Armutsgrenze (weniger als 50% des verfügbaren Durchschnittseinkommens). In Deutschland sind fast doppelt so viele Haushalte mit Kindern von Armut betroffen wie Haushalte ohne Kinder. Je jünger die Kinder sind, umso rasanter ist in den letzten Jahren ihre Sozialbedürftigkeit gestiegen, z.B. der unter 2-Jährigen in den letzten 5 Jahren um 80%. Hauptursache für die steigende Verarmung ist die Arbeitslosigkeit vieler Eltern.

III. Individuelle Ebene:

Wenn in diesem Kapitel zunächst auf Risikofaktoren von Kindesmisshandlungen eingegangen wird, die sich auf das betroffene Kind beziehen, so wird dies bei vielen LeserInnen wohl Kopfschütteln auslösen. Es ist damit aber nicht gemeint, nun dem Opfer auch noch die Schuld an dem misshandelnden Verhalten der Eltern zuzuschieben! Im Rahmen der Vorstellungen, dass bei misshandelnden (aber natürlich nicht nur bei diesen!) Eltern z.b. beruflicher Stress, allgemeine geringe Belastbarkeit, Ohnmachtsgefühle und Unsicherheit in der Erziehung, Partnerkonflikte, Armut, beengte Wohnverhältnisse und vieles mehr dazu führten, dass ihr »Problem-Fass« bereits bis zum Rand voll gelaufen ist, wird es aber verständlich, dass auch kleinere Probleme mit den Kindern zum berühmten Tropfen werden können, der ein Fass zum Überlaufen bringt. Dies gilt natürlich nicht nur für Eltern, die eindeutig und in schwererem Ausmaß ihre Kinder misshandeln und/oder vernachlässigen, sondern auch letztlich wohl für die allermeisten Eltern, die in solchen Situationen mit »vollen Fässern« sehr leicht gereizter, ungeduldiger, schreiender, strafender usw. werden, als sie es sonst in ihrem Erziehungsalltag sind und sein wollen.

Welche Risikofaktoren der Kinder für Kindesmisshandlungen wurden nun in der Forschung und therapeutischen Praxis gefunden? Es sind im Grunde alle kindlichen Verhaltensweisen und Persönlichkeitsmerkmale, welche Eltern zusätzlich belasten können, d.h., es sind letztlich Risikofaktoren für die elterlichen Möglichkeiten, mit ihren eigenen Anspannungen, Konflikten, Enttäuschungen, Aggressionen usw. »gesund« für sich selbst und die Kinder umzugehen. Die Entladungen richten sich dann häufig vor allen Dingen gegen Schwächere und Wehrlosere, und dies sind dann die Kinder. Es gilt also für alle Eltern, diese Risikofaktoren für sich zu erkennen und sie vor dem »inneren Auge« sich als »Stopp- und Warn-Schilder« vorzustellen. Auf diesen Schildern könnte z.b. stehen: »Achtung! Beruf und Partner bringen mich zum Kochen! Nicht ins Schleudern kommen gegenüber dem Kind!« Oder: »Stopp! Das

94

Kind kann nichts für meinen Stress! Nicht als Blitzableiter benutzen!« Oder: »Sackgasse! Schnell umkehren! Mein Kind ist nur ein Tropfen meines Stressfasses! Meine Wut und Enttäuschung muss sich gegen den Chef oder Partner richten!«
Typische Tropfen, die leicht (natürlich meist nicht allein!) dazu führen, dass das Stressfass von Eltern überläuft und sie zu übertriebenen Reaktionen, entwürdigenden Handlungen und letztlich eindeutigen Misshandlungen bringen, sind z.b.:

◆ ungewollte Schwangerschaft; kein Wunschkind; ausgetragene Schwangerschaft, bei der zunächst Unterbrechung geplant war;
◆ Kinder, die allgemein nicht den Erwartungen der Eltern entsprechen, z.b. bezüglich des »falschen« Geschlechts, eines bestimmten Aussehens, einer nicht »normalen« Entwicklung, einer Behinderung;
◆ körperlich und geistig behinderte Kinder; dauernd kränkelnde Kinder;
◆ Kleinstkinder mit Trinkschwäche, Erbrechen, Essstörungen, Schlafstörungen, viel Schreien;
◆ Kinder, die von den Eltern als »schwierig« eingestuft werden, z.B. wegen ihrer Unruhe und Aggressivität, wegen äußerst lebhaftem Temperament, wegen noch langem Einnässen und Einkoten;
◆ (Kleinst-)Kinder, die allgemein sehr viel Aufmerksamkeit, Zuwendung, Beachtung und Fürsorge erfordern bzw. erzwingen.

»Normalerweise haben Eltern eine Vorstellung von ihrem Kind. Sie haben Wünsche, vielleicht auch Erwartungen. Gestehen Sie sich diese Wünsche ehrlich ein! Das ist besser, also so zu tun, als gäbe es sie nicht, und doch enttäuscht zu sein. Natürlich dürfen Sie sich etwas wünschen – und müssen gleichzeitig akzeptieren, dass dieses Kind nur sich selbst gehört. Dass es sein eigenes Geschlecht, sein eigenes Aussehen, sein eigenes Temperament und seine eigenen Begabungen hat. Dass es vielleicht ganz anders wird, als Sie es haben wollen.
Wenn wir aufhören, ständig zu vergleichen und zu bewerten,

können wir uns wirklich auf unser Kind einstellen und darauf achten, was es ist, was seine einmalige Existenz ausmacht. Das Abenteuer des Elternseins beginnt damit, dass man herausfindet, was dieses Kind auf die Welt bringt und worin seine verborgenen Fähigkeiten liegen.

Vielleicht haben Sie einen kleinen Sonnenschein erwartet, Ihr Kind ist jedoch ängstlich und weinerlich. Eine große Enttäuschung? Sagen Sie sich selbst jeden Morgen: Du darfst du selbst sein. Begegnen Sie Ihrem Kind mit dem Gedanken: Du bist du und ich nehme dich so an, wie du bist. Machen Sie sich außerdem zur Aufgabe, jeden Tag etwas Gutes an Ihrem Kind zu entdecken, was Sie noch nicht bemerkt hatten. Fragen Sie auch andere Menschen, wie sie Ihr Kind wahrnehmen. Sie erhalten so wichtige Rückmeldungen. Vor allem aber: Beobachten Sie Ihr Kind so, als würden Sie es heute zum ersten Mal sehen. Nehmen Sie wahr, was es Ihnen zeigt, was es Ihnen anbietet und wie es sich danach sehnt, mit Ihnen zu kooperieren.«

Gisela Preuschoff

9.

Risiko- und Schutzfaktoren für eine gesunde Entwicklung von Kindern

In diesem Kapitel sollen die bisher dargestellten Ursachen der verschiedenen Formen der Kindesmisshandlung und der entwürdigenden Erziehungsmaßnahmen sowie die sich daraus ableitenden Folgen für die kindliche Entwicklung differenzierter dargestellt werden. Dabei sollen diese spezifischen Ursachen in Hinblick auf Kindesmisshandlung auch ausgeweitet werden auf Forschungsergebnisse, welche allgemein in Bezug auf Risikofaktoren für eine gesunde – körperliche, geistige, seelische – Entwicklung von Kindern vorliegen. Diese Forschung untersuchte aber umgekehrt oft auch Schutzfaktoren, d.h. solche Gegebenheiten während eines kindlichen Lebenslaufes, welche Entwicklungsstörungen vorbeugen (oder allgemein für eine gesunde Entwicklung wünschenswert sind) oder aber die Auswirkungen der Risikofaktoren abmildern bis aufheben können. Solche Risiko- und Schutzfaktoren stehen z.T. in komplizierten Wechselwirkungen miteinander: Dies mag die Suche nach den wirklich entscheidenen Ursachen bei Beziehungsstörungen zwischen Eltern und Kindern und den sich daraus ergebenden Entwicklungsstörungen erschweren, aber wir lernen ja zurzeit auch in verschiedenen anderen Bereichen – z.B. bei Umweltfragen – die vielfältigen Wechselwirkungen von menschlichen Eingriffen in die Natur und das so genannte »ökologische Gleichgewicht« erkennen und berücksichtigen. Es ist noch nicht so lange her, als wir wirklich wahnsinnige Mengen von Abfall und Giften in unsere Flüsse und Meere kippten und dabei handelten nach recht kleinkindhaften Vorstellungen wie »aus den Augen, aus den Sinnen« bzw. »was ich nicht mehr sehe, das ist auch nicht mehr da und wirkt nicht mehr«. Aus dieser Kompliziertheit von

Ursachenverflechtungen bzw. Wechselwirkungen zwischen Risiko- und Schutzfaktoren ergibt sich dann auch zwingend, dass die Vorbeugung von Kindesmisshandlungen, entwürdigenden Erziehungsmaßnahmen und ausgeprägten kindlichen Entwicklungsstörungen sehr vielfältig angelegt sein muss. Die bisherige Devise vom »Kleckern statt Klotzen« genügt nicht, ist Augenwischerei. Meinen wir Erwachsenen es wirklich ernst, so bedarf es vielfältiger und gleichzeitig einsetzender vorbeugender Maßnahmen – und in diesem Sinne soll das vorliegende Kapitel erneut begründen, warum die noch später dargestellten zahlreichen Präventionsvorschläge (s. abschließendes Kapitel) endlich umgesetzt und von der Gesellschaft unterstützt werden müssen.

Es wurde bereits in diesem Buch ausgeführt, dass es zahlreiche Belastungsfaktoren für Eltern gibt, welche sich sehr negativ auf ihr Verhalten und ihre Beziehung gegenüber den Kindern auswirken können. Dazu gehören u.a. unbewältigte Konflikte sowie offener Streit und Scheidungsklima zwischen den Ehepartnern; allgemein angespanntes Familienklima mit viel Disharmonie zwischen den Familienmitgliedern; große Familien mit sehr wenig Wohnraum; Armut und Schulden; Arbeitslosigkeit; seelische Belastungen bis hin zu psychischen Störungen oder Erkrankungen eines Elternteils; selbst erlittene Misshandlungen in der eigenen Kindheit; Alkohol- oder Drogenabhängigkeit von Elternteilen; Verhaltensauffälligkeiten der Kinder usw. All diese Faktoren können zur Überlastung von Eltern führen mit der Folge, dass sie sich zunehmend gereizt, ungeduldig, schimpfend und körperlich strafend gegenüber ihren Kindern verhalten. Dabei muss zusätzlich berücksichtigt werden, dass oft ähnliche Belastungen bereits in der eigenen Kindheit und Jugend auf den Eltern lasteten und dazu führten, dass sie insgesamt in ihrem Leben zu wenig lernen konnten, mit Konflikten umzugehen, Spannungen auszuhalten und Unterstützung durch andere Menschen zu finden.

Die angeführten Belastungsfaktoren wurden in der Forschung vielfach nachgewiesen als so genannte Risikofaktoren für die geistig-seelische und körperliche Entwicklung von Kindern. Dabei ging man z.B. so vor, dass Kinder mit unterschiedlichsten Verhaltensauffälligkeiten und -störungen einer Vergleichsgruppe von gleichaltrigen, gesunden Kindern gegenübergestellt wurden. Bei beiden Gruppen wurden dann die Häufigkeiten der Risikofaktoren in ihrer Vergangenheit ausgezählt, und immer wieder wurde gefunden, dass die auffälligen Kinder vermehrt die o.a. Risikofaktoren aufwiesen. Natürlich muss nun bei einem einzelnen Risikofaktor manchmal auch sehr genau überprüft werden, welche Bedeutung ihm zukommt und wie erklärt werden kann, dass er sich negativ auf die Entwicklung von Kindern auswirken kann. So wurde z.b. in einigen Untersuchungen gefunden, dass »mütterliche Berufstätigkeit« ein Risikofaktor für die gesunde Entwicklung von deren Kindern ist. Nimmt man einen solchen Befund ernst, so müsste gefolgert werden, dass Mütter wieder vermehrt zurück an den Herd gehen und in der Familie verbleiben sollten, damit sie die Entwicklung ihrer Kinder nicht schädigen. Genauere Untersuchungen ergaben aber zunächst einmal, dass nicht generell die »mütterliche Berufstätigkeit« als schädlicher Faktor angesehen werden kann, sondern mütterliche Berufstätigkeit vor allen Dingen im ersten Lebensjahr des Kindes. Jedoch auch diese Formulierung ist ungenau, denn im Grunde erhöht sich dadurch die Wahrscheinlichkeit von späteren Entwicklungsstörungen der Kinder, d.h., solche Störungen müssen nicht auftreten. Aber auch dies ist noch zu ungenau: Offensichtlich erhöht die »mütterliche Berufstätigkeit vor allem im ersten Lebensjahr ihres Kindes« die Wahrscheinlichkeit besonders nur dann, wenn eine bestimmte Stundenzahl der wöchentlichen Tätigkeit überschritten wird, also die Belastungen für die Mütter wachsen und auch die Zeit der Trennung ein bestimmtes Ausmaß übersteigt. Aber auch dies wiederum reicht zur Erklärung dieses Risikofaktors noch nicht vollständig aus. Es zeigte sich nämlich weiter, dass seine Auswirkungen auch davon abhängig sind, inwieweit gleichzeitig eine konstante und positive Ersatzbeziehung für das Kind vorhanden ist. Dies heißt, dass der Risikofaktor »mütterliche Berufstätigkeit …« auch abhängig ist von anderen Gegebenheiten: So können z.B. Kleinkinder-Krippen zu Risikofaktoren werden, wenn sie nur im Sinne von Kinderparkplätzen geführt werden können. Oder berufstätigen Müttern, die gleichzeitig Alleinerziehende sind, werden häufig von der Gesellschaft noch weitere Risikofaktoren auferlegt, wie z.B. Armut und beengte Wohnverhältnisse. Letztlich muss natürlich auch betont werden, dass der Risikofaktor »mütterliche Berufstätigkeit« eigentlich umbenannt werden müsste in »Berufstätigkeit der primären Bezugsperson des Kindes«, denn bei einer allgemein anderen Rollenaufteilung zwischen Vater und Mutter würde man zunächst den Risikofaktor »väterliche Berufstätigkeit« gefunden haben. Was wiederum die Frage aufwirft, warum in unserer Gesellschaft noch immer so wenig Väter Erziehungsurlaub nehmen.

Bei der Interpretation von Risikofaktoren müssen wir also sehr vorsichtig sein. Ein einzelner Faktor müsste schon relativ ausgeprägt vorhanden sein, um die Wahrscheinlichkeit des Auftretens von Entwicklungsstörungen beim Kind stark zu erhöhen. In der Regel sind es mehrere Risikofaktoren, die gemeinsam wirken und dann zu einer verhängnisvollen Entwicklung für Eltern und Kinder führen. Aber auch diese Risikofaktoren müssen dann nicht jeder für sich ein sehr großes Ausmaß aufweisen, um zu ausgeprägt negativen Auswirkungen auf die Kinder zu führen. Laien fallen häufig nur herausragende, besonders erschütternde und stark traumatisierende Ereignisse ein, wenn sie an Kinder denken, die sehr stark unter ihren Mitmenschen leiden. Nicht selten führen aber verschiedene Faktoren mit jeweils nur geringer Ausprägung aufgrund ihrer Wechselwirkungen schnell zur Eskalation. Vereinfacht erklärt: Die gemeinsame negative Kraft von drei Risikofaktoren muss nicht nur durch Addition (also z.b. 3+3+3=9) zustande kommen, sondern sie kann z.b. auch durch Multiplikation erklärbar sein ($3 \times 3 \times 3 = 27$).

Bevor ich nun ein weiteres Beispiel für die vielfältige Verwobenheit von Risikofaktoren bringe, sollen noch einige zusätzliche Besonderheiten von Risikofaktoren aufgeführt werden. Häufig wird angenommen, dass Risikofaktoren recht unmittelbar zu Störungen führen und dann mehr oder weniger langfristig die Entwicklung beeinträchtigen. Dabei wird zu wenig beachtet, dass sie auch erst zeitlich verzögert, also in einem späteren Lebensabschnitt zum Tragen kommen können. So ist z.b. denkbar, dass Kinder durch einige recht geringfügig ausgeprägte Risikofaktoren im Verlaufe der Zeit immer stressempfindlicher werden, wobei also ihre allgemeine Belastbarkeit abnimmt. Dadurch können neue, in einem späteren Lebensalter auftretende »kleine« Risikofaktoren das Fass leicht zum

Überlaufen bringen. Haben sich weiter z.b. sehr früh in der Kindheit auftretende Risikofaktoren dahingehend ausgewirkt, dass ein Kind sich häufig aggressiv in der Kindergarten- sowie Schulgruppe verhielt und es deswegen von den Gleichaltrigen abgelehnt wurde, so kann es geschehen, dass dieses Kind im Jugendlichenalter vielleicht Kontakte zu Außenseitergruppen wählt, weil es sich dort »unter Seinesgleichen« fühlt und wegen seiner Aggressivität eher bewundert wird. Dieses ungünstige Umfeld wird nun vielleicht zu einem neuen Risikofaktor. Aber auch bereits früher wird das Kind wohl häufig wegen seiner Aggressionen z.b. das Verhalten von seinen Familienmitgliedern negativ beeinflusst und so zunehmend mehr Ablehnung erfahren haben. Nicht unwahrscheinlich ist es wohl auch, dass dieses Kind in der Schulzeit zunehmend eine »Null-Bock-Haltung« entwickelte, wodurch seine Schulleistungen sanken, er seine eigentliche Begabung nicht ausschöpfen konnte und schließlich einen sehr schlechten Schulabschluss erzielte, welcher ihm Wege in Ausbildung und Beruf verbaute.

Im Folgenden möchte ich an Beispielen von Untersuchungsergebnissen bezüglich einer »Risikogruppe«, den Teenager-Müttern, aufzeigen, wie vielfältig die Wechselwirkungen zwischen verschiedensten Risikofaktoren sein können:

✓ Bei Teenager-Müttern war das Ausmaß, in welchem sie soziale Unterstützung und Hilfe suchten, abhängig von ihrer familiären Sozialisation, also z.b. Haltungen der eigenen Eltern wie »wir brauchen niemanden, das können wir allein, wir fragen nicht um Hilfe«.

✓ Teenager-Mütter, welche unzufrieden waren mit dem gesamten Ausmaß ihrer sozialen Unterstützung, verhielten sich feindseliger und zurückweisender gegenüber ihren Kindern als Teenager-Mütter, welche mit ihrer sozialen Unterstützung zufrieden waren.

✓ Teenager-Mütter wachsen häufiger in gestörten familiären Verhältnissen auf.

✓ Misshandelnde Mütter stammen häufig aus einem Misshandlungsmilieu und binden sich früh an gestörte, auch gewaltsame Partner.

✓ Teenager-Mütter fliehen nicht selten aus ihren Familien in eine frühe Heirat sowie Schangerschaft und suchen dann Halt und Geborgenheit beim »nächstbesten« Mann.

✓ Minderjährige Vaterschaft korrespondiert mit einer Reihe von typischen Problemen, wie z.b. häufiger Ausbildungsabbruch, schlechtere Arbeits- und Einkommensverhältnisse, instabilere Ehen der Eltern.

✓ Mütter, die in ihrer Kindheit frühe Trennungen/Heimaufenthalte erlitten, weisen eine bessere Qualität der Erziehung ihrer Kinder auf, wenn eine positive Partnerbeziehung besteht und/oder sie mit einem Partner zusammenleben, bei dem keine psychosozialen Probleme auftreten (wie psychiatrische Störungen, Kriminaliät, Alkohol- und Drogensucht, lang währende Schwierigkeiten in Beziehungen).

✓ Mütter »mit Lebensplan« (definiert als Mütter, welche ihren Partner mindestens sechs Monate vor dem Zusammenziehen kannten sowie für die Partnerschaft positive Gründe aufführten – also nicht z.b. Flucht aus dem Elternhaus/Heim oder ungewollte Schwangerschaft) wählten häufiger einen Partner ohne psychosoziale Probleme als Mütter »ohne Lebensplan«, wobei Mütter »mit Lebensplan« weniger frühe Heimaufenthalte aufwiesen. Wenn Mütter »mit Lebensplan« früher im Heim gewesen waren, so wurde zu 0% eine schlechte Qualität der Erziehung ihrer Kinder gefunden, wenn gleichzeitig positive Unterstützung durch den Partner vorhanden war – ohne diese positive Partnerbeziehung stieg der Prozentsatz der schlechten Erziehungsqualität auf 53.

✓ Depressive Teenager-Mütter waren häufig unzufrieden mit ihrer Mutterrolle und zeigten wenig Verständnis für die Entwicklungsbedürfnisse ihres Kindes.

✓ Mütter, die erhöht nervös und angespannt waren sowie geringes Selbstbewusstsein aufwiesen, waren weniger effektiv, ihr Kind zu beruhigen, und zeigten weniger Interesse an dem Kind.

✓ Jüngere Mütter waren im Vergleich zu älteren Müttern weniger interessiert und zugewandt gegenüber ihren Neugeborenen, zeigten weniger positive Affekte und Sprachkontakte gegenüber ihren acht Monate alten Kindern, wiesen unrealistischere Erwartungen gegenüber der kindlichen Entwicklung auf.

✓ Frauen, die im Verlauf ihrer Schwangerschaft besonders starken Belastungen unterworfen waren, jedoch emotionale Unterstützung bekamen, wiesen weniger Komplikationen während Schwangerschaft und Geburt auf sowie eine sehr viel geringere Geburtsdauer als Frauen mit gleich starken Belastungen, aber ohne sozial-emotionale Unterstützung.

✓ Mütter mit Trennungserlebnissen in der eigenen Kindheit verhielten sich weniger einfühlsam beim Stillen und Füttern ihrer Kinder, ihre Kinder wiesen mehr Verhaltensauffälligkeiten auf, erlitten mehr Unfälle und hatten mehr Krankenhausaufenthalte.

✓ Kinder mit einer guten, sicheren, positiven Bindung an die Mutter wiesen mehr Neugierverhalten auf, einen höheren aktiven Wortschatz, geringeres Ausmaß an aggressiven Phantasien, mehr prosoziales Verhalten, waren aufgeschlossener, empathischer, dem Leben zugewandter, wiesen mehr Selbstwertgefühl auf usw.

Es wird deutlich, wie sehr im Laufe einer Lebensgeschichte unter spezifischen Umweltbedingungen sowie mitmenschlichen Beziehungen die Risikofaktoren und deren negative Auswirkungen sich ausbreiten bzw. auswuchern können.

Wird nun versucht, die Vielzahl der Risikofaktoren zusammenzufassend aufzulisten, so ergibt sich aufgrund der Forschung folgendes Bild:

◆ Niedriger sozioökonomischer Status
◆ Große Familie und beengte Wohnverhältnisse, soziale Gettos
◆ Belastungen der Eltern mit
  • psychischen Störungen
  • schlechter Schulbildung
  • schwerer körperlicher Erkrankung/Behinderung
  • Alkohol- oder Drogenabhängigkeit
  • starker beruflicher Anspannung (beider Eltern oder des allein erziehenden Elternteils)
◆ Trennungen/Verluste von Elternteilen durch
  • Scheidung, Tod
  • frühe mütterliche Berufstätigkeit (außer Haus) im ersten Lebensjahr ohne feste, dauerhafte Bezugsperson für das Kind

- Trennungen von anderen wichtigen Bezugspersonen, z.B. Geschwister, enge FreundInnen, Großeltern
◆ Chronische Disharmonie in der Familie
  - Ehekonflikte, Erziehungsprobleme, Gewaltklima
◆ Mütter-Merkmale, z.b.
  - Alleinerziehende
  - Teenager-Mütter
  - sehr alte Mütter
  - nicht verheiratete Mütter
◆ Väter-Merkmale, z.b.
  - permanente Abwesenheit in der frühen Kindheit
  - autoritäre Väter
  - Arbeitslosigkeit
  - sehr junge oder sehr alte Väter
◆ häufig wechselnde Beziehungen im Zusammenhang von
  - Umzügen, Schulwechseln, Trennung von Elternteilen, Stiefeltern, Heimaufenthalten usw.
◆ Kindesmisshandlung (körperliche, seelische, sexuelle, vernachlässigende)
◆ Mangelnde soziale Unterstützung
  - soziale Isolierung der Familie
  - mangelnde familiäre Bindungen bzw. soziale Unterstützung in der Verwandtschaft
  - schlechte Kontakte zu Gleichaltrigen
◆ geringer Altersabstand zum nächstjüngeren Kind (kleiner 18 Monate)
◆ erhebliche Belastungen durch Geschwister
◆ uneheliche Geburt

Anhand des Beispieles über die »mütterliche Berufstätigkeit« versuchte ich bereits davor zu warnen, diese Risikofaktoren zu einfach zu interpretieren, also u.a. dahingehend, dass ein einzelner Faktor nun von LeserInnen als sicherer Hinweis für spätere Entwicklungsstörungen von Kindern angesehen wird und dadurch dann die eigene oder fremde Familie entsprechend negativ eingestuft wird. Bei einer erneuten Zusammenfassung dieser aufgelisteten Risikofaktoren wird dennoch davon auszugehen sein, dass insbesondere chronische Disharmonie in der Familie, Beziehungsabbrüche, niedriger sozioökonomischer Status, große Familien mit sehr wenig Wohnraum, Armut und psychische Störungen eines Elternteiles die Gefahr von Entwicklungsstörungen bei Kindern erhöhen. Diese Hauptrisiken wiederum führen in ihren gleich gerichteten Auswirkungen fast zu so etwas wie einem allgemeinen Syndrom, welches bei unterschiedlichsten Entwicklungsstörungen mehr oder weniger ausgeprägt auftritt und mit »seelischer Unterernährung sowie sozial-emotionaler Verkümmerung des Kindes« überschrieben werden könnte, wobei dann im Einzelnen z.b. folgende Störungen auftreten können:

◆ im somatischen Bereich – Gedeih- und Wachstumsstörungen,
◆ im psychosomatischen Bereich – Einnässen und Einkoten,
◆ im psychischen Bereich – depressive Störungen,
◆ im psychosozialen Bereich – Unsicherheit, Gehemmtheit, Ängstlichkeit und Vertrauenslosigkeit,
◆ im Bereich des Verhaltens – Unruhe bis zur Hyperaktivität, Distanzlosigkeit, Aggressivität, Dissozialität,
◆ im kognitiven Bereich – Entwicklungsrück- und stillstände,
◆ im Selbstwertbereich – Zuschreibungen wie: ich bin an sich nicht liebenswert, so wie ich bin, können andere mich nicht o.k. finden, alle anderen sind klüger, hübscher, angesehener usw. als ich.

Diese möglichen Auswirkungen von Risikofaktoren dürfen nun – und dies klang ja auch schon einige Male an – nicht getrennt bewertet werden von den »kompensatorischen« Schutzfaktoren, welche die Folgen von Risikofaktoren herabmildern bis aufheben können. In den als aussagekräftig anzusehenden Untersuchungen wurden vor allen Dingen die folgenden biographischen Schutzfaktoren von psychischen Störungen gefunden:

◆ dauerhafte gute Beziehung zu mindestens einer primären Bezugsperson,
◆ Großfamilie, kompensatorische Elternbeziehungen, Entlastung der Mutter,

◆ gutes Ersatzmilieu nach frühem Mutterverlust,
◆ wenig konflikthaftes, offenes und auf Selbstständigkeit orientiertes Erziehungsklima,
◆ überdurchschnittliche Intelligenz,
◆ robustes, aktives und kontaktfreudiges Temperament,
◆ sicheres Bindungsverhalten,
◆ soziale Förderung (z.b. Jugendgruppe, Schule, Kirche),
◆ positive Schulerfahrungen,
◆ verlässlich unterstützende Bezugsperon(en) im Erwachsenenalter.

Trotz des Vorhandenseins von z.t. erheblichen Risikofaktoren können diese Schutzfaktoren also eine relativ gesunde Entwicklung ermöglichen, sogar bei ausgeprägten Traumatisierungen, wie sie schwere und lang währende Kindesmisshandlungen darstellen. Sie bewirken dies offensichtlich durch den Aufbau der folgenden Eigenschaften:

◆ positives Selbstwertgefühl,
◆ geringes Gefühl der Hilflosigkeit,
◆ starke Überzeugung, das eigene Leben und die Umwelt zu kontrollieren,
◆ positive Sozialkontakte,
◆ hohe soziale Kompetenz,
◆ gutes Einfühlungsvermögen.

Es wird ersichtlich, das diese Schutzfaktoren den Gegenpol bewirken zum vorhin angeführten »Syndrom der seelischen Unterernährung und sozial-emotionalen Verkümmerung«.
Es verwundert aufgrund der bisherigen Ausführungen wohl kaum mehr, dass viele wissenschaftliche Untersuchungen ergaben, dass insbesondere »gute« Beziehungen die Folgen von Misshandlungen und anderer Risikofaktoren sehr stark abmildern können. In solchen »guten« Beziehungen werden nämlich die o.a. Faktoren stark gefördert, also u.a.: Selbstwertgefühl und Überzeugung, die Welt erobern und die dabei auftauchenden Probleme meistern zu können;

Vertrauen in Beziehungen und Einfühlungsvermögen in Mitmenschen; Kontaktfähigkeit und gewaltfreie Lösung von Konflikten. Auch die Gefahr, dass misshandelte Kinder zu misshandelnden Eltern werden, wird durch »gute« Beziehungen herabgesetzt. Dies wurde durch Forschungen bestätigt, in denen Erwachsene, die in ihrer Kindheit misshandelt wurden, in zwei Gruppen aufgeteilt wurden. Die eine Gruppe umfasste dann jene, die ebenfalls ihre eigenen Kinder misshandelten, während in der anderen Gruppe der sog. »Misshandlungszyklus« durchbrochen wurde, die Erwachsenen also ihre selbst erlittene Misshandlung in der Kindheit nicht an die eigenen Kinder »weitergaben«. Martin Dornes fasst drei Hauptunterschiede zusammen, welche insbesondere zwischen den »Wiederholern« und »Nicht-Wiederholern« von Misshandlungen gefunden wurden:

◆ Nichtwiederholer hatten in der Kindheit mindestens eine Person, an die sie sich mit ihrem Kummer wenden konnten und/oder
◆ hatten irgendwann in ihrem Leben eine längere (mehr als ein Jahr) Psychotherapie wahrgenommen und/oder
◆ lebten häufiger in einer befriedigenden Beziehung mit EhepartnerIn/FreundIn.

Bender und Lösel kommen aufgrund ihrer Kennntis der Forschung zu sehr ähnlichen Ergebnissen. Für Kinder, welche in der Kindheit häufiger misshandelt oder stark vernachlässigt wurden, können die daraus sich ergebenden vielfältigen negativen Folgen zumindest teilweise herabgemildert werden, wenn sie

◆ eine gute und dauerhafte Versorgung durch eine andere Person erhalten,
◆ eine positive emotionale Beziehung zu einem anderen Erwachsenen (z.B. Verwandte, Lehrer, Pfarrer) haben, der auch als ein Modell für die Problembewältigung dienen kann,
◆ einen Bereich haben, in dem sie Erfahrungen der eigenen Fähigkeiten und Selbstwirksamkeit entwickeln können (z.B. akademischer, sportlicher, künstlerischer oder handwerklicher Natur),

◆ emotionale Unterstützung, Sinn und Struktur auch außerhalb der Familie finden (z.B. in Schule, Heim oder Kirche).

Auch in Bezug auf die Schutzfaktoren müssen nun noch einige Punkte beachtet werden. Allgemein gilt, je mehr Risikofaktoren auftreten, umso mehr Schutzfaktoren werden als Gegengewicht benötigt, um eine positive Entwicklung zu ermöglichen. Außerdem: Ein Faktor, der in dem einen Zusammenhang schützend wirkt, kann in einem anderen Zusammenhang einen Risikofaktor darstellen (und umgekehrt), d.h., die jeweiligen Auswirkungen einzelner Faktoren müssen immer im Zusammenhang mit anderen Einflüssen gesehen werden. Zum Beispiel:»Mütterliche Berufstätigkeit …« als Risikofaktor (s.o.) bedeutet nicht, dass Nicht-Berufstätigkeit gleichzeitig an sich als Schutzfaktor angesehen werden kann, da natürlich andere Variablen wie Persönlichkeit der Mutter und deren Erziehungsstil beachtet werden müssen und so ggf. die Berufstätigkeit einer Mutter für das Kind eine Entlastung darstellen kann, zumal dann, wenn z.b. noch gleichzeitig dadurch eine positive Beziehung zu einer dritten Person aufgebaut werden kann. Umgekehrt gibt es auch Untersuchungen, die einen positiven Einfluss mütterlicher Berufstätigkeit z.b. auf die Leistungsmotivation und die Gesamtentwicklung der Kinder nachweisen, nicht zuletzt deswegen, weil z.b. die Mutter für die Tochter ein nachahmenswertes Modell darstellt. Schutzfaktoren mildern weiter nicht nur die Belastungen von Risikofaktoren, sondern sie führen auch zu einer relativ eigenständigen besseren Überwindung von Störungszuständen nach z.B Traumatisierungen und stärken gleichzeitig ganz allgemein die seelische Widerstandskraft von Kindern.

Für unsere Erziehungspraxis ergibt sich also, dass wir seelische Gesundheit als Ergebnis eines Gleichgewichtes zwischen Risiko- und Schutzfaktoren ansehen müssen und immer parallel zum Abbau von Risikofaktoren auch an den Aufbau der Schutzfaktoren denken müssen. Die Darstellungen zu den Risiko- und Schutzfaktoren bedeuten auch, dass Eltern nicht gleich in Schuldgefühlen versinken müssen, wenn sie – mehr oder weniger häufig – Fehler in ihrer Erziehung gegenüber den Kindern erkennen, denn sie wirken nicht allein auf die Kinder ein (Einflüsse durch Gleichaltrige, Medien,

Nachbarschaft, Schule, Verein usw. dürfen hierbei nicht außer Acht gelassen werden). Elterliche Gefühle von Schuld, Scham und Reue sollen mit einer solchen Aussage nicht vom Tisch gewischt werden – aber wenn sie unverhältnismäßig groß werden, verleiten sie uns zu Verniedlichungen und Verharmlosungen, damit das eigene Spiegelbild positiver ausfällt. Auch hier gilt es, den gesunden Mittelweg zu finden: Schuldgefühle sowie Bitten um Verzeihung gegenüber den Kindern sind sicherlich eine durchaus natürliche und angemessene Reaktion auf mancherlei Züchtigung und entwürdigende Erziehungsmaßnahme, aber es nützt nichts, wenn sie Eltern zu einem gegenteiligen Verhalten verleiten mit übergroßem Nachgeben und Verwöhnen. Oder wenn sie dann zwischen diesen beiden Polen hin- und herpendeln.

Gelegentliche Fehler bedeuten nicht gleich auch schlechte Eltern

Viele heutige Eltern kennen das starke Gefühl, häufig unter Stress zu stehen. Ihnen wird mehr und mehr bewusst, wie sehr ihr Kind auf Unterstützung und Förderung angewiesen ist. Parallel dazu fürchten wohl auch manche Eltern etwas, ihre eigene Identität zu verlieren. Hinzu kommt, dass Familien heute kleiner sind und auch isolierter leben als früher, wodurch sich der Druck auf einzelne Elternteile noch verschärft. Es ist deswegen nicht überraschend, wenn sich Eltern gelegentlich als versagend erleben und sich ungenügend auf die Elternschaft vorbereitet fühlen. Es ist aber nicht allzu schlimm, wenn Eltern gelegentlich ihre Geduld verlieren und es dann auch mal geschieht, dass sie ihrem Kind im Affekt einen Klaps geben oder es sogar schlagen – vorausgesetzt die Eltern können nachträglich anerkennen, dass sie eine Dummheit begangen haben, und sie beginnen nicht, ihre Schläge damit zu begründen, dass das Kind sie nötig gehabt oder verdient hätte. Auch ist es keine besonders gute Entschuldigung, einfach für sich in Anspruch zu nehmen: »Ich bin halt auch nur ein Mensch!« Besser wäre es dagegen, ganz klar festzustellen: »Ich habe mein eigenes Kind geschlagen!« – dies hilft vielleicht, dasselbe nicht noch einmal wieder zu tun.

Das Schlimmste, was Eltern geschehen kann, ist, wenn sie sich in einen Teufelskreis hineinziehen lassen, der mit schwerer Züchtigung und Bestrafung beginnt, woraufhin sie Schuldgefühle bekommen, dann aus einer Haltung der Wiedergutmachung heraus sehr nachsichtig und verwöhnend werden, wodurch neue Konflikte mit dem Kind entstehen, und sie dann letztlich wiederum schlagen – meist stärker als beim ersten Mal.

Eltern sollten nach Wegen suchen, auf denen Gefühle aller Familienmitglieder offen ausgedrückt werden können – dies hilft, Situationen vorzubeugen, in denen es leicht zur Eskalation, zum Schlagen kommt.

Nach Informationen der schwedischen Regierung zur gewaltfreien Erziehung

In Bezug auf die Risikofaktoren muss nun noch ein wichtiger Nachtrag erfolgen, und zwar in Bezug auf den Unterschied zwischen »objektiv erfassbaren« Risikofaktoren und deren »objektiven« Folgen sowie deren »subjektiver« Bewertung. So kann es z.B. sein, dass Eltern mit ihrem Kind in die ambulante Behandlung kommen, weil das Kind sehr aggressiv sei und sie deswegen kaum mehr andere Möglichkeiten sehen als strenge Strafen und Klapse. Bei der Schilderung der Aggressionen des Kindes ergibt sich nun der Eindruck, dass es sich eigentlich eher um natürliche und recht »normale« Äußerungen des kindlichen Willens und Trotzes handelt, also »objektiv« gesehen keine ausgeprägte und übermäßige Aggression des Kindes vorliegt. Die Eltern sehen dies aber für sich (»subjektiv«) ganz anders: Sie bewerten das kindliche Verhalten schon sehr früh als ausgeprägte Aggression und reagieren dementsprechend zu stark und unangemessen. In der Forschung zeigten sich z.B. die folgenden Auswirkungen solcher subjektiver Bewertungen und Überzeugungen auf die Frage, ob ein Risiko- oder aber Schutzfaktor vorliegt:

◆ Misshandelnde Eltern sahen im Verhalten ihrer Kinder wesentlich mehr Probleme als neutrale Beobachter. Das heißt, diese Eltern neigten dazu, das Ausmaß der Probleme ihrer Kinder zu überschätzen.

◆ Eltern, welche glaubten, wenig Fähigkeiten zu besitzen, das kindliche Verhalten zu beeinflussen, reagierten übersensibel auf ansatzweise bzw. mögliche bedrohliche Situationen mit ihren Kindern. Im Gegensatz dazu reagierten Eltern, welche sich sicherer in ihrer Beeinflussbarkeit des kindlichen Verhaltens fühlten, in vergleichbaren Situationen viel gelassener.

◆ Extravertierte Mütter (dies sind solche, welche eher gesellig, unternehmungslustig, ungezwungen und durchsetzungsfähig sind) mit stark dominierenden Zügen stuften ihre Kinder als »nicht schwierig« ein entgegen der Wirklichkeit aufgrund von Beobachtungen durch neutrale Personen im Elternhaus. Diese Mütter empfanden offensichtlich das Verhalten ihrer Kleinkinder als »unter ihrer Konrolle« und deswegen nicht als »problematisch«.

◆ Aggressive Jungen reagierten in einer eigentlich völlig neutralen Situation eher so, als ob ein Gleichaltriger in feindseliger Absicht gehandelt hätte. Nichtaggressive Jungen reagierten dagegen in den gleichen neutralen Situationen eher so, als ob ein Gleichaltriger in wohlwollender Absicht gehandelt hätte.

Dies bedeutet wiederum für unsere Erziehungspraxis, dass wir immer mal wieder unsere Maßstäbe, Einstellungen, Haltungen, Gewohnheiten, Anforderungen überprüfen und hinterfragen müssen. Es muss ja nicht so bleiben, dass Erstgeborene für Jahre die »Übungs- und Lernphase« für Eltern darstellen und sich dann erst bei den nächsten Kindern bestimmte Regeln und Ansichten ändern – begleitet von schon fast sprichwörtlichen Aussagen der älteren Kindern wie: »bei mir war das noch ganz anders« und »das hätte ich mir nicht erlauben dürfen«.

Vor dem Hintergrund der bisherigen Ausführungen über die Risiko- und Schutzfaktoren für eine gesunde Entwicklung von Kindern ist es sicherlich verständlich, wenn bei der überwiegenden Mehrzahl misshandelter Kinder immer wieder festgestellt wurde, dass sie verängstigt, unsicher, zurückgezogen und passiv wirken. Sie unterdrücken oft ihre Gefühle, sind überangepasst und folgsam. Sie wollen so offensichtlich vermeiden, den Ärger der Eltern auf sich zu ziehen. Sie wirken insgesamt resignierend und hoffnungslos. Eine kleinere Gruppe von misshandelten Kindern zeigt allerdings auch ein völlig anderes Verhalten. Diese Kinder sind sehr aggressiv, unruhig und leicht reizbar. Sie provozieren oft und gehorchen nicht.

Viele Kinder, vor allen Dingen auch vernachlässigte Kinder, haben Schwierigkeiten, engere und tiefere Beziehungen zu anderen Personen einzugehen. Das Vertrauen in Mitmenschen ist oft tief verstört. Nicht selten können dann auch nur oberflächliche, unverbindliche Beziehungen eingegangen werden.

Als langfristige Folgen lassen sich Entwicklungsverzögerungen (Sprachentwicklung, Entwicklung der Lernfähigkeit und Intelligenz), Verhaltensstörungen und vor allem ein gestörtes Selbstgefühl nennen. Rückzug und Angst, Misstrauen, Schuldgefühle, Depressionen, psychosomatische Beschwerden, Perfektionismus und Überangepasstheit, aber auch Aggressivität prägen das zukünftige Beziehungsverhalten misshandelter Kinder. Bei wohl allen misshandelten Kindern kommt es zu ausgeprägten Störungen des Selbstwertgefühls.

Teilt man die Folgen von Kindesmisshandlung im engeren Sinne nach den verschiedenen Misshandlungsformen auf, so sind in Bezug auf die körperliche Misshandlung Blutergüsse, Striemen, Narben, offene Schnittverletzungen, Verbrennungen, Augenverletzungen, Verletzungen der inneren Organe usw. als mögliche Folgen zu nennen. Leidet ein Kind unter lang währender körperlicher Misshandlung, so sind oft Verletzungen verschiedener Art und unterschiedlichen Alters zu beobachten. Je jünger ein Kind ist, umso schwerer sind meist die Verletzungen.

Viele körperlich misshandelte Kinder wirken furchtsam, ängstlich sowie »immer auf der Hut« vor vermeintlichen oder tatsächlichen Gefahren vor Mitmenschen. Es kommt immer wieder vor, dass ein solches Kind sich schon unwillkürlich wegduckt, wenn ihm freundschaftlich die Hand zur Begrüßung entgegengestreckt wird.

Bei der seelischen Gewalt und Vernachlässigung treten im Säuglings- und Kleinstkindalter oft Gedeihstörungen auf, die Kinder können die Nahrung verweigern oder Erbrechen, sie sind häufig motorisch sehr unruhig und schreien viel. Andere können auch eher apathisch werden, d.h., sie scheinen kaum ihre Umwelt wahrzunehmen, wirken teilnahmslos, traurig, weinerlich, untröstbar

Liebe Mama,
Lieber Papa,

Ich bin ein kleines Kind.
Ich brauche dich/euch wirklich sehr.

Manchmal schreie ich sehr viel.
Manchmal möchte ich die ganze Zeit von dir gehalten werden.
Manchmal kann ich gar nicht genug zu essen bekommen.
Manchmal rieche ich fürchterlich.

Wenn du ärgerlich oder wütend auf mich bist,
schüttel mich bitte nicht.

Mein kleiner Nacken kann diesen großen Kopf nicht halten.
Mein Gehirn wird in meinem Kopf herumgestoßen und
Ich kann wirklich krank davon werden oder sterben.

Ich bin ein kleines Kind.
Ich liebe dich/euch sehr.

Dein/Euer
Baby

Idee aus einer Klinik in Kanada

Beratungsstelle des Deutschen Kinderschutzbundes – OV Münster
Kreuzstraße 35 • 48143 Münster • Telefon: 0251/4 71 80

und innerlich zerbrochen. Im Kleinkindalter bleiben viele dieser misshandelten Kinder entweder auf ihrer Entwicklungsstufe stehen oder fallen wieder auf eine frühere Phase ihre Entwicklung zurück. Dies zeigt sich dann z.B. darin, dass einige misshandelte Kinder nicht trocken und/oder sauber werden, während andere schon nicht mehr einkoteten und einnässten und dann z.B. wieder nachts anfangen, ins Bett zu machen. Symptome wie Daumenlutschen, übermäßiges Essen, Selbstverletzungen und Beißen an den Fingernägeln sind nicht selten. Auch im motorischen Bereich zeigen sich Auffälligkeiten: Diese können in extremer motorischer Unruhe (auch z.b. schaukelnde Bewegungen mit Kopf und Oberkörper) und Schlaflosigkeit bestehen, oder sie wirken in vielen Dingen ungeschickt und haben z.b. im Malen keinerlei Übung oder aber sie wirken eher leblos-matt und marionettenhaft, zeigen kaum Neugier, sind passiv und in sich zurückgezogen. Auch die Sprachentwicklung verzögert sich häufig oder ist gestört. Die Kinder können in einer »Babysprache« stecken bleiben oder aber anfangen zu stottern.

Im Schulalter sind oft zu beobachten: Selbstmordgedanken; ausgeprägte Kontaktstörungen; allgemeine Ängstlichkeit und Unsicherheit; Aggressivität, Unruhe und stark erhöhte Reizbarkeit; Schul- und Leistungsstörungen, verbunden mit Konzentrationsmangel.

Bei Jugendlichen kommt schließlich häufig auch Weglaufen und Streunen hinzu, sie entziehen sich völlig dem Einfluss von Erwachsenen und flüchten in Außenseitergruppen (»Ersatzfamilien«), in denen sie sich angenommen fühlen und wo sie mit Alkohol, Drogen und kriminellen Delikten in Berührung kommen können.

Die Folgen der sexuellen Gewalt können sehr vielfältig sein, wobei z.b. sexualisiertes Verhalten, Weglaufen von zu Hause, Albträume, Schlafstörungen, soziale Abkapslung, Essstörungen und Selbstbestrafungstendenzen zu nennen sind. Eine ausführliche Darstellung der möglichen Symptome nach sexuellem Missbrauch findet sich in meinem Buch »Sexueller Missbrauch – erkennen, helfen, vorbeugen«.

In Bezug auf die meisten der erwähnten Folgen und Symptome nach Kindesmisshandlung ist zu betonen, dass sie auch andere Ursachen haben können, also z.b. auch bewirkt sein können durch Unfälle oder andere psychische Belastungen im Verlaufe der Entwicklung. Sie sind auch meist nicht spezifisch für eine spezielle Misshandlungsart, d.h., Unsicherheit, Ängstlichkeit, Aggressivität, Entwicklungsverzögerungen usw. können sowohl nach seelischer oder körperlicher Misshandlung wie auch nach Vernachlässigung oder sexuellem Missbrauch auftreten. Ebenso kann ein Bluterguss z.b. durch einen unglücklichen, nicht durch Fremdverschulden entstandenen Sturz bedingt sein, er kann aber auch durch körperliche Misshandlung oder im Zusammenhang von Gewaltanwendung bei sexuellem Missbrauch herbeigeführt worden sein.

Solche Folgen gewaltförmigen, misshandelnden Verhaltens oder lang andauernder entwürdigender Erziehungsmaßnahmen gegenüber den Kindern führen natürlich dazu, dass auf die Eltern neue und meist stärkere Belastungen zukommen, d.h., die Folgen der Misshandlung werden gleichzeitig wieder zu Risikofaktoren für neue Misshandlungen. Auf jeder höheren Ebene dieser spiralartigen Entwicklung verschärfen sich die bisherigen Probleme und Verhaltensauffälligkeiten sowie Beziehungsstörungen, verbunden mit der Gefahr immer krasserer körperlicher und seelischer Misshandlung sowie allgemeiner Vernachlässigung.

Wenn wir nun nochmals zu den Risikofaktoren von Misshandlungen bei den Eltern kommen, so ist festzustellen, dass auch sie häufig aufgrund ihrer persönlichen Probleme am Ende ihrer Kräfte sind und dadurch leicht depressiv, gereizt, ungeduldig oder aggressiv werden. Dies führt natürlich auch dazu, dass sie sich den Kindern nicht mehr hinreichend zuwenden können, da

- sie selbst viel Ruhe und Zeit benötigen zur eigenen Erholung und
- ihr Kopf voll ist von eigenen Sorgen und sie so nicht mehr frei sind für die Gefühle, Empfindungen, Ängste, Wünsche und Enttäuschungen der Kinder.

Zur Verdeutlichung: Stark mit eigenen Problemen überlastete oder depressive Eltern leben in der Beziehung zu ihren Kindern wie hinter einer gläsernen Wand. Es ist ähnlich wie bei starken Zahnschmerzen: Wir nehmen Umwelt und Mitmenschen zwar durchaus noch wahr, können uns aber nicht voll auf bestimmte Situationen oder Mitteilungen konzentrieren, der Schmerz zieht zu viel Aufmerksamkeit auf sich. Zu lange andauernde elterliche Überlastung führt dann bei den Kindern zu den folgenden Gefühlen und Reaktionen:

- Meine Eltern interessieren sich nicht für mich, ich bin für sie Luft.
- Für meine Eltern ist alles andere wichtiger als ich.

- Meine Gefühle und Wünsche und Meinungen sind nicht so wichtig.
- Erst wenn es mir ganz schlecht geht, kümmern sich meine Eltern um mich – aber diese Zuwendung möchte ich dann nicht, sie ist unecht.
- Warum soll ich mit meinen Eltern reden, auf sie zukommen, sie hören mir ja doch nicht richtig zu.

Es beginnt also ein Prozess, der häufig damit endet, dass die Kinder für ihre Eltern zu »unbekannten Wesen« werden, d.h., sie wissen nicht mehr, was in ihrem Kind vor sich geht, wie und mit wem das Kind seine Zeit verbringt, was sich alles in dem Kind an Gedanken und Gefühlen zusammenbraut – und dann steht man gar nicht so selten auf einmal »überrascht« vor einem mehr oder weniger großen Scherbenhaufen: das Kind/der Jugendliche

- unternahm schon lange zusammen mit anderen Kaufhausdiebstähle, trank Alkohol oder nahm Drogen,
- schwänzte die Schule,
- trieb sich nachmittags in der Stadt herum und ging nicht in seine Vereine,
- hatte Selbstmordgedanken,
- saß nur noch vor dem Fernseher oder spielte dauernd Computerspiele,
- hatte über Sex-Telefonnummern eine riesige Rechnung ins Haus flattern lassen,
- schaute seit langem Horrorvideos
- usw.

Natürlich: Ich rede hier nicht nur von misshandelnden oder schwer vernachlässigenden Eltern! Ich denke, fast alle Eltern sollten viel häufiger überdenken, wie viel »Zeit und Raum« sie ihren Kindern gegenüber ihren sonstigen Pflichten und Sorgen, Interessen und Vergnügungen noch einräumen. Nicht selten werden Eltern dann feststellen, dass sie ihren Kinder in ihrem sehr engen Terminplan zu wenig Zeit zur Verfügung stellen. Und wenn sie sich dann Zeit abzwacken, dann hören sie kaum richtig zu, sind oft in den Gedanken bei ihren anderen Verpflichtungen. Es gilt also, sich dann ernsthafter umzustellen, wirklich eine neue Rangfolge herzustellen zwischen den Kindern und den anderen Lebensaufgaben und Wünschen nach Selbstverwirklichung. Konkret sollten sich Eltern also z.B. fragen:

- Wie oft habe ich mit meinem Kind in der letzten Zeit ohne Zeitdruck gespielt?
- Wie oft habe ich die Wünsche meines Kindes in der letzten Zeit u.a. nach Gespräch, Hausaufgabenhilfe, Spaziergang, Radausflug, Karten- oder Brettspiel aus Zeitmangel oder anderen Gründen abgelehnt?
- Was weiß ich von meinem Kind, wie es mit seinen LehrerInnen auskommt, mit seinen SchulkameradInnen und Vereinsmitgliedern, mit seinen Geschwistern, mit seiner Freundin usw.?
- Kenne ich die Sorgen, Ängste und Nöte meines Kindes wirklich?
- Kenne ich wirklich die Gedanken und Gefühle meines Kindes nach bestimmten Fernsehsendungen, z.B. Kriege in der Tagesschau, »Sex und Crime« in den Talkshows, Filmen mit Mord und Totschlag und Vergewaltigung?

In der Summe können also diese weit verbreiteten und fast »normalen« Probleme zwischen Eltern und Kindern bereits zu Beziehungs- und Entwicklungsstörungen führen oder aber solchen Entwicklungen den Boden bereiten. Natürlich verschärft sich dies alles, wenn zu den schon fast als normal zu bezeichnenden »gläsernen Wänden« zwischen Eltern und Kindern noch andere Belastungen treten, wie z.B. Armut, Scheidung, Elternkonflikte, beengte Wohnverhältnisse, depressive Entwicklungen bei Elternteilen, Erkrankungen von Eltern, erhöhter Alkoholkonsum usw.

10.

»Das hat mir doch als Kind auch nicht geschadet« – wirklich?!

Von vielen Menschen wird immer wieder das Argument eingebracht, dass ihnen körperliche Züchtigung »auch nicht geschadet« habe. Dies wird sicherlich in den Fällen, in denen nur gelegentliche und gelinde Klapse oder Ohrfeigen versetzt wurden, auch zutreffen. Zu fragen wäre dann aber dennoch, ob diese Klapse und Ohrfeigen umgekehrt überhaupt »nützlich« und notwendig waren, ob sie nicht doch in der Situation des »Auftreffens« als ungerecht, kränkend, verängstigend usw. erlebt wurden und ob sie nicht trotzdem moralisch zu verwerfen sind. Außerdem muss natürlich im Zusammenhang mit dem vorangegangenen Kapitel auch gefragt werden, mit welchen Risikofaktoren die Klapse und Ohrfeigen gleichzeitig auftraten und welche Schutzfaktoren vielleicht vorhanden waren oder nicht. Die eigentliche Fragen aber, die hier beantwortet werden müssen, lauten folgendermaßen: »Warum meinen auch so viele andere Erwachsene, die in ihrer Kindheit massiver geschlagen und seelisch misshandelt wurden, dass ihnen dies nichts geschadet habe?! Wie kommt es, dass diese Erwachsenen dann zum Teil ihre Kindheit sogar verklären, also ihre Eltern nicht nur nicht beschuldigen, sondern ganz im Gegenteil ihnen gegenüber sogar dankbar sind, von ihnen durch Schläge und Prügel »auf den richtigen Weg« gebracht worden zu sein und sogar von »heilsamen Schlägen« sprechen?« So wurde z.B. eine große Studentengruppe nach ihren Kindheitserfahrungen mit körperlichen Strafen sowie ihren Berurteilungen darüber befragt (Berger 1988). Die Studie kam zu dem Ergebnis, dass offensichtlich »die Empfänger körperlicher Züchtigung die letzten sind, die deren Unangemessenheit erkennen«: Sogar diejenigen Studenten, die nach elterlicher Züchtigung im Krankenhaus wegen Knochenbrüchen oder anderer Verletzungen behandelt werden mussten, stuften sich nur zu 43% als »misshandelt« oder »grausam behandelt« ein.

Zur Erklärung solcher Verharmlosungen von ausgeprägten Körperstrafen und sogar deren Verkehrung ins Gegenteil reicht es nicht aus, auf Mängel in der Erinnerungsfähigkeit von Erwachsenen bezüglich ihrer Kindheitserlebnisse hinzuweisen oder einfach anzunehmen, dass unsere persönliche Rückschau allgemein häufig zu gut ausfällt, weil eben alles schon so lange her ist, der Schmerz und die Angst längst vergessen sind sowie solche qualvollen Ereignisse im Rahmen der generellen Verklärung unserer (paradiesischen) Kindheit verblassen und untergehen. Hilfreich zum Verständnis dieser seelischen Prozesse erscheinen Annahmen aus dem Bereich der Tiefenpsychologie, welche nun zunächst einmal knapp erläutert werden sollen, bevor sie dann gezielt auf misshandelte Kinder bezogen werden:

Eine kleine Tiefenpsychologie-Kunde

Nach der Tiefenpsychologie von Sigmund Freud besteht zwischen den von ihm angenommenen drei Teilen der Seele durchaus nicht immer Eintracht und harmonisches Zusammenspiel. Im Gegenteil: Zwischen dem Es (also unseren Trieben, Wünschen, Begierden, Bedürfnissen), dem Überich (das grob mit unserem Gewissen, unseren Schuld- und Schamgefühlen gleichgesetzt werden kann) sowie dem Ich (dies setzt sich über Wahrnehmung, Motorik und Denken mit der Umwelt auseinander) treten oft Probleme, Spannungen, Meinungsverschiedenheiten und Konflikte aus. Im Beispiel:

Marion, 11 Jahre alt, möchte endlich einmal wieder mit ihren FreundInnen spielen, aber ihre Eltern haben ihr aufgrund ihrer vielen schlechten Noten in den letzten Wochen die Freizeit extrem eingeschränkt und verlangen von ihr, nun bis zu den Zeugniskonferenzen im nächsten Monat vor allen Dingen zu lernen und zu lernen. Stellen wir uns nun folgendes Streitgespräch zwischen Überich und Es von Marion vor, wobei beide mit ihren äußerst bestimmt vorgetragenen Meinungen das Ich für sich gewinnen wollen und unter Druck setzen:

Es: Oh, verdammt noch mal, ich will jetzt raus. Knall doch die Bücher in die Ecke. Es gibt noch so viel Schönes zu erleben, wir könnten auch ins Freibad gehen und mit all den anderen spielen, essen, trinken, uns necken usw.

Überich: Hör bloß nicht darauf! Deine Eltern haben ganz Recht, jetzt ist keine Zeit für Vergnügungen, das Es hat dich die ganze Zeit schon verführt. Du siehst ja, was du davon hast, nichts als schlechte Noten! Wenn du so weitermachst und auf das Es hörst, wirst du noch sitzen bleiben.

Es: Ja, ja, immer dieselben blöden Sprüche. Wenn du weiter so viel lernst, werden deine FreundInnen dich bald als Streber verachten. Dann stehst du ganz allein da!

Überich: Da wird doch völlig übertrieben. Und außerdem: Denk mal an deine Eltern. Die meinen es doch nur gut mit dir. Und sie werden sehr böse werden, wenn sie merken, dass du zu wenig gelernt hast.

Es: Deine Eltern meckern sowieso immer zu viel. Die sind doch zum Kotzen! Du musst dich mal durchsetzen. Und denk mal an den Klaus. Da kribbelt es dir doch immer im Bauch, wenn du an ihn denkst. Willst du etwa den verlieren wegen der blöden Schularbeiten.

Überich: Immer wieder dieser Klaus. Diese Knutscherei mit dem ist ohnehin nicht anständig. Wenn das deine Eltern wüssten – und der raucht auch noch. Deine Eltern wären entsetzt, wenn sie hören, mit wem du dich da rumtreibst und was für ein Flittchen du bist!

Wohl am häufigsten ist es nun der Fall, dass vom Es ausgehende Impulse (die in dem o.a. Beispiel noch sehr »zensiert«, also gemäßigt wiedergegeben wurden) vom Ich als bedrohlich erlebt werden und starke Angst auslösen, zumal das Überich sehr streng sein kann und diese Es-Impulse als äußerst verwerflich brandmarkt, wodurch starke Schuld- und Schamgefühle entstehen.

Stellen wir uns ein drei-, vierjähriges Kind vor, welches in seinem bisherigen Leben die ganze Zuwendung, Fürsorge und Liebe seiner Mutter bekommen hatte. Die Mutter wurde schwanger, bekam ein Baby, und nun wird das erstgeborene Kind lernen müssen, seine Mutter mit seinem Bruder oder seiner Schwester teilen zu können. Dies ist für ein Kleinkind häufig nicht einfach, und gelegentlich kann die Eifersucht auch sehr ausgeprägt werden, weil es meint, das Geschwisterchen raubt ihm die ganze Beachtung und Liebe der Mutter. Solche Gefühle werden auch dadurch genährt, weil das Baby in seiner Hilflosigkeit auf die ständige Versorgung durch die Mutter angewiesen ist, und außerdem reagieren nun alle Bekannte und Verwandte nur noch auf das Baby mit »Ah« und »Oh«, während sich das erstgeborene Kind völlig unbeachtet und ungeliebt vorkommt. All diese Gefühle in ihm werden eine Vielzahl von feindseligen Es-Wünschen gegenüber dem Baby entstehen lassen, welche auch durch Taten und Worte deutlich zum Ausdruck gebracht werden. Ich kenne ein Kleinkind, welches seine Gefühle der Ablehnung extrem gefahrvoll auslebte, indem es mit seinem Geschwisterchen Beerdigung spielte und die Mutter gerade noch rechtzeitig hinzukam, als das Baby schon halb mit Erde bedeckt im Bauerntrog vor dem Haus lag. Verständlich, dass die Mutter gegenüber ihrem Erstgeborenen nun ebenso extrem reagierte, aber auch bei geringfügigeren Handlungen wird das Kind aufgrund der Reaktionen seiner Mutter merken, dass seine Feindseligkeit gegenüber dem Baby von der Mutter mit Ablehnung, Schimpfen, Liebesentzug und Strafe beantwortet wird. Meist wird das Kind nun vielfältige Ängste entwickeln, die Liebe der Mutter vollständig zu verlieren. Selbst noch sehr klein und so in seiner Hilflosigkeit, Ohnmacht, Kleinheit und Schwäche ganz auf die Mutter angewiesen, wird das erstgeborene Kind sich mehr oder weniger unbewusst gegen seine feindseligen Es-Impulse gegenüber dem Geschwisterchen wehren. Diese feindseligen Es-Impulse sind also nun für das Erstgeborene selbst zur Bedrohung geworden und es

versucht dies auf mehreren Wegen abzumildern oder ganz loszuwerden, um wieder von der Mutter geliebt werden zu können.
Diese Wege der Abwehr von bedrohlichen Es-Impulsen werden
in der Tiefenpsychologie »Abwehrmechanismen« genannt. Am
bekanntesten ist die Abwehr der Verdrängung geworden: Dabei
werden die feindseligen Gedanken und Wünsche sozusagen vergessen, sind dadurch einfach nicht mehr da, also auch dem Ich
nicht mehr bewusst und können so weder zu quälenden Gewis-
sensbissen führen noch Handlungen hervorrufen, welche dann
Mutter und Vater sehr böse machen könnten. Oder den feindseligen Handlungen werden unbewusst andere, akzeptiertere Beweggründe unterlegt: Diesen Prozess der Rationalisierung verwendete z.B. ein Kleinkind, welches immer wieder neugierig
»erforschen« wollte, ob bei dem Baby wirklich eine Stelle auf
dem Kopf sei, die weich ist, die man eindrücken kann (obwohl
oder gerade weil die Eltern ihn ausdrücklich davor gewarnt hatten, wie gefährlich dies für seinen Bruder ist).
Da häufig verschiedenste Abwehrmechanismen notwendig sind,
um wirksam gegenüber den beängstigenden, bedrohlichen Es-
Impulsen auftreten zu können, ist es nicht ungewöhnlich, dass
nun neben dem Verschwinden der eifersüchtig-feindseligen Gefühle gegenüber dem Baby ganz im Gegenteil beobachtet werden
kann, dass das Kind nun mit einer gewissen »Affenliebe« an seinem Geschwisterchen hängt. Dies würde man dann mit dem Abwehrmechanismus der Reaktionsbildung erklären. Statt der ursprünglichen Eifersucht, verbunden mit Ablehnung und Hass,
empfindet das Kind nun Liebe und Zärtlichkeit. Was sich ab-
spielt, könnte folgendermaßen formuliert werden: »Nein, Mama,
ich hasse nicht nur nicht mein Geschwisterchen, ganz im Gegenteil, ich liebe es sogar sehr stark und dafür musst du mich jetzt
besonders loben und wieder ganz lieb haben!« Eine weitere Abwehr des Kindes bzw. von dessen Ich gegenüber den bedrohlich
erlebten Es-Impulsen besteht im Ungeschehenmachen. Als Folge
dieses Prozesses erlebt das Kind z.B. den starken Drang in sich,
kranke und verletzte Tiere heilen und pflegen zu wollen. Mithilfe
dieses unbewussten Prozesses versucht das Kind also den Scha-

den ungeschehen zu machen, den seine feindseligen Handlungen dem Geschwisterchen zufügten oder den seine feindseligen Wünsche in seiner Phantasie dem Geschwisterchen zufügen könnten.

Das Kind könnte aber auch mit Abwehrmechanismen der Verleugnung und der Kompensation reagieren. Es wird dann z.B. gegenüber der Mutter sehr viel angeben und dabei betonen, wie groß und toll es bereits sei, in allem das beste Kind, viel besser und klüger als das jüngere Geschwisterchen. Verleugnet wird dabei die Wirklichkeit, um das eigene Selbstbewusstsein und Selbstwertgefühl zu steigern und zu retten (im Gegensatz zu den »bösen« feindseligen Wünschen). Außerdem versucht das Kind so auf einem Umweg, einen Ausgleich für die viele Zuwendung der Mutter zum Geschwisterchen zu bekommen. Es kann aber auch geschehen, dass das Kind einen übermäßigen Appetit bekommt, dauernd Süßigkeiten essen will, um auf diesem Wege der Ersatzbefriedigung die erlebte Zurücksetzung der Mutter auszugleichen, zu kompensieren.

Wenn das Ich des Kindes den Abwehrmechanismus der Projektion verwenden würde, so könnte man bei diesem Kind vielleicht beobachten, wie es anderen Menschen oft unterstellt, das Baby nicht genügend zu lieben, zu ihm grob zu sein usw. Unbewusst führt dies dazu, dass das Kind seine feindseligen Es-Impulse anderen unterschiebt im Sinne von: »Nicht ich bin böse und schlimm, sondern die anderen!«

Manche Kinder werden auch die unbewusste Abwehr der Wendung gegen das Selbst anwenden, vor allen Dingen dann, wenn das Überich sich sehr stark zu Wort meldet, z.B. mit: »So ein schlimmes Kind gibt es nicht noch einmal, keiner wird dich lieb haben können« (und das Kind Entsprechendes von seinen Eltern auch sehr krass hört, wenn es wieder eifersüchtig auf das Baby reagiert). Bei dieser Abwehr werden die Wut und Aggression gegenüber anderen umgeleitet und gegen sich selbst gerichtet, z.B. haut dann das Kind nicht seinem Geschwisterchen eine Ohrfeige, sondern gibt sich selbst einen Schlag auf die Backe oder die Hand und bestraft sich damit gleichzeitig für seine feindseligen

Gedanken und Handlungen. Andere Kinder wiederum verwenden vielleicht bei starker Eifersucht und dem Gefühl, von den Eltern nicht mehr geliebt zu werden, unbewusst den Weg der Regression. Dies bedeutet, dass sie vom Verhalten und Erleben her z.T. auf eine frühere Entwicklungsstufe wieder zurückfallen. Sie verhalten sich dann gelegentlich so, wie sich auch ihr kleines Geschwisterchen verhält, bekommen also eine Babysprache, nässen wieder ein, wollen einen Schnuller haben usw. Übersetzt man sich dieses regressive Verhalten, so wollen die Kinder dadurch unbewusst erreichen, dass sich die Mutter ihnen gegenüber wieder so verhält, wie es früher war, als man noch klein und einziges Kind in der Familie war, nämlich mit mehr Zuwendung, Versorgung, Bemutterung und Liebe als jetzt.

Wenden wir nun diese Abwehrprozesse gegenüber bedrohlichen Es-Impulsen auf die körperliche Züchtigung oder Misshandlung von Kleinkindern an. Stellen wir uns zunächst ein Kleinkind vor, das mit seiner gesunden Neugier und aufgrund seiner sich entwickelnden körperlichen und geistigen Fähigkeiten immer aktiver und entdeckungsfreudiger seine Umwelt erobern will, d.h. also: prüfen, auseinander nehmen, anfassen, in den Mund stecken, beschmutzen, sich gefährden, Willen erproben, Besitz ergreifen, Wünsche und Bedürfnisse durchsetzen wollen. Nehmen wir weiter an, dass dieses Kleinkind von Eltern erzogen wird, welche zu viel mit »Dressur und Strafe« auf dieses Verhalten reagieren, und zwar aus vielerlei Gründen: Sie erleben im Beruf sehr viel Stress und Hektik, weswegen sie zu Hause vermehrt ihre Ruhe haben wollen; sie erwarten vom Kind zu viel und meinen deswegen, es sei ungezogen; sie glauben, ihr Kind »ein für alle Mal« vor Gefahren in der Wohnung bewahren zu können und warnen deswegen äußerst lautstark und mit schmerzenden Klapsen vor dem Herd, der Steckdose und anderen bedrohlichen Situationen und Orten; sie sind sehr ordentlich, wollen Tisch, Teppich, Tapeten und andere Einrichtungsgegenstände vor Schmutz und vorschnellen Gebrauchsspuren bewahren, zumal sie auch finanzielle Sorgen besitzen.

»Das Kind gerät mit seinem Probeverhalten und seinen zunehmenden Autonomiebestrebungen immer stärker in das Spannungsfeld der elterlichen Gebote und Verbote, der Zugeständnisse und Verweigerungen. Im Ringen mit der elterlichen Grenzsetzung werden sowohl Eltern als auch das Kind mit ihrem Ärger und ihrer Aggression konfrontiert. In dieser Phase der Entwicklung ist die Auseinandersetzung mit Abgrenzungen und Widerständen nötig, damit der Weg in die Selbstständigkeit gelingen kann. Ohne Aggressionspotential ist die notwendige Ablösung nur schwer möglich. Trotz und Aggression helfen aus der vorherigen Bindungsphase heraus, mit ihrer Hilfe lernen Kinder, sich durchzusetzen, auf Neues zuzugehen oder ihre Standpunkte zu verteidigen. Somit ist Aggression, positiv verstanden, erst einmal als entwicklungsfördernde Energie zu verstehen und kein unerwünschtes Gefühl, das durch Verbote unterdrückt werden muss. Der Umgang mit der Vielfalt der Gefühle muss allerdings gelernt werden. Das geht nur, wenn Kinder sich mit Wut, Schmerz, Trauer und Aggression auseinander setzen können und Erwachsene signalisieren, dass diese Empfindungen zum Menschsein gehören. Das ist genauso wichtig wie die Erfahrung, zurückzustecken und auf andere Rücksicht nehmen zu müssen. Im fairen Aushandeln von Absprachen werden Kinder ernst genommen und können Grenzen, die sie selbst mitbestimmen, einüben. Kinder erwarten von ihren Eltern konkrete Standpunkte und Auffassungen, damit sie ihr eigenes Weltbild daraufhin ausrichten können.«

Sigrid Tschöpe-Scheffler

Die Folge ist nun, dass dieses Kleinkind mit seinem eigentlich natürlichen und altersentsprechenden Verhalten bei seinen Eltern zwangsläufig immer wieder auf Ablehnung stößt, d.h., zu viel ermahnt, getadelt, bestraft, eingeengt und zurückgewiesen wird. Im Kind muss so das Gefühl entstehen: »So, wie ich bin, bin ich nicht o.k., so können mich meine Eltern nicht lieb haben, ich bin ein schlimmes, böses, dummes usw. Kind.« Das Kleinkind, welches völlig von der Liebe, Versorgung, Behütung und Unterstützung seiner Eltern abhängig ist, wird schließlich Ängste vor seinen eigenen Gedanken, Gefühlen, Phantasien und Es-Impulsen entwickeln, weil es ja immer wieder erlebt, wie enttäuscht, abweisend und lieblos die Eltern dann werden. Aus Angst vor Liebesverlust sowie aus dem Gefühl heraus, »in seinem Lebensstrom unterzugehen ohne die rettende Nähe und Geborgenheit seiner Eltern«, wird das Kleinkind gegen seine Es-Impulse ankämpfen, diese in einem Käfig in sich gefangen halten, damit sie nicht ausbrechen, es nicht zu »falschem, schlechtem, bösem Verhalten« verleiten und dann die Eltern enttäuschen sowie böse und lieblos machen. Letztlich wird das Kind in allem viel zu brav, zu lieb, zu anständig, zu fleißig, zu gehorsam usw. werden, um sich die Liebe seiner Eltern zu erhalten. Diese Entwicklung veranschaulicht das folgende Beispiel von Ralf:

Ralf ist 12 Jahre alt. Er wuchs in einer Familie auf, welche extrem Wert auf Anstand und Ordnung legte. Ralf sollte immer brav, lieb, nett, fleißig, höflich, ordentlich usw. sein, ansonsten war er ein »böses«, »ungezogenes«, »schlimmes«, »furchtbares« Kind, welches die Eltern »traurig« oder »ärgerlich« machte, und die ihm dann z.B. sagten: »So haben wir dich nicht lieb!«, »Geh auf dein Zimmer, wir können dich nicht mehr sehen!«, »Mein Gott, bist du ein böses Kind.« Ralf wagte schließlich nicht mehr spontan zu sein, er bewegte sich kontrolliert wie eine Marionette, schluckte allen im Alltag entstehenden Ärger herunter, sagte häufig zu sich selbst »Das darfst du nicht« oder haute sich auf die Finger. Er schien immer Angst zu haben, die Liebe seiner Eltern zu verlieren, und wenn er dennoch etwas tat, was seinen Eltern nicht gefiel, so versuchte er dies übermäßig wieder gutzumachen, putzte im Haus herum, stellte unsicher fest: »Gell, ich bin aber brav?!«, und fragte oft seine Mutter, ob sie ihn noch lieb habe. Er schien immer wieder zu denken: »Ich muss viel lieber, besser, fleißiger, ordentlicher und braver sein, damit meine Eltern mich lieb haben können.« Im Verlaufe der Zeit gelang es Ralf so unbewusst immer besser, seine Es-Impulse (also seine Wünsche, Bedürfnisse, spontanen Gefühle usw.) zu unterdrücken und zu verdrängen. Dies war schon im Kindergarten aufgefallen, wo Ralf als schüchterner Einzelgänger auffiel, der lieber am Tisch für sich allein spielte, während die anderen draußen auf dem Spielplatz herumtobten. Wenn er sich beim Malen aus Versehen beschmutzte, geriet er fast in Panik und überhaupt sah er immer »wie aus dem Ei gepellt« aus. Er suchte laufend die schützende Nähe zu den Erwachsenen und von den Gleichaltrigen wurde er abgelehnt, weil er sie immer wieder verpetzte. Später, in der Schulzeit, wurde er als Streber abgelehnt und gehänselt. Schließlich wurde er in allen Lebensbereichen immer »perfekter«, d.h., er versuchte überall, immer »besser« zu werden, d.h. lieber, ordentlicher, fleißiger usw. Als er dann in stationäre Behandlung kam, wirkte er extrem überangepasst, gehemmt, unscheinbar, ohne Eigenleben. Er hatte die Erwartungen seiner Eltern völlig verinnerlicht, sich zu sehr nach ihren ursprünglichen Wünschen, Bedürfnissen und Ansichten ausgerichtet. Wenn er dennoch etwas tat, von dem er meinte, es sei nicht »richtig« (in den Augen von anderen Menschen war er dann aber immer noch viel zu lieb), so konnte er gar nicht aufhören, sich zu entschuldigen, und vergewisserte sich häufiger, ob man ihn trotzdem noch lieb habe. Auch neigte er dann dazu, durch Geschenke oder Abwaschen seine vermeintlich »schlimmen Taten« wieder gutzumachen. Die verzweifelte und zunehmende Kontrolle über seine Es-Impulse ging so weit, dass er immer zwanghafter wurde: Schon gleich nach dem Aufstehen konnte er kaum aufhören, sein Zimmer in Ordnung zu bringen, wobei er z.B. Bettbezug und Kopfkissen immer wieder zurechtklopfte und ausrichtete. Weiter musste er sich immer wieder die Hände waschen, weil sie schmutzig seien – obwohl er sie schon wund geschrubbt hatte. Es wirkte so, dass Ralf seine Es-Impulse immer radikaler unter Kontrolle bringen musste, alles musste geordnet, kontrolliert, in den Griff bekommen werden. Im Verlaufe der Zeit war dies auch den Eltern aufgefallen, sie litten nun mit dem Jungen mit, verstanden aber die wahren Gründe dieser Entwicklung nicht: »Wir verstehen dies alles nicht! Er war schon immer so, von klein auf, immer wollte er es ordentlich haben!« Erst nach Wochen gelang es vor allen Dingen durch heilpädagogische

Behandlung, dass Ralf wieder vermehrt zu seinen ureigenen Wünschen, Bedürfnissen, Gefühlen und Phantasien stehen und sie auch ansatzweise nicht mehr als »schlimm« oder »böse« erleben konnte. Er musste sie nicht mehr so stark abwehren, kontrollieren, wieder gutmachen. Schließlich wurde er beobachtet, wie er still für sich allein in einer Ecke saß und ein Bild malte, in dem alle angestaute und verdrängte Wut und Enttäuschung explodierte: Da wurde geköpft, gehenkt, verbrannt und erschossen. Natürlich hatte nun Ralf sehr große Angst, wegen dieses Bildes wieder abgelehnt zu werden, machte er doch sein Innenleben nach außen hin dadurch »öffentlich«, und außerdem hatte er sicherlich auch Angst vor diesem Eigenleben, was sich nun auf einmal so stark und kraftvoll äußerte und für ihn »außer Kontrolle« geriet. Es bedurfte noch längerer Zeit, bis Ralf sich wieder ganz natürlich verhalten konnte. Auf diesem Weg musste er also ein gesünderes Gleichgewicht zwischen seinen Es-Impulsen (die er völlig unterdrückte) und seinem Überich (einem übermäßigem Gewissen, mit Strafen wie von einem Scharfrichter auch bei Geringfügigkeiten) finden. Aber auch die Eltern mussten – wie alle Eltern – lernen, die Gratwanderungen zwischen den Polen »Dressur und Strafe« sowie »grenzenlosem Gewährenlassen« einerseits sowie den Polen »Vernachlässigung und Liebesentzug« sowie »Unterstützung und Zuwendung« andererseits besser zu bestehen.

Weiten wir nun dieses Beispiel aus auf körperlich stark züchtigende oder gar misshandelnde Eltern und betrachten dabei vor allen Dingen die bei Kindern (auch bei Ralf) entstehenden starken Schuld- und Schamgefühle. Die Schuldgefühle entstehen dadurch, dass das (Klein-)Kind meint, anderen Menschen tatsächlich oder vermeintlich Unrecht zugefügt sowie etwas Schlimmes und Verwerfliches getan zu haben. Bekommt es dafür Schläge, so muss dieses Unrecht in seinen Augen besonders schlimm gewesen sein. Zunächst wird dem Kleinkind das Unrecht »von außen«, also durch die Erziehungshandlungen der Eltern, vermittelt. Im Verlaufe der Zeit übernimmt das Kind diese Einstellungen der Eltern, es »identifiziert«

sich mit seinen strafenden Eltern. Es erfolgt also eine Verinnerlichung der elterlichen Moralvorstellungen und Werte und diese dann zunehmend »von innen« erfolgenden Gewissensäußerungen wurden von Freud, wie bereits oben angeführt, dem Überich zugerechnet. Je stärker nun Eltern sehr streng und schlagend erziehen, umso mehr besteht die Gefahr, dass sich im Kind ein ebenfalls sehr strenges Überich entwickelt, welches die im Kind spontan entstehenden Es-Impulse sehr streng bestraft und verurteilt. Im Verlaufe der Zeit ist es dann gar nicht mehr nötig, dass die Eltern sagen: »Du bist böse, schlimm, nicht liebenswert«, sondern das eigene Überich des Kindes reagiert mit: »Ich bin schlimm, ich schäme mich, ich habe Böses getan, ich kann so nicht geliebt werden.« Hier beginnen also die Schamgefühle des Kindes, d.h., im Kind entwickelt sich das Gefühl: »So, wie ich bin, wie ich aussehe, was ich tue, wie ich fühle und denke, so kann ich nicht geliebt werden, bin ich nicht liebenswert.« Diese Form der Abwertung und Verachtung wird dem Kind bis hin zu Schlägen von den Eltern zunächst vorgelebt, sie wird aber ebenfalls im Verlaufe der Zeit verinnerlicht und führt zur Selbstabwertung, Selbstverachtung und Selbstunsicherheit. In stärkerer Ausprägung sind dies dann Kinder und Jugendliche, die dauernd meinen, um Anerkennung, Zuwendung und Liebe ringen zu müssen, da sie glauben, »an sich« nicht liebenswert zu sein. Sie achten zunehmend in ihrem Leben darauf, bei anderen Menschen »gut« anzukommen, also darauf, wie sie gehen, gucken, lachen, sich anziehen, reden, denken usw. Dabei sind sie so verunsichert, sehen sich selbst in einem so schlechten Licht, dass sie immer verzweifeltere Anstrengungen unternehmen, um ihr Verhalten zu kontrollieren, damit sie nicht »schlecht« auffallen. Das Lebensgefühl lässt sich dann folgendermaßen umschreiben: »Erst kommen alle anderen, dann kommt eine Weile nichts, dann kommt ein Misthaufen und dann komme ich!« Natürlich geht solch eine Selbstbewertung auch einher mit einem Rückzug von sozialen Kontakten, mit Schweigsamkeit und Verschlossenheit, weil alles andere (Offenheit, Spontaneität usw.) ja für diese Menschen die Gefahr bedeutet, alle anderen um sie herum würden sofort erkennen, wie »dumm«, »schlecht« und »nicht vorzeigbar« sie sind.

> »Klapse, Schläge, Prügel bis hin zur körperlichen Misshandlung, ob mit oder ohne Gegenstände, bilden erfahrungsgemäß ein Kontinuum mit fließenden Grenzen, das die körperliche Überlegenheit des Erwachsenen über die Kleinheit und Ohnmacht des Kindes besiegelt.«
>
> *Horst Petri, Psychoanalytiker und Kinder- und Jugendpsychiater*

Die entstehenden Schuld- und Schamgefühle bei zu strenger oder schlagender Erziehung bis hin zur körperlichen und seelischen Misshandlung führen also insgesamt zu einem extrem negativen Selbstbild, zu einem gebrochenen Selbstwertgefühl. Nun müssen wir uns aber weiter nochmals vergegenwärtigen, wie grundlegend ein (Klein-)Kind von seinen Eltern buchstäblich in seiner Existenz abhängig ist. Jeder Erwachsene kennt die quälenden »Weltuntergangs«-Gefühle, die mit einer Trennung von einer geliebten Person verbunden sind. Diese Gefühle sind bei misshandelten Kindern noch viel ausgeprägter und durchschlagender, verbunden mit Urängsten vor Verlassenwerden, Trennung, Haltlosigkeit, mit Gefühlen des Ausgestoßenseins, des Untergangs im Lebensstrom und der völligen Hilflosigkeit. Wir haben schon gesehen, dass Kinder dann mit vermehrter Anpassung an die elterlichen Erwartungen reagieren sowie ein tyrannisches Überich entwickeln. Letzteres bedeutet, dass sie hinsichtlich der Werte und Normen »so wie die Eltern« werden. Hinzu tritt aber auch noch, dass sie die Eltern idealisieren, also auch »schönfärben« müssen: In ihrer Abhängigkeit von den Eltern betrachten sie diese ohnehin zunächst als »Stellvertreter Gottes auf Erden« und außerdem ist es für Kinder kaum zu ertragen, mit einem negativen Elternbild zu leben. Dies würde ja die Gefahr bedeuten, dass sie »rechtmäßig« auf ihre schlagenden Eltern wütend sein dürfen mit der Folge von Wut- und Aggressionsäußerungen gegenüber diesen. Gerade solche Es-Impulse fürchten diese Kinder aber auch »wie die Pest«, führen sie doch erneut zu Bestrafungen, Misshandlungen und Liebesentzug.

Insgesamt entsteht so für das Kind eine Falle, eine Zwickmühle: Am Anfang versucht das Kind, Wut und Enttäuschung immer mehr zu kontrollieren und zu verdrängen. Sie entstehen aber im

Alltag immer wieder neu spontan und auch vielfach berechtigt, sodass sich – bildhaft gesprochen – innere Staudämme und Vulkane entwickeln, die plötzlich und kraftvoll überzulaufen drohen und platzen können. Dies geschieht wohl auch immer mal wieder trotz aller unbewusster Abwehrmaßnahmen, und zwar oft auch bei geringerem Anlass. Die negativen Reaktionen der Eltern bis hin zur Misshandlung veranlassen das Kind dann zu verstärkten Abwehrmaßnahmen, wodurch sich der Druck in den Staudämmen und Vulkanen erhöht und ein neues Durchbrechen der angestauten Es-Impulse droht. Um dies zu verhindern, müssen z.b. die Mauern des Staudammes immer dicker werden, d.h. die Abwehrmaßnahmen immer stärker ausgebaut werden, wodurch sich wiederum der Druck erhöht usw. Genau diese Entwicklung erfolgte auch im o.a. Beispiel von Ralf. Im Extremfall sieht das Ende der Spirale folgendermaßen aus: Ein 15-jähriges Mädchen sagte in durchaus normalem Tonfall zur Mutter, dass sie nicht abwaschen wolle. Auch die Mutter bewertete diesen Wunsch der Tochter nicht als »schlimm«. Dennoch lief die Tochter kurze Zeit später in die Stadt und kaufte dort der Mutter ein Paar Schuhe, um mit diesem Geschenk bei der Mutter um Verzeihung zu bitten (für ihr vermeintliches Verbrechen, für ihre harmlosen Es-Impulse).

Wenn wir nun zum Ausgangspunkt der Frage zurückkommen, warum Erwachsene häufig die in ihrer Kindheit erlittenen Schläge (auch wenn sie bis zur Misshandlung gingen) rechtfertigen und verharmlosen, so zeigte sich aufgrund der obigen Ausführungen, dass kraftvolle psychische Prozesse uns dazu bringen können, die Eltern zu idealisieren und damit auch ihre negativsten Handlungen zu verklären.

Dazu trägt natürlich auch die starke Abhängigkeit der Kinder von den Eltern mit bei. Erfährt dazu ein Kind in den ersten Lebensjahren noch sehr viel Lieblosigkeit und Züchtigung, so kann auch eine »Sucht« nach Geborgenheit und Zuwendung entstehen. Das folgende Beispiel aus der klinischen Praxis erläutert all diese seelischen Vorgänge:

Janina wuchs in ihren ersten Lebensjahren in einem extrem vernachlässigenden sowie auch körperlich misshandelnden Elternhaus auf und kam dann über das Jugendamt in ein Heim. Sie fiel dort durch so genanntes »distanzloses« Verhalten aus, d.h., sie lief auf jeden Erwachsenen zu, setzte sich ihm auf den Schoß, sprach Fremde auf der Straße an und umarmte sie, begrüßte wahllos Besucher mit Küssen, redete Ausstellungspuppen im Kaufhaus an und drückte sich an sie. In den ersten Wochen nach der Heimaufnahme im Alter von fünf Jahren konnten bei ihr die Konflikte von misshandelten Kindern durch die folgenden Äußerungen zu ihren blauen Flecken an den Beinen und Armen erkennbar werden: »Meine Mami hat die gemacht« gegenüber: »Ich bin die Treppe runtergefallen«; »Ich darf erst wieder nach Hause, wenn die Flecken weg sind« und »Papi ist ganz böse, bei euch ist es schöner« gegenüber »Ich bin gerne bei euch, aber Mami habe ich am liebsten.« Mit 16 Jahren kam Janina dann in die Klinik zur Begutachtung. Sie war über längere Zeit von ihrem Stiefvater sexuell missbraucht und körperlich misshandelt worden. Nach besonders extremen nächtlichen Misshandlungen berichtete sie unter dem Druck einer anonymen Anzeige (wohl durch Nachbarn, die ihre Schreie gehört hatten) bei der sofort am nächsten Morgen erfolgenden polizeilichen Anhörungen von ihren vielfältigen Misshandlungen und erstattete Anzeige. Wenige Tage später widerrief sie diese Anzeige: Es sei alles erfunden gewesen, sie habe den Stiefvater aus Eifersucht belastet, um ihn loszuwerden und die Mutter für sich allein zu besitzen.

In der klinischen Praxis kommt es so sehr oft vor, dass Kinder ganz bewusst »lügen«, um sich ihre Familie und ihre Eltern zu erhalten, auch wenn sie zu Hause sehr stark unter verschiedensten Misshandlungen zu leiden haben. Nicht selten geschieht es dann auch, dass Kinder in ihrem Verhalten immer auffälliger werden, also unbewusst zu immer »schlimmeren«, »bösen« und »bestrafungswürdigen« Kindern werden. Auf diese Weise erhält sich das Kind ein positives Bild von Vater und/oder Mutter: Anstatt aggressiv und ablehnend gegenüber den Eltern zu werden, weil diese sehr ungerecht, viel Schmerzen zufügend sowie völlig lieblos sind und deswegen eigentlich gehasst werden müssen, kann sich das Kind nun sagen:»Meine Eltern haben völlig Recht, wenn sie mich schlagen und ablehnen, nicht sie sind böse, sondern ich, ich habe die Schläge ja wirklich verdient.«

Solche kindliche Abhängigkeit von den Eltern zeigt sich sicherlich auch in vielen Arztpraxen und Familien-Beratungsstellen: Das Trommelfell sei dann nicht deswegen geplatzt, weil das Kind von der Mutter eine schallende Ohrfeige bekommen hatte, sondern weil das Kind den Kugelschreiber in das Ohr gesteckt hätte; die Platzwunde am Kopf sei nicht dadurch bewirkt worden, weil der Vater blind auf das Kind einprügelte und es dabei mit dem Kopf an die Tischkante stieß, sondern weil das Kind gestolpert sei; das blaue Auge wurde nicht durch einen Schlag des Stiefvaters verursacht, sondern sei von einem fremden Kind auf dem Schulhof oder Spielplatz bei einem Streit erfolgt; der gebrochene Arm sei nicht dadurch erfolgt, dass der Vater das Kind in seiner Wut die Treppe runterprügelte, sondern weil das Kind aus Versehen gestolpert sei; die Tochter sei nicht vom Partner der Mutter schwanger, sondern von einem jungen Mann, den die Tochter in der Diskothek kennen gelernt, aber nie wieder gesehen hätte; die Verbrennung an der Hand sei nicht absichtlich durch die Eltern erfolgt, sondern weil das Kind unachtsam war und dabei mit der Hand auf die Herdplatte geriet; die blauen Flecken an vielen Körperstellen oder der Rippenbruch seien nicht durch körperliche Misshandlung bewirkt, sondern weil das Kind allgemein motorisch sehr ungeschickt oder auch sehr wild sei und deswegen viel stürzen bzw. sich verletzen würde usw.

Natürlich werden diese Gründe den Kindern auch vielfach von den Eltern eingeimpft, aber diese Kinder haben oft auch schon lernen müssen, eigene Ausflüchte und Notlügen zu erfinden, um der Wahrheit auszuweichen bei Fragen von Kindergärtnerinnen, Lehrern, Nachbarn und Gleichaltrigen. Diese Wahrheit der Misshandlung ist dabei häufig kaum zu beweisen. Selbst als z.B. eine Mutter ihr zweijähriges Kind über die Balkonbrüstung im zweiten Stock geworfen hatte und dann erklärte, das Kind sei beim Spiel abgestürzt, musste die Polizei dieser Schilderung der Mutter zunächst glauben, bis dann die Mutter eine weitere Kindesmisshandlung an der Tochter ihrer Freundin beging und in diesem Zusammenhang auch die Misshandlung am eigenen Kind gestand (welches wie durch ein Wunder nur schwere Prellungen erlitten hatte). Aber auch in diesem Fall steht hinter der Misshandlung eigenes Leid (s. Kramper 1999): Die Mutter war von ihrem häufig alkoholisierten Vater seit dem zehnten Lebensjahr fast täglich vergewaltigt worden. Sie floh früh von zu Hause in eine Ehe – mit einem Alkoholiker. Das Kind war kein Wunschkind:»Ich wollte es von Anfang an nicht. Ihr Vater hat mir nach der Geburt gesagt: ›Los, wir schmeißen es in die Mülltonne.‹« Die Ehe scheiterte. Die Mutter stand allein und hilflos im Leben und begann vermehrt zu trinken. Sie ließ sich wahllos mit Kneipenbekanntschaften ein. Als wieder einmal einer ohne Abschied ging, zerfetzte sie verzweifelt das Ehebett mit dem Küchenmesser. Am Tag der Tat stand ihr 30. Geburtstag bevor. Sie wusste, dass niemand kommen, dass sie ganz allein sein würde mit ihrem Kind:»In meinem ganzen Leben hatte ich niemand.« In betrunkenem Zustand warf sie ihr Kind vom Balkon. Später sagt sie:»Ich habe das Kind genauso schlecht behandelt wie meine Mutter mich. Die hat mich immer geschlagen ohne Grund.« Zwei Jahre später misshandelt sie die Tochter ihrer Freundin. Diese versucht sich die Taten so zu erklären:»Wir waren 13 Jahre lang die besten Freundinnen. Sie war wie Familie mit uns. Mein Mann hat immer den Weihnachtsmann für das Lütte gespielt. Vielleicht hat das an ihr genagt, dass ich eine Familie hatte und sie nicht.«

Die beschriebenen Entwicklungen und Abhängigkeiten von Eltern oder deren Ersatzpersonen verschärfen sich noch bei denjenigen Kindern, welche neben den verschiedenen Formen der Misshandlung z.B. noch zusätzlich unter gehäuften Trennungserlebnissen von Elternteilen leiden (sei es z.B. durch Scheidung oder Tod oder Heim- und Krankenhausaufenthalte oder allgemein sehr häufiges Alleinlassen). Allgemein kann die entstehende (Sehn-)»Sucht« nach Nähe, Geborgenheit, Halt, Anerkennung und Liebe auch bis in das Erwachsenenalter bestehen bleiben, wobei die Misshandlungs-Beziehung zwischen Eltern und Kind sich wiederholt in der Gewalt-Beziehung zwischen z.B. Ehefrau und Partner. Dies erklärt auch mit, warum viele Frauen sich nicht von ihrem Partner trotz vielfa-

cher Misshandlungen trennen können und z.B. auch nach mehr-
facher Flucht in ein Frauenhaus immer wieder zu ihm zurückkehren.

Wir können nach diesen auch ganz allgemein für das Verständnis
der kindlichen Entwicklung wichtigen Ausführungen zur Tiefenpsychologie nun auch besser die Ergebnisse von Petri verstehen,
der in einer Untersuchung zunächst Erwachsene danach befragte,
wie sie die in ihrer Kindheit erlittenen Schläge erlebt hatten. Die
vom Untersucher vorgegebenen Antworten lauteten z.B. folgendermaßen:

»Ich fühlte eine ohnmächtige Wut.«	54,5%
»Ich habe mich sehr verlassen gefühlt.«	56,0%
»Ich wollte am liebsten weglaufen.«	43,9%
»Ich hatte immer große Angst.«	40,9%
»Ich habe meine Eltern bzw. meine Mutter/meinen Vater deswegen gehasst.«	34,8%
»Ich zweifelte an der Liebe meiner Eltern.«	31,8%
»Ich wollte am liebsten tot sein.«	25,7%
»Ich habe mich sehr geschämt.«	27,2%

Die Prozentangaben beziehen sich hier auf eine Gruppe von Frau-
en, welche unter neurotischen Störungen litten, und sie besagen,
wie viel Prozent dieser Frauen die jeweilige Frage bejahten. Die mit
den Bejahungen verbundenen Gefühle sind Wut, Hass, Verlassenheit, Scham, Angst, Vertrauenslosigkeit usw., weswegen Petri diese
vorgegebenen Antworten auch abkürzend »Affekt-Antworten« nennt.
Diese Affekte erscheinen unmittelbar verständlich als Folge von
Schlägen und sie traten natürlich auch in den weiteren untersuchten Gruppen auf: strafgefangene Jugendliche, Patienten mit Psychosen und eine »normale« Vergleichsstichprobe.
In einem weiteren Auswertungsschritt wurden nun alle befragten
Erwachsenen in die folgenden zwei Gruppen unterteilt: einmal Er-

wachsene, die angaben, »nie oder selten« geschlagen worden zu sein, und zum anderen diejenigen Erwachsenen, die bejaht hatten, in ihrer Kindheit »manchmal«, »häufig« oder »sehr häufig« geschlagen worden zu sein. In der zuletzt genannten Gruppe wurden die soeben aufgeführten Affekt-Antworten mit den stark negativen Gefühlen nach Schlägen sehr viel mehr bejaht als in der Gruppe ohne bzw. mit nur seltenen Schlägen in der Kindheit. Solche Ergebnisse widersprechen also eindeutig der so vielfach verbreiteten Meinung vom »hat mir auch nichts geschadet«.

Nach solchen Verharmlosungen wurden die Erwachsenen in dieser Untersuchung allerdings auch befragt, wobei der Untersucher z.b. folgende Antworten vorgab: »Ich wusste, dass sie es aus Liebe tun«; »Es war mir gleichgültig«; »Ich fand die Schläge gerecht«; »Manchmal habe ich die Schläge sogar als angenehm erlebt«; »Es hat mir nichts ausgemacht«; »Ich habe immer schnell alles wieder vergessen«; »Ich kann mich an keine Gefühle erinnern«. Die LeserInnen werden gemerkt haben, dass diese Antworten jene Abwehrmechanismen wiederspiegeln, welche wir im Rahmen der »kleinen Tiefenpsychologie-Kunde« kennen gelernt hatten, also z.b. Verleugnung, Reaktionsbildung, Rationalisierung und Verdrängung. Nun wurden zwar diese »Abwehr-Antworten« von den befragten Erwachsenen auch bejaht, aber im Durchschnitt sehr viel weniger als die »Affekt-Antworten« bejaht wurden. Auch dies spricht erneut gegen die von vielen als unumstößliche Wahrheit und allgemeine Lebenserfahrung immer wieder geäußerte Ansicht vom »hat mir auch nichts geschadet.« Es ist übrigens bezeichnend, dass die Männer die »Abwehr-Antworten« viel häufiger bejahten als die Frauen: Hierbei kommen sicher die Auswirkungen einer Erziehung zum Tragen, welche sich durch folgende Sprüche kennzeichnen lässt: »Ein Junge weint doch nicht« oder »ein Indianer kennt kein Schmerz« oder »du flennst ja wie ein Mädchen«.

Da diese Verharmlosungen von Klapsen und Schlägen so sehr verbreitet sind und sich wie viele Vorurteile zäh in der öffentlichen Meinung halten und äußern, seien hier noch weitere Ergebnisse aus dieser Untersuchung von Petri aufgeführt. Die befragten Erwachsenen wurden auch um Stellungnahme dazu gebeten, welche Auswirkungen die Schläge auf ihre seelische Entwicklung hatten. Auch

hier wurden Antworten vorgegeben, und erneut seien die Häufigkeiten der Bejahungen durch die Frauen der Neurosengruppe stell-
vertretend für die anderen Gruppen angeführt:

»Ich habe es nie vergessen können.«	48,5%
»Mein Selbstbewusstsein hat dadurch gelitten.«	42,4%
»Ich glaube, ich bin dadurch misstrauisch geworden.«	28,8%
»Ich glaube, ich neige dazu, andere Menschen leicht abzulehnen.«	22,7%
»Ich bin dadurch weniger lebenstüchtig geworden.«	12,1%

Auch solche Antworten zu den Folgen von Schlägen werden mehr
von denjenigen bejaht, welche häufiger Schläge erlitten hatten (gegenüber denjenigen, welche nie oder selten geschlagen wurden).
Erneut wurden nun diese »Folge-Antworten« mit gegensätzlichen
»Abwehr-Antworten« verglichen, in denen die Folgen von Schlägen
also verniedlicht oder aber die Schläge umgekehrt sogar als positiv
angesehen wurden: »Es hat mir nicht geschadet«; »Ich fand es sogar
gut für mich«; »Ich bin dadurch lebenstüchtiger geworden«; »Ich
glaube, es hatte keine Auswirkungen«; »Ich kann mich dadurch
heute besser durchsetzen«. Die Bejahungen von solchen Antworten
fielen insgesamt extrem niedrig aus, d.h., es ergibt sich wieder ein
Ergebnis, das der herkömmlichen (herrschenden) Meinung wider-
spricht.
Dennoch: wir haben bereits gesehen, wie notwendig und auch ge-
sundherhaltend die Abwehrmechanismen sind, um unter den ausgeprägten seelischen Verletzungen infolge körperlicher Misshandlung nicht zusammenzubrechen. Von daher ist eigentlich das
folgende Ergebnis der Untersuchung von Petri auch nicht überraschend (aber äußerst bedrückend): Die jugendliche Häftlingsgruppe, welche die schwersten Gewalterfahrungen erlitten hatte (z.B.
traten bei 57% von ihnen Verletzungen durch die Schläge auf, also
Blutergüsse, Striemen, Platzwunden u.a.), hatten am häufigsten
diejenigen vorgegebenen Antworten bejaht, in denen den Eltern

eine positive Motivation für die Schläge unterstellt wird (z.b.»Weil sie mich geliebt haben«).

Zusammengefasst sprechen diese Untersuchungsergebnisse von Petri dafür, dass mit wachsender Häufigkeit und zunehmender Intensität Schläge ausgeprägte negative Auswirkungen auf die Entwicklung und das seelische Befinden der Betroffenen haben. Im vorliegenden Zusammenhang ist aber vor allen Dingen wichtig zu erkennen, dass Gewalterfahrungen abgewehrt werden müssen, um sie zu verkraften bzw. um nicht unter ihnen zusammenzubrechen. Die Abwehrmechanismen stehen so auch im Dienste der seelischen Gesunderhaltung, deswegen muss verleugnet, verdrängt, ins Gegenteil verkehrt usw. werden. Je ausgeprägter die Gewalterfahrungen waren, umso mehr muss auch abgewehrt werden, bis hin zur Idealisierung der Eltern und zur Rechtfertigung ihres Tuns. Dadurch wird der Betroffene aber auch teilweise wie die Eltern und es entsteht die Gefahr, dass er im späteren Leben sich dann auch so wie diese verhält, ebenfalls leicht aggressiv und gewalttätig wird und dies dann vor sich selbst genauso rechtfertigt, wie er die Schläge der Eltern gerechtfertigt hat.

Auf eine weitere Verniedlichung von Schlägen möchte ich hier nur kurz eingehen. Es ist der Satz:»Andere Strafen können noch viel schlimmer sein«, womit dann ausgedrückt werden soll, dass ein »kleiner Klaps« oder eine »kurze Abreibung« weniger schlimm sind als z.B. dauerhafter Liebesentzug oder ständige Ermahnungen und Erniedrigungen. Das dies so sein kann, soll überhaupt nicht bestritten werden! Aber es sei auch daran erinnert, dass diese verschiedenen Formen sich negativ auswirkenden Erziehungsverhaltens häufig gleichzeitig auftreten. Und außerdem: Die diesem Argument innewohnende Logik sollte eher Kopfschütteln auslösen. Es kann doch nicht vernünftig sein, eine vermeintlich weniger, aber dennoch schlimm bleibende Handlung (hier: das Schlagen) durch eine vermeintlich noch schlimmere Handlung (hier: die seelische Misshandlung) zu rechtfertigen!

»Mit jedem Schlag geht ein Stück Lebendigkeit verloren.«

Mit diesem Satz fasste ein Patient von Petri sein Erleiden häufiger körperlicher Strafen während seiner Kindheit zusammen.

11.

Hilfestellungen für Eltern: Verstehen lernen und Beziehung fördern

An den Anfang des Lernens zur Einfühlung in die »Seele und Entwicklung« des Kindes möchte ich die »Gulliver-Erfahrung« des Kleinkindes stellen. Zur Veranschaulichung dieses Gefühls der Kleinheit und Abhängigkeit gegenüber den »riesenhaften« Eltern (welche »riesigen« Schutz erhoffen lassen, aber auch »riesige« Ängste auslösen können) habe ich folgendes Märchen ausgedacht:

Es war einmal, dass ein junges Ehepaar nach einem Schiffbruch an ein fremdes Land getrieben wurde. Zu ihrem Entsetzen mussten sie feststellen, dass die Großeltern dort viel größer wurden als in ihrer Heimat: Sie maßen an die sechs Meter hoch, ihre Hände ähnelten Bratpfannen, ihre Augen übertrafen das Ausmaß von Tennisbällen, ihre Ohren erinnerten an flache Lampenschirme und ihre Münder waren breiter als zwei Straßengullys zusammen. Sie lebten in Häusern von unfassbarer Größe, sodass unser armes Ehepaar ständig auf die Hilfe und Güte von irgendwelchen Großeltern angewiesen war. So wie ihnen erging es aber allen Eltern, denn diese waren gerade von der Größe, wie es unser Ehepaar von seiner Heimat her gewohnt war – allein die Großeltern waren zu riesenhaften Ausmaßen herangewachsen. Jedoch das Allerschlimmste war, dass man in diesem Land erst mit 50 Jahren volljährig wurde und ausgewachsen war. Bis dahin waren alle Eltern noch in der Obhut ihrer Großeltern. Junge Eltern – gerade vielleicht 1.80 Meter groß – hatten noch viel Mühe, die Treppen in den Häusern der Großeltern hinaufzuklimmen. Im Badezimmer hörte man sie oft angstvoll schreien, wenn sie in riesigen, an kleine Teiche erinnernden Badewannen von den Großeltern zum Spaß kurz losgelassen wurden. Bei Tisch mühten sie sich mit Gabeln ab, welche Mistforken ähnelten, und wenn sie in den Arm genommen und geherzt wurden, so konnte einem Angst und Bange um ihr Leben werden. Todesangst überkam die Eltern auch, wenn die Großeltern zornig wurden: Ihre Stimme klang dann wie Donnerkrachen, bei dem einem schier das Trommelfell platzen wollte, ihre Augen konnten stechend wie Blitze sein, und wenn sie mit ihren Händen zur Ohrfeige ausholten, so standen den Eltern allein schon vom Windzug her die Haare zu Berge. Waren die Eltern ungezogen, so zeigten ihnen die Großeltern auf mannigfache Art und Weise, dass ihr leibliches und seelisches Wohl völlig von ihnen abhing, und viele Eltern entwickelten so ein demutsvolles, ängstliches Wesen und waren ständig bemüht, ihre Großeltern bei Laune zu halten durch Fleiß, Ordnung, Höflichkeit und Gehorsam.

Mit diesem »Märchen« wird versucht zu verdeutlichen, wie stark (Klein-)Kinder allein schon durch den grundlegenden Unterschied von eigener Kleinheit gegenüber der Größe von Erwachsenen verängstigt werden können. Viele Tiefenpsychologen gehen in diesem Zusammenhang auch davon aus, dass die Riesen in unseren Märchen Überbleibsel und Wiederbelebungen von Kindheitserinnerungen darstellen und die »riesenhaften« Erwachsenen widerspiegeln, die für kleine Kinder »an sich« beunruhigend, aber auch »zum Fürchten« sein können. Die Zwerge können dann einerseits die Situation der Kleinkinder verkörpern, andererseits aber auch Wunschvorstellungen der Kinder entsprechen, die sie umgebenden riesenhaften Personen und Gegenstände auf ein weniger furchtsames Maß herabzumindern.

Kürzlich berichtete mir ein Vater, der sich keiner besonders autoritären Erziehungshaltung verdächtig machte, von seinem vierjährigen Sohn, der unvermittelt zu ihm gesagt hatte: »Ich habe Angst vor dir.« Auf die Rückfrage des Vaters antwortete der Sohn: »Weil alles so groß an dir ist.«

Horst Petri

Das Märchen verdeutlicht auch, wie sehr Kinder von vielerlei Formen positiver Zuwendung (also Liebe, Bestätigung, Zärtlichkeit usw.) durch uns Erwachsene abhängig sind, um sich gegenüber diesen »Riesen« geborgen und sicher fühlen zu können. Dieses Ur-Vertrauen ist auch deswegen wichtig, weil Kinder erst den »Heimathafen« der Eltern und Familie verlassen und selbstständig werden können, wenn sie das hinreichende Gefühl von Sicherheit, Geborgenheit, Schutz und Verlässlichkeit gegenüber der Eltern entwickeln konnten.

Ein Beispiel zur Entwicklung des kindlichen Bedürfnisses nach Nähe und auch Abstand zu den Eltern: Stellen wir uns ein etwa dreijähriges Kind vor, welches mit seiner Mutter auf dem Spielplatz ist. Die Mutter sitzt auf einer Bank, liest zwar interessiert in einer Zeitschrift, hat aber auch weiterhin das Kind im Auge. Nehmen wir weiter an, dass das Kind voll Neugier und Selbstbewusstsein auf seine Umwelt zugeht und sich etwa 15 Meter von der Mutter entfernt hat. Die Mutter, welche bei den letzten Metern des Kindes schon etwas häufiger und besorgter nach ihrem Kind schaute, meint nun, das Kind solle sich nicht zu weit von ihr entfernen und ruft ihm zu zurückzukommen. Das Kind ist aber noch voller Mut und Entdeckungsdrang, will zu einer nahen Pfütze. Es ist deswegen mit der Mutter überhaupt nicht einverstanden, wird wütend, schreit, und als die Mutter noch mehrmals und immer bestimmter nach ihm ruft, schmeißt es sich schließlich vor Wut und Enttäuschung auf den Boden.
Drehen wir nun diesen Film nochmals zurück, das Kind nähert sich der Entfernung von 15 Metern zur Mutter, die Mutter ist nun aber noch nicht besorgt und ruft ihm so auch nicht zu zurückzukehren. Als dann das Kind ebenfalls etwa 15 Meter von der Mutter entfernt ist, fängt es an zu weinen. Irgendetwas hat es beunruhigt, es sucht die Nähe der Mutter und versucht diese über sein Weinen zu sich zu holen, um die beruhigende Nähe und den Schutz von ihr wieder zu spüren.
Im Laufe der Entwicklung wird das Kind immer selbstständiger werden, aber z.B. mit Eintritt in den Kindergarten oder dem

Schulbeginn können erneut vermehrte Ängste auftreten. Das Kind empfindet dann den Abstand zu den Eltern zeitlich und räumlich zu groß, reagiert mit vermehrter Unsicherheit und sucht wieder mehr die Nähe, den »schützenden Hafen« der Eltern.

In diesem Zusammenhang muss auch auf die häufige Eifersucht von Kindern gegenüber Geschwistern eingegangen werden, das heißt dem Ringen der Kinder um Zuwendung, Halt, Geborgenheit und Anerkennung als Ausgleich für Gefühle von Liebesverlust, mangelndem Selbstwert, Alleinsein und Verlassenheit. Gisela Preuschoff veranschaulicht dieses Thema der Eifersucht treffend und gibt folgende wichtige Ratschläge:

»Bis ins Erwachsenenalter haben Menschen mit der Tatsache zu tun, dass Mütter, Väter und auch andere Personen teilbar sein müssen. Warum ist das so schwierig? Intime Beziehungen finden immer zwischen zwei Partnern statt. Eine Mutter kann sich immer nur einem Kind gleichzeitig voll widmen. Ist nun der Partner, wie häufig der Fall, abwesend, kommt immer ein Kind zu kurz. Welches Kind das ist, ist bald entschieden, wenn wir uns nicht vor dem Fall hüten, ein ›gelungenes‹ und ein ›weniger gelungenes‹ Kind herbeizuinterpretieren. Gerade bei gleichgeschlechtlichen Kindern ist es sehr schwierig, jedem Kind seine Individualität zuzugestehen. Ist der Älteste ein Sonnenschein, wird der zweite oft ein Trauerkloß oder umgekehrt. Ist die zweite besonders intelligent, gilt die Ältere häufig als ›dümmer‹. Gleichgeschlechtliche Kinder kämpfen vor ihren Eltern um Anerkennung. Jedes will ›der Beste‹ sein. Und je weniger es Eltern gelingt zu vermitteln, dass wirklich beide ›die Besten‹ sind, desto mehr spitzt sich die Lage zu. Wenn z.B. beide Kinder sehr musikalisch sind, wird nur eines diese Musikalität voll entwickeln, für das andere verliert die Begabung ihren Reiz: Wer möchte schon der Abklatsch eines Größeren sein? Deshalb ist es wichtig, jedes Kind individuell zu fördern und so oft wie möglich auch einmal mit ihm allein etwas zu unternehmen. Es muss ja nicht immer gleich etwas Teures und Ausgefallenes sein. Ein Waldspaziergang, eine gemeinsame Radtour oder ein Stadtbummel reichen auch schon. ›Du bist du und so wie du bist, mag ich dich.‹ Diesen Satz kann man in Familien mit zwei Kindern, insbesondere wenn sie das gleiche Geschlecht haben, nicht oft genug aussprechen. Und man muss ihn natürlich durch sein eigenes Verhalten mit Leben erfüllen. Ganz schlimm sind Vergleiche zwischen den Kindern oder Anweisungen wie: ›Nimm dir mal ein Beispiel an deiner Schwester!‹ Jedes Kind kann irgendetwas besonders gut und dafür möchte es anerkannt werden. Störende Verhaltensweisen kann man kritisieren, aber dafür sind Vergleiche mit Geschwistern völlig überflüssig.«

Gisela Preuschoff

In dem Märchen wurde auch der Aspekt der völligen Abhängigkeit eines (Kleinst-)Kindes von den Eltern verdeutlicht, also das Angewiesensein auf deren ausgedehnte Hilfestellungen. Es ist kaum übertrieben zu formulieren, dass je jünger ein Kind ist, es buchstäblich in seiner Existenz umso mehr von den Eltern abhängig ist.

»Eine chinesische Weisheit besagt: ›Wenn die Kinder klein sind, gib ihnen Wurzeln. Wenn sie groß sind, gib ihnen Flügel.‹ So las ich es zum ersten Mal auf einer Karte, die mir eine Freundin anlässlich der Geburt unseres ersten Enkelkindes schickte. Ich gab die Karte an die Eltern des Neugeborenen weiter, und wir kamen miteinander ins Gespräch. ›Wurzeln‹, so waren sich die Eltern schnell einig, könnten etwas mit Heimat, Geborgenheit, Liebe und Vertrauen zu tun haben. ›Flügel‹ interpretieren sie als eine Metapher für Eigenständigkeit und Welteroberung des Kindes, für seine Schritte in die nähere und weitere Umgebung. Noch waren alle mit der Zuordnung einverstanden – Wurzeln für kleine Kinder und Flügel für große Kinder.
Doch schon bald, es muss um den ersten Geburtstag des Enkelkindes gewesen sein, entfachte erneut eine Diskussion um das Sprichwort. Bereits in den ersten Lebenswochen wurden sie mit der zunehmenden Initiative und den unterschiedlichen Aktionen ihrer Tochter konfrontiert. Sie stellten bei ihrem Kind das

Bedürfnis fest, seine ›Flügel‹ dem Alter entsprechend benutzen zu können, und zwar im Sinne einer großen Handlungsbereitschaft und Ausdauer, wenn es darum ging, Reize aufzusuchen und darauf zu reagieren. Gleichzeitig bemerkten die Eltern natürlich auch den Wunsch des Kindes nach Nähe und Kontakt, besonders dann, wenn es etwas Neues wahrgenommen und sich damit eine Weile befasst hatte oder wenn es sich in beängstigenden Situationen befand. Von daher, so der junge Vater, müsste der Spruch heißen: ›Kinder brauchen Wurzeln und Flügel, und zwar vom ersten Lebenstag an!‹

In der Beschäftigung mit dem Kind und in der Auseinandersetzung mit ihren neuen Rollen als Vater und Mutter wurde für sie spürbar, dass der Balanceakt zwischen Wurzeln und Flügeln nicht nur im Hinblick auf die kindliche Entwicklung eine Bedeutung hat, sondern eine lebenslange Aufgabe zu sein scheint.«

Gekürzt aus: Kinder brauchen Wurzeln und Flügel
von Sigrid Tschöpe-Scheffler

Um nun die Angst vor den im weitesten Sinne bedrohlich wirkenden Riesen-Eltern sowie die Angst vor dem Verlust von deren Liebe, Zuwendung und Versorgung zu vermindern, werden (Kleinst-) Kinder im Verlaufe ihrer Entwicklung zunehmend auf ihre sehr ursprünglich, spontan, unbedacht und krass ausgelebten Bedürfnisse, Wünsche und Antriebe verzichten lernen sowie gehorsamer werden. Die Gefahr besteht nun darin, aufgrund einer zu einengenden, fordernden, züchtigenden, mit Liebesentzug drohenden Erziehung diese eigentlich normalen und notwendigen Entwicklungsschritte des Kindes dahingehend zu verschärfen, dass das Kind übertrieben gehorsam und angepasst wird – dies wurde schon ausführlich dargestellt. Besser wäre es, wenn wir den Kindern dazu verhelfen würden, uns als die »Scheinriesen« von Michael Ende in »Jim Knopf« ansehen zu können: diese werden nämlich, ganz entgegen der Erwartung, je näher sie kommen immer kleiner – und damit auch nicht mehr bedrohlich. Häufiger werden unsere Kinder uns aber wohl als »normale« Riesen erleben, und um zu »Scheinriesen« zu werden, sollten wir uns immer z.B. das Wissen über die folgenden negativen Auswirkungen von körperlicher und seelischer Gewalt bzw. Misshandlung vergegenwärtigen:

- Durch das Schlagen eines Kindes wird das gewünschte Ziel nicht erreicht, es wird nur eine kurzfristige Verhaltensänderung erzielt, es droht eine Gewaltspirale mit immer härteren Strafen.
- Es gibt eine Faustregel:»Das Verhalten der Kinder, dem starke Beachtung geschenkt wird, verstärkt sich (d.h., es tritt häufiger oder ausgeprägter auf) – aber alles Verhalten, was wir ignorieren, vermindert sich, schwächt sich ab.« Durch Körperstrafen können wir also unerwünschte Verhaltensweisen zwar vorübergehend unterbinden, aber dem »schlechten« Verhalten wird damit auch viel Aufmerksamkeit geschenkt: Dies kann bei Kindern auch bewirken, dass diese so »verstärkten« Verhaltensweisen später eben auch »verstärkter« auftreten. Ein solcher Effekt wird umso eher auftreten, wenn Kinder auf diesem Wege unbewusst nach Beachtung suchen, die sie meinen, sonst nicht zu bekommen. Aber ganz allgemein kann es natürlich für Kinder auch sehr befriedigend und reizvoll sein, »Macht« über Erwachsene auszuüben und sie auf dem Wege über »ungezogenes« Verhalten jederzeit »auf die Palme« bringen zu können.
- Entwürdigende Erziehungsmaßnahmen schaffen keine Einsicht. Höchstens die Einsicht:»Später, wenn ich groß und stark bin, werde ich mich auch auf diese Weise durchsetzen und der Sieger sein.« Oder:»Bei Schwächeren kann ich draufhauen, bei Starken muss ich kuschen!«
- Gewalt in der Erziehung unterdrückt die Bedürfnisse und Wünsche des Kindes momentan, aber das Kind lernt nicht aufgrund von Argumenten, sein Verhalten zu ändern. Es entsteht in dem Kind keine Überzeugtheit, sein Verhalten wirklich zu ändern. Dadurch wird es in späteren Situationen, in denen das Gewaltverhältnis nicht mehr Angst auslöst, sich weiterhin wie früher unangemessen verhalten.
- Schlagen von Kindern ist Dressur mit den Mitteln von Angst. Dadurch wird Selbstständigkeit, Selbstbewusstsein, Kreativität und Kooperationsfähigkeit verhindert.
- Schlagende Eltern wirken als Vorbild, die Mehrzahl der prügelnden Eltern wurde als Kind selbst auch geprügelt.

- Die Beziehung zwischen Eltern und Kindern wird belastet durch Misstrauen, Angst und Wut.
- Die Kinder ahmen die Aggression der Eltern nach, auch hier droht eine Gewaltspirale.
- Gewalterfahrung in der Familie führt dazu, dass Kinder und Jugendliche außerhalb der Familie ebenfalls ihre Probleme aggressiv-gewaltförmig lösen.
- Es können vielfältige Störungen des Erlebens, Verhaltens und Lernens entstehen.

Sie können Zusammenarbeit nicht lehren, indem sie beherrschen.

Jamie Raser

Nun wird wohl trotz bester Vorsätze leider dem einen oder anderen von uns dennoch mal »die Hand ausrutschen«, d.h., wir haben dann die Beherrschung über uns verloren. Der Anlass dazu wird von uns dann meist zu 100% auf das Kind verschoben, entsprechend sind dann auch unsere den »kleinen« Klaps, die Ohrfeige usw. begleitenden Worte bzw. Wutausbrüche wie »du bringst mich zur Verzweiflung!«

> Schlagen ist eine Kurzschlusshandlung, zu der es in Drucksituationen kommt. Sie verbauen sich damit den Weg, mit ihren Kindern gut auszukommen.
>
> *Penelope Leach*

Nicht beachtet wird, dass unser »Stressfass« meist schon bis zum Rand voll war mit z.b. Ärger auf der Arbeitsstelle, allgemeiner Überlastung im Berufsleben, Konflikten in der Ehe, finanziellen und gesundheitlichen Problemen sowie allgemeiner Müdigkeit und Gereiztheit: Belastungen also, die letztlich mit dem Kind nichts zu tun haben. Es genügt dann oft eine Kleinigkeit im Verhalten des Kindes und unser Fass läuft über. Die Kinder werden dann als Blitzableiter und Sündenböcke verwendet, sie müssen ausbaden, womit wir in anderen Lebensbereichen nicht zurande kamen.

Der Kinder- und Jugendpsychiater Lempp führt dazu weiter aus:

- »Die Ohrfeige ist daher Ausdruck des – menschlichen – Versagens, der Schwäche, keine erzieherische Haltung. Nicht zu rechtfertigen, nur zu verstehen und auch zu verzeihen.«
- »Darum: Die Ohrfeige zeigt dem Kind, dass auch der Erwachsene ein Mensch mit Schwächen und Fehlern ist, wenn er diese eingesteht und um Verzeihung bittet.«
- »Die um Verzeihung bittende Geste des Erwachsenen nach der Ohrfeige ist kein Zeichen von Inkonsequenz, sondern ein zwischenmenschliches Gebot und eine Selbstverständlichkeit, ja Notwendigkeit.«

Zu dieser Schuld- und Ursachenverschiebung sollten wir uns weiter darüber im Klaren sein, dass Kinder ganz überwiegend nicht »berechnend und bösartig« gegenüber uns Erwachsenen sind, sondern vielmehr spontan, ohne viel Überlegung, aus großer Neugier heraus, unbekümmert-naiv, aus Überschwang nicht aufpassend, eben: »kindlich« handeln. Dies alles macht ja auch ihren Charme aus, z.b. wenn wir manchmal mit einer Mischung aus Verlegenheit und klammheimlicher Begeisterung laut loslachen, wenn »Kindermund sich kundtut« und naiv-erfrischend tiefgründige Wahrheiten über einen uns unliebsamen Mitmenschen herausplappert. Solch kindgerechtes Verhalten dürfte keinerlei Anlass sein für körperliche Züchtigung oder krasseste Wortattacken. Als Reaktion – wenn sie denn notwendig ist – sollte je nach Anlass eine unterschiedliche Mischung aus Humor, Verständnis, Belehrung und Ermahnung angemessen sein.

Nun ist es natürlich auch so, dass (Klein-)Kinder versuchen, möglichst weitgehend ihre augenblicklichen Wünsche erfüllt zu bekommen, sie müssen noch lernen, ihre Bedürfnisse aufzuschieben sowie auch verzichten zu können. Hinzu kommt dann weiter, dass viele Kinder gelernt haben, immer stärker zu quengeln, zu bohren, zu weinen und zu schreien, um sich bei den Erwachsenen durchzusetzen, sie zum Nachgeben zu bringen. Je häufiger wir Erwachsene dann auf die Kinder wie Gummiwände wirken, die nach Belieben ausgedehnt werden können und dann schließlich doch nachgeben, umso mehr und immer ausgeprägter werden die Kinder beim nächsten Anlass versuchen, uns wieder zum Nachgeben zu bringen (wobei sie äußerst erfindungsreich sein können). Auch in solchen Situationen ist es ein Problem der Erwachsenen, die kindliche Stufe der (Un-)Möglichkeiten bzw. Schwierigkeiten des Verzichtes und Aufschubs von Bedürfnissen nicht als entwicklungs- und altersgerecht ansehen zu können, sondern den Kindern fälschlich Bosheit und Ungezogenheit zu unterstellen. Angebracht ist ruhiges, aber weitgehend konsequentes Setzen von Grenzen, tröstende Zuwendung und beruhigender Körperkontakt, weiter auch Ablenkung z.B. hin zu anderen Beschäftigungen. Sicherlich, dass Verhalten der Kinder kann gelegentlich sehr provokativ und auf die Spitze treibend wirken oder tatsächlich sein, aber auch dann sollte das Kind nur festgehalten werden (was gleichzeitig eine gewisse Vorbeugung gegenüber Schlägen sein kann), wobei weiter Blickkontakt zum Kind aufgenommen sowie deutlich und knapp die Grenzen begründet werden sollen. Während beim (ohnmächtigen) Schlagen die Wahrscheinlichkeit sehr hoch ist, dass die Situation eskaliert, bedeuten die anderen Verhaltensweisen ein Beziehungsangebot, die Situation bleibt eher unter Kontrolle und das Kind erfährt unsere Beweggründe und unser Verständnis (erfährt also nicht nur ablehnende, kränkende, schmerzhafte Schläge).

Die britische Psychologin Leach veranschaulicht eindringlich zwei Wege, auf denen sich eine Spirale zu immer häufigerer und stärkerer körperlicher Bestrafung bei Kleinst- und Kleinkindern entwickeln kann:

1. »Der ›gesunde Menschenverstand‹ geht davon aus, dass jemand, der immer geschlagen wird, wenn er etwas Falsches tut, sicher lernt, dieses nicht mehr zu tun. Eltern, die mit Klapsen im Säuglingsalter beginnen, versuchen oft, damit ›Sicherheitslektionen‹ zu erteilen: ein Klaps, wenn das Baby zum Feuer krabbelt; ein Klaps, wenn das Kleinkind auf die Straße läuft. Die Dringlichkeit dieser ›Lektionen‹ und die offensichtliche Rechtfertigung durch den Versuch, das Kind vor Gefahren zu schützen, über-

winden alle moralischen und gefühlsmäßigen Skrupel, die Eltern ansonsten gegenüber dem Schlagen so kleiner Personen haben mögen. Nach einiger Zeit haben diese ›Sicherheitsangelegenheiten‹ den Weg bereitet für das Schlagen als gewohnte Reaktion bei Nerverei, dauerndem Unterbrechen, Unordnung machen oder Frechsein.«

2. »Eltern hauen dem Baby, das am Fernsehen herumfummelt, ein bisschen auf die Finger, und wenn es wieder fummelt, hauen sie es wieder, und wenn es dann wieder fummelt, hauen sie es ein bisschen fester. Aber wenn man sie fragt, ob sie ihr Kind jemals verhauen würden, antworten sie ›niemals‹. Wie immer ihre persönlichen Bestrafungspraktiken zur Zeit der Befragung aussehen mögen, sie betrachten sie als ›normal‹ und alle gewaltsameren als ›unnormal‹ und ›grausam‹. Wenn man nach einem Jahr wiederkommt, wird man herausfinden, dass viele die zuvor abgelehnten Bestrafungsebenen in ihre ›normalen Praktiken‹ aufgenommen haben. Ergebnisse von Langzeituntersuchungen der Universität Nottingham belegen diesen Prozess in über 700 Familien. Zwei Drittel aller Eltern hatten ihren Kindern Klapse gegeben, bevor diese ein Jahr alt waren. Im Alter von vier Jahren hatten sowohl die Häufigkeit und der Schweregrad körperlicher Bestrafungen als auch die Anzahl der Eltern, die sie einsetzten, zugenommen. Mehr als neun von zehn Kindern bekamen zu diesem Zeitpunkt mindestens einmal in der Woche einen Klaps oder eine Ohrfeige. Im Alter von sieben Jahren hatten einige Eltern aufgegeben, ihre Kinder zu schlagen. Doch viele von denen, die sie weiterhin einsetzten, benutzen nicht nur die bloße Hand. Fast ein Viertel straften ihre Siebenjährigen regelmäßig mit Riemen, Gürteln, Stöcken und anderen Gegenständen; weitere 53% drohten regelmäßig damit.«

Heinz Hilgers, Präsident des Deutschen Kinderschutzbundes, gibt Eltern, die sich fragen, was sie bei einem Verbot von Ohrfeigen tun sollen, folgende Ratschläge:

I. Wenn das Kind wegen der Überraschungs-Eier an der Supermarkt-Kasse schreit – sagen Sie laut: »Du hast Recht. Es ist eine Unverschämtheit, hier Eier aufzustellen.«

II. Nie das Kind, besser auf den Tisch oder Ihren Schenkel schlagen. Das Klatschen macht Eindruck.

III. Unterbrechen Sie Streit, gehen Sie fünf Minuten in ein anderes Zimmer. Das Kind beruhigt sich. Kommen Sie zurück und sagen sie nur: »Jetzt fangen wir noch mal neu an.«

IV. Nimmt ihr Kind etwas Zerbrechliches in die Hand, geben Sie ihm keinen kleinen Klaps, bieten Sie ihm einen anderen Gegenstand zum Spielen an.

V. Wenn Ihr Kind nicht hören will – geben Sie ihm keine Ohrfeige. Um seine Aufmerksamkeit zu gewinnen, gehen Sie in die Hocke, halten es an seinen Ärmchen und schauen ihm fest in die Augen. Dann sprechen Sie.

VI. Beachten Sie Ihr Kind, wenn es artig ist – ignorieren Sie, wenn es unartig ist. Dadurch wird es sich bemühen, artig zu sein. Oft ist es umgekehrt: Das nervende Kind bekommt die Schokolade, damit es sich endlich beruhigt.

VII. Vermeiden Sie Kämpfe, die Sie nicht gewinnen können. Auch mit einem Klaps kann ein Kind nicht zum Essen oder Pipimachen gezwungen werden. Sagen Sie dann lieber: Na, vielleicht später.

VIII. Bleiben Sie bei einem Nein, wenn Sie Nein gesagt haben – auch wenn das Kind quengelt. Es gewöhnt sich dran und das Zusammenleben wird ohne Klapse friedlicher.

IX. Behandeln Sie Ihr Kind höflich, dann wird es Ihr Verhalten nachahmen.

X. Erklären Sie, warum Sie etwas anordnen. Was Ihr Kind versteht, kann es leichter tun.

Von früh auf sollten Eltern und Erwachsene auch daran denken, wie sehr die Kinder uns nachahmen und wie wichtig unser positives Vorbild für die Kinder ist. Der Karikaturist Rauschenbach zeigt in einer kleinen Bilder-Geschichte auf, dass viele Erwachsene oft kaum mehr merken, wie wenig vorbildlich sie sich gegenüber den

Kindern verhalten, dabei gleichzeitig ihr eigenes Verhalten gegenüber demjenigen der Kinder völlig anders bewerten und schließlich doch wohl vielfach von unseren Kindern nachgeahmt werden:

1. Bild: Ein kleiner Junge regt sich etwas auf, ihm rutscht dabei ein Schimpfwort heraus:

2. Bild: Der Vater, der eher zufällig anwesend ist, fragt seinen kleinen Sohn fast ungläubig, so als ob er sich verhört habe, aber leicht erregt:

Der Sohn antwortet, schon etwas kleinlaut:

3. Bild: Der Vater macht seinem Sohn klar, dass dieser Ausdruck unerwünscht ist, und wirft dabei dem Sohn seinen schlechten Umgang vor:

> Himmelarschundzwirn!
> Wo schnappt ihr kleinen
> Wichser bloß diese bekotzte
> Scheißhaussprache auf ?!!!

Wenn wir nun nach der frühen und grundlegenden »Gulliver-Erfahrung« von Klein- und Kleinstkindern auf der Entwicklungs- und Altersachse von Kindern weitergehen, so finden sich in Anlehnung an Informationen zur gewaltfreien Erziehung der schwedischen Regierung auch in späteren Stufen der kindlichen Entwicklung spezifische Besonderheiten, welche die Eltern-Kind-Beziehung negativ beeinflussen können und dann von den Erwachsenen mit mehr Verständnis und Gelassenheit in ihrer Erziehung berücksichtigt werden sollten:

Wie beeinflussen verschiedene Stufen der kindlichen Entwicklung die Eltern-Kind-Beziehung?

Babys und Kleinstkinder (0 bis 1 Jahr alt) sind völlig hilflos und abhängig von der Fürsorge der Eltern. Sie sind nicht in der Lage, vorausschauend zu denken, zu begreifen oder Schlüssse zu ziehen. Dies bedeutet, dass es nicht möglich ist, ihnen etwas beizubringen und zu lehren. Viele Eltern von sehr kleinen Kindern erleben Zeiten, in denen sie – so geduldig, zärtlich und liebevoll sie auch immer sein mögen – ihr Kleinstkind nur als die reinste Last erleben. Das häufige Schreien, ständige Aufpassen und Windelwechseln ist ihnen dann über den Kopf gewachsen.

Kleinkinder (1 bis 3 Jahre alt) sind immer auf Trab sowie voller Leben und Neugier. Sie wollen ihre Umgebung erkunden und scheinen es zu lieben, alles zu beschmieren und mit ihren Fingern zu bematschen. Eltern meinen dann manchmal, dies nicht mehr aushalten zu können – es juckt ihnen dann in den eigenen Fingern, dem Kind einen Klaps zu geben, damit es ein für alle Mal damit aufhört. Doch ein Kleinkind kann nicht verstehen, warum es einen Klaps für etwas bekommt, was für es so natürlich ist wie die neugierige Erforschung seiner Umwelt. Andererseits kann solch ein Kleinkind, das so nahe und vertraut mit seinen eigenen starken Gefühlen lebt, durchaus verstehen, dass auch Erwachsene manchmal ärgerlich sind – aber dies muss nicht mit einem Klaps oder lauter Brüllerei gezeigt werden.

Wenn das Kleinkind im so genannten <u>Trotzalter</u> (etwa mit 2 oder 3 Jahren) ist, entdeckt das Kleinkind, dass es einen eigenen Willen hat. »Ich kann«, »ich will« und »ich kann etwas anderes wollen als Mama und Papa« ist dann ein häufiges Ereignis – gefolgt von einem »Nein!«. Das Kind erkundet dabei auch die Bedeutung, die Auswirkungen und die Tragweite der von ihm gesprochenen Worte, und dabei kann es für das Kind durchaus von geringer Bedeutung sein, wirklich das zu erreichen, was es mit Worten ausdrückt.

<u>Vorschulkinder</u> (3 bis 6 Jahre alt) können sich oft auch schon eine längere Zeit allein beschäftigen. Sie können dann sehr ruhig und lieb sein und es ist eine Freude, die Zeit mit ihnen zu verbingen. Aber sie haben auch Zeiten, in denen sie rastlos, unruhig und äußerst lebhaft sind. So zwischen vier und sechs Jahren machen die Kinder eine intensive Entwicklungsphase durch: Der Körper wächst schnell, und dies spiegelt sich auch in ihrem Verhalten wieder. Dabei ist auch zu beachten, dass die Arme und Beine der Kinder sehr »geschossen« sind, sodass sie sich unbeholfener und ungeschickter bewegen als vorher. Dadurch kommt es leichter dazu, dass sie etwas verschütten, umstoßen und fallen lassen oder stolpern und straucheln. Wenn Eltern sich diese Tatsache bewusst machen, fällt es ihnen leichter, nicht unnötig ärgerlich zu werden oder gar zu schlagen, wenn den Kindern ein Missgeschick passiert.

In der <u>Pubertätszeit</u> (ungefähr zwischen 10 und 15 Jahren) wird der Körper erneut radikalen Veränderungen unterworfen, welche als ungewohnt und fremd sowie vielleicht auch mit Beunruhigung und Ängstlichkeit erlebt werden. Trotz, schlechte Laune, mürrisches Wesen, lautstarker Ärger sowie starke Gefühlsausbrüche können dann als Ausdruck der Beklemmung und Fremdheit verstanden werden, die von den Kindern und Jugendlichen empfunden wird, wenn sie sich mit der neuen Körperlichkeit sowie der Tatsache des Erwachsenwerdens auseinander setzen müssen. Für Eltern kann es sehr schwierig werden, damit umzugehen, aber Gewalt ist dann kein überzeugendes Argument. Sie ruft nur Widerstand und rachsüchtige Gefühle hervor anstatt Verständnis und Rücksicht füreinander.

Zu dieser Entwicklung tritt bei den <u>Teenagern</u> hinzu, dass sie oft mit ihren Eltern oder Gleichaltrigen in Konflikte kommen. In ihrem Bestreben, erwachsen und unabhängig zu werden, lehnen Teenager zunehmend die Regeln und Normen ab, welche von ihren Eltern oder den Erwachsenen allgemein vertreten werden. Stattdessen gewinnen für sie die Ansichten und Verhaltensweisen ihrer Freunde und Freundinnen zunehmend an Bedeutung. In dieser Zeit können sich Eltern dann zunehmend gestresst fühlen und ärgerlich oder aufgebracht werden. Aber diese »Reibungen« und Auseinandersetzungen mit der älteren Generation sind für die Teenager notwendig, um zu sich selbst zu finden, selbstständig zu werden und ihre eigenen Wege gehen zu lernen. Für viele Eltern ist es dann auch schwierig, ihre Kinder loszulassen und zu akzeptieren, dass sie langsam aber sicher immer weniger Einfluss auf deren Entwicklung haben.

In Anlehnung an Informationen der schwedischen Regierung zur gewaltfreien Erziehung.

Für solche verschiedenen Alterstufen werden in einer Broschüre des Deutschen Kinderschutzbundes mit dem Titel »Kinder brauchen Liebe, keine Hiebe« von Penelope Leach die folgenden konkreten Hilfen und Hinweise für eine gewaltlose bzw. -ärmere Erziehung aufgeführt:

Baby- und Kleinstkindalter:

In diesem Alter werden Verbote nicht verstanden. Es hat keinen Sinn, den Babys Klapse zu geben, wenn sie an Dinge gehen, die gefährlich sind und zerbrechen können. Stattdessen sollten durch die Eltern die Wohnungen babysicher gemacht werden, z.b. durch Steckdosensicherungen und Schutzgitter vor Treppen. Außerdem kann Zerstörung und Gefährdung durch Abtrennen der Lebensbereiche vorgebeugt werden, in dem z.b. wertvolle Dinge außer Reichweite des Kindes gebracht werden und gefahrlose Spiel- und Krabbelzonen eingerichtet werden. Leach gibt die folgenden Ratschläge:

- »Wenn eine kleine Hand in Gefahr ist, packen Sie sie und sagen Sie»nein«; das geht schneller, als wenn Sie einen Klaps geben.

- Wenn eine kleine Hand etwas Zerbrechliches festhält, keinen Klaps geben oder daran zerren; bieten Sie Ihrem Baby etwas anderes an und es wird loslassen.

Vor-Sicht ist erlernbar: Unter diesem Titel macht *Gisela Preuschoff* u.a. folgende Vorschläge:
»Dass es aber Gefahren gibt, können Kinder nur dadurch lernen, dass wir sie in einem geschützten Raum damit hantieren lassen. Wenn man einem Kind von neun oder zehn Monaten zeigt, dass die Teekanne heiß ist, indem man es diese kurz berühren lässt und dazu ›heiß‹ sagt, versteht es, dass Teekannen gefährlich sein können. Indem man ihm vormacht, was passiert, wenn man an einem Tischtuch zieht, erlebt es, welche Folgen das haben kann. Gerade weil es gefährlich ist, an Tischtüchern zu ziehen, ohne die Gegenstände auf dem Tisch überblicken und einschätzen zu können, muss man einem Kleinkind ermöglichen, diese Erfahrung in einer geschützten Situation einmal zu machen. Man kann z.B. einen Plastikbecher mit kaltem Wasser auf einem Tisch stehen haben und so die Erfahrung ermöglichen, wie viel Unangenehmes passieren kann. … Wir haben unseren Kindern immer wieder gezeigt, wo sie sich klemmen können, indem wir unseren eigenen Finger in den Türspalt gesteckt und ›Au, Au!‹ gerufen haben. Sie haben dann selbst ihr kleines Fingerchen dahin gehal-

ten und den Druck gespürt, der entsteht, wenn man die Tür langsam schließt. Das hat sie vorsichtig gemacht.«

- Wenn Ihr Baby sich an Ihre Beine klammert und um Aufmerksamkeit quengelt, machen Sie durch einen Klaps oder durch Wegstoßen alles nur noch schlimmer. Bücken Sie sich, und seien Sie für fünf Minuten aufmerksam. Es wird wenigstens eine Weile aufhören zu quengeln.
- Immer wenn Sie merken, dass Sie gleich ausrasten und niemand da ist, der Ihnen eine Pause verschaffen kann, bringen Sie Ihr Baby an einen sicheren Ort, z.b. ins Bett, bis Sie sich wieder gefasst haben. Besser, Ihr Baby brüllt, weil Sie es kurz allein lassen, als deshalb, weil Sie ihm wehgetan haben.«

Wer die eigenen Gefühle nicht kennt, ist ihnen unterworfen.
»Wenn Eltern der Verführung der Wut dennoch nachgegeben haben, entsteht eine ganz neue emotionale Situation: Das Feuer des Zorns ist verraucht und an die Stelle der Leidenschaft treten Schuldgefühle, weil wir versagt haben – gegenüber Schutzbefohlenen, gegenüber den eigenen moralischen Ansprüchen, unserem Selbstbild vom ›guten‹ Menschen. Zu ihrer Rechtfertigung plädieren Mütter und Väter dann gerne auf mangelnde Zurechnungsfähigkeit: Wie von fremden Mächten wurden sie von ihren Gefühlen ›überwältigt‹, sodass sie ›ausgerastet‹ sind und nicht mehr ›bei sich‹ waren, sondern ›außer sich‹. Bevor ihnen die Hand ›ausrutschte‹, haben sie einfach ihre ›Nerven verloren‹ und den Kopf gleich dazu. Um unsere Aggression für andere erträglich auszuleben, müssen wir uns Handlungsspielräume sichern, bevor die Gefühle uns das Handeln abnehmen. Je früher man in den Zornzyklus eingreift, desto leichter gelingt es, ›Herr im eigenen Haus zu bleiben‹. Eine erstaunliche Anzahl von Gefühlswallungen gehört auf die Negativ-Liste, die man bei sich selbst nicht gern wahrhaben möchte: eifersüchtig zu sein oder missgünstig, gekränkt, enttäuscht, herausgefordert, zurückgewiesen, missachtet. Solche Gefühle mit einem sachlichen ›Aha!‹ zur Kenntnis zu nehmen bedeutet bereits, ihrem subversivem Treiben im Untergrund einen Riegel vorzuschieben, sie unserem Einfluss zugäng-

lich zu machen. Aufmerksam in sich hineinzuhorchen – von hier ist es nur ein weiterer Schritt, um den tatsächlichen Gründen, den versteckten Motiven auf die Spur zu kommen, die für aufkeimenden Ärger und quellende Wut häufig verantwortlich sind. Diese Gründe sind in vielen Fällen – vielleicht sogar den meisten – nicht bei denen zu suchen, die wir dann später anschnauzen, niederbrüllen, herumschubsen, an den Schultern packen und schütteln werden, wenn eins zum anderen kommt. Eine ehrliche Motivforschung hilft, Ärger und Wut nicht an Ersatzobjekten auszulassen, zu denen sich Kinder hervorragend eignen.

Eine weitere Möglichkeit, den aufschaukelnden Zornzyklus zu durchbrechen, besteht darin, die Wut auslösenden Gedanken infrage zu stellen und dem Geschehen eine positive Deutung zu geben. Wir können entscheiden, ob wir dem Zorn weitere Nahrung geben und Rechtfertigungen fürs Zornigsein finden oder ob wir den Auslösern unserer Wut mit Nachsicht zu begegnen versuchen und bereit sind, die Vorgänge in einem neuen, deeskalierenden Licht zu betrachten.

Außer dem Infragestellen Zorn auslösender Gedanken sind auch körperliche Bewegung, konzentriertes Ein- und Ausatmen, Muskelentspannung und Ablenkung wirksame Strategien, aus einer aggressionsgeladenen Situation herauszutreten. Diese Methoden haben die Funktion eines ›Fensters‹, durch das man in den Zornzyklus eingreifen und ein Überschießen der Wut verhindern kann – nicht indem man negative Emotionen herunterschluckt und so zielsicher auf einen Konfliktstau und neuerliche Explosionen zusteuert, sondern indem man sich bewusst solcher Hilfsmittel bedient, um ein hohes Erregungsniveau abzusenken: die Scherben, den zerschnittenen Pullover liegen lassen und (mit dem Kind) einen Spaziergang machen oder sich für einige Minuten zur Selbstberuhigung ins Badezimmer zurückziehen. Damit wird der Kopf wieder frei für konstruktives Verhalten, wenn es darum geht, berechtigten Ärger verständlich zu machen, eigenen Standpunkten sachlich Gehör zu verschaffen, Gegenargumenten zuzuhören und sich in andere hineinzuversetzen, kurzum: produktiv zu streiten, anstatt andere mit einem Wutanfall zu überfahren.«

Gekürzt aus: »Wenn Eltern aus der Haut fahren« von Cornelia Nack.

Etwa von zwei bis drei Jahren an wird das Kind zunehmend verstehen, was die Eltern von ihm möchten. Es beginnt, sich in andere hineinzuversetzen und kann unterscheiden sowie wählen, ob es etwas tut, was die Eltern wollen (»lieb« sein), oder ob es sich widersetzt und »böse« ist. Damit das Kind in diesem Alter lernen kann, sich vernünftig zu verhalten, gibt Leach einige wichtige »Regeln«:

1) Helfen Sie dem Kind, das Richtige zu tun: Anordnungen stoßen in diesem Alter sehr schnell auf Protest und Trotz. Statt also z.b. zu fordern: »Geh jetzt sofort ins Bett!«, und so die Wahrscheinlichkeit des Widerstandes zu erhöhen, wird eher das Angebot: »Lass uns raufgehen und ich erzähle dir eine Gutenachtgeschichte« angebracht sein: Dies hört sich für das Kind besser an und wird eher das gewünschte Verhalten erreichen.

2) Helfen Sie Ihrem kleinen Kind, weniger »ungezogen« zu sein: Dies kann dadurch geschehen, dass das Kind abgelenkt wird und ihm gezeigt wird, was es anderes tun könnte. Aber natürlich müssen auch Grenzen gesetzt werden, ein »Nein« sollte dann wirklich »nein« bedeuten. Wenn ein Kind z.b. nicht aus der Badewanne herauskommen oder vom Spielplatz mit nach Hause gehen will und Ablenkung sowie neue »reizvolle Angebote« nichts fruchten, so empfiehlt Leach: »Reden Sie und schreien Sie nicht, bis Sie wütend werden und Ihnen die Hand ausrutscht, sondern bitten Sie es noch mal darum, sagen Sie es ihm und sagen Sie es ihm noch einmal, und dann nehmen Sie es hoch und setzen sich durch.«

3) Vermeiden Sie Kämpfe, die Sie nicht gewinnen können: Gemeint sind die Kämpfe ums Essen, um die Benutzung des Töpfchens, ums Aufräumen der Spielsachen usw. Schimpfen, Drohungen, Klapse u.Ä. machen das Kind und die Eltern mehr und mehr unglücklich und führen letztlich nicht zu dem erwünschten Erfolg. Deshalb rät Leach: »Nie können Sie erzwingen, dass das Kind seinen Brei herunterschluckt, Pipi macht, Sie versteht. Geben Sie ihm deshalb keine Gelegenheit, Ihnen zu ›trotzen‹. Versuchen Sie es so: ›Du bist satt? Nun, dann runter mit dir …‹; ›Kein Pipi jetzt? O.k., vielleicht später …‹; ›Wollen wir mal se-

hen, ob du diese Spielsachen genauso schnell aufheben kannst wie ich …‹.«

4) Denken Sie daran, Sie sind erwachsen: Leach bezieht diesen Rat auf das elterliche Verhalten bei Wutausbrüchen von Kleinkindern: »Begeben Sie sich nicht auf das Niveau eines Kleinkindes, indem Sie sich an Wutausbrüchen beteiligen. Wenn es Ihnen nicht gelungen ist, einen Sturm zu verhindern, können Sie oft nichts anderes tun als warten, bis er vorüber ist. Ihr Kind wird in diesem Moment nicht auf die ›süße Stimme der Vernunft‹ hören. Wenn Sie darüber wütend sind und schlagen, machen Sie alles nur noch schlimmer. Wenn Sie zu Hause sind, überlassen Sie Ihr Kind sich selbst. Beschäftigen Sie sich mit etwas anderem. Singen Sie vor sich hin; damit können Sie den drohenden Krach vermeiden und Ihren Wunsch, ebenfalls zu schreien, unterdrücken. Wenn Sie in der Öffentlichkeit sind und kopfschüttelnde Passanten sind einfach nicht zu ignorieren (diese haben bezeichnenderweise vergessen, dass alle Kleinkinder manchmal explodieren), versuchen Sie, Ihr Kind an einen weniger belebten Ort zu tragen (z.B. Parkplatz oder Toiletten). Warten Sie, bis aus dem Schreien ein Schluchzen wird, und nehmen Sie Ihr Kind in die Arme und fangen neu an.«

Katastrophentage

Für Tage, an denen alles schief geht und an denen es zu größeren oder kleineren Katastrophen kommt, gibt Gisela Preuschoff die folgenden Ratschläge:

»Jede Mutter und jeder Vater verlieren irgendwann einmal die Nerven und an manchen Tagen wünscht man sich nur noch eins: dass sie vorbeigehen.

Wenn sich die Situation ›hochgeschaukelt‹ hat, empfehle ich jedem, sich eine Auszeit zu nehmen. Als Jenny neulich die Nerven durchgingen und sie ihre beiden kleinen Kinder nur noch anschrie, legten sich alle drei heulend ins Bett. Das tat gut. Sie lagen einfach da und weinten sich aus und waren traurig über sich selbst und die ganze Katastophe.

Eva schafft es manchmal, eine CD mit schöner Musik aufzulegen. Wenn sie sich rechtzeitig daran erinnert, fängt sie einfach an zu tanzen – und überlebt.

Utes Kinder sind schon älter, deshalb kann sie sie auch mal für eine Stunde allein lassen. Sie nimmt dann ihren Hund und joggt eine Runde.

Gut dran sind Mütter, die einen Partner haben, der sie in Notfällen unterstützt. Weil Hannas Mann selbstständig ist, ruft sie ihn manchmal an und bittet ihn zu kommen. Natürlich nur an Katastrophentagen. Er schnappt sich dann die Kinder und fährt mit ihnen irgendwohin. Wenn er dann zurückkommt, ist alles wieder gut und alle versöhnen sich miteinander. Hanna sagt ihren Kindern, dass es ihr Leid tut.

Manch einer hat noch einen Opa, eine nette Nachbarin, eine gute Freundin, die an solchen Tagen einspringen können.

Ich selber habe mir für schlimme Tage immer eine Art ›Notfallkoffer‹ zusammengestellt. Das waren ganz besondere, sehr attraktive Spiele, die sonst nicht zur Verfügung standen. Oder ich habe einen Klumpen Ton hervorgeholt und wir haben alle mehr oder weniger gematscht. … Sinnvoll ist auch, einen ganzen Tisch mit Papier auszulegen und darauf mit Wachsstiften zur Musik kritzeln. … Heute fahren wir bei schlechter Laune oft an den Strand. Dort verbessert sich die Stimmung immer. Bei Ihnen gibt es vielleicht einen besonderen Wald oder einen Tierpark, in den sie flüchten können. …

Ich finde es wichtig, den Mut zu haben, seinen Kindern auch zu zeigen, dass man ›fix und fertig‹ ist, indem man einfach anfängt zu weinen. Nach meinen Erfahrungen ändert sich dann die Stimmung sehr schnell. Die Kinder erkennen von selbst, dass sie zu weit gegangen sind, und fangen nun ihrerseits an, sich Sorgen zu machen. Gönnen Sie sich dann eine Pause. Später können Sie die Lage mit den Kindern besprechen und erklären, dass sie ›okay‹ sind. Es ist ganz wichtig, Kinder von ihren Schuldgefühlen zu entlasten! Andernfalls bekommen sie ernsthafte Probleme, denn sie sind eindeutig überfordert in der Rolle des kindlichen Beschützers der ›Mutter‹ oder des ›Vaters‹. …

Auch an Katastrophentagen ist es wichtig, irgendwann wieder

eine erwachsene, zuversichtliche Rolle einzunehmen und den Kindern zu erklären, was los war. Wir bleiben auch an Katastrophentagen die Eltern und tragen die volle Verantwortung für unser Tun. Von Kindern kann man das nicht erwarten. Wenn wir die Verantwortung übernehmen, bleiben wir auch nicht in Schuldgefühlen stecken. Schuldgefühle sind kindlich und rühren daher, dass wir uns ›schlecht‹ fühlen, weil Erwachsene uns so genannt haben. Übernehmen wir jedoch die Verantwortung, können wir uns entschuldigen und so handeln, dass sich die Schuld auflöst. Wir können z.B. sagen: ›Wisst ihr was, heute war ein schrecklicher Tag. Ich war mit den Nerven völlig zu Fuß. Es tut mir Leid, dass ich euch so angeschrien habe. Jetzt kochen wir einen Schokoladenpudding und lesen noch ein lustiges Buch vor und dann gehen wir schlafen. Ist das okay oder was meint ihr?‹«

Vorschulkinder:

Erziehung in diesem Alter sollte nach Leach unter dem Motto »Zeigen und leiten« stehen. Beachtenswert in der Erziehung sind ihre folgenden Hinweise:

1) Schenken Sie Ihrem Kind Aufmerksamkeit, wenn es »artig« ist, nicht, wenn es »ungezogen« ist: »Wenn Sie Ihr Kind nicht beachten, wenn es artig ist, dafür umso mehr bei Anstellerei und Auflehnung, ermutigen Sie gerade dieses Verhalten, das Sie eigentlich abstellen wollen. (Wer bekommt Süßigkeiten an der Kasse des Supermarktes? Gewöhnlich das Kind, das nervt.)«

2) Erwarten Sie nicht Tugend um der Tugend willen: »Eltern sollten erkennen, wenn die Kinder sie erfreuen wollen durch ›lieb‹ sein: Je leichter Eltern zu erfreuen sind, desto häufiger werden Kinder das versuchen.«

3) Rechnen Sie mit gelegentlichem Provozieren und Albernsein: »Freche Sprüche und lautes, ungestümes Verhalten sind üblich. Dies ist ein Alter des Herumexperimentierens mit Worten und Körperkräften. Andere Kinder werden nachgeahmt. Ihr Sohn versteht nicht, warum ›f…‹ Sie schockiert und ›Fidel‹ nicht. Erklären Sie es ihm, aber bleiben Sie gelassen: Es macht ihm Spaß, Sie zu schockieren. Ihre Tochter weiß wirklich nicht, wie lange

ihre schnell wachsenden Gliedmaßen sind. Sorgen Sie dafür, dass sie genügend Bewegung hat (ein Spielgerät an ihrem Bett hilft vielleicht an einem Regentag). Verwahren Sie trotzdem vorsichtshalber zerbrechliche Kostbarkeiten an einem sicheren Platz.«

4) Vermitteln Sie Ihrem Kind wichtige Wertvorstellungen:»Wahrheitsliebe, Ehrlichkeit und Fairness z.b. müssen tagtäglich erfahrbar sein. Erklären Sie Ihrem Kind dies anhand von Situationen. Sie müssen z.b. wissen, ob es wirklich krank ist, damit Sie es angemessen versorgen können. In der Spielgruppe gäbe es keine Bücher mehr, wenn jeder sie mit nach Hause nähme. Jeder möchte zuerst auf die Schaukel, deshalb ist es am fairsten, wenn man sich abwechselt ...«

Schulkinder:

Die Erziehung von Schulkindern sollte nach Leach unter der Überschrift:»Gutes Beispiel geben, gegenseitige Achtung sowie viele, viele Gespräche« stehen. Im Verlauf der Jahre wird es zunehmend das eigene Gewissen sein, das Kinder leitet. Deshalb sollten Eltern ihren Kindern helfen, Gebote und Verbote eigenständig anzuwenden. Dazu können die folgenden Punkte von Leach beitragen:

1) Unterschätzen Sie die Intelligenz Ihres Kindes nicht:»Ihr Fünf- oder Sechsjähriger möchte wissen, warum einige Kinder bis spät in die Nacht fernsehen dürfen oder ihnen keine Gutenachtgeschichte vorgelesen wird. Ihr Siebenjähriger muss lernen, mit den unterschiedlichen Anforderungen der Schule oder Familie umzugehen. Ihr Neunjähriger sucht vielleicht schon lange eine Gelegenheit, drängende Themen wie das Tyrannisieren durch ältere Schüler mit Ihnen zu besprechen. Er möchte erfahren, wie Sie über Banden denken, die sich bilden. Wenn Sie miteinander reden, können Sie Ihre Erfahrungen und Vorstellungen vermitteln.«

2) Zeigen Sie ehrlich Ihre Gefühle:»Ihr Kind merkt, wenn Sie zornig, gereizt oder traurig sind. Es weiß zwar nicht immer warum und oft nimmt es an, dass es seine Schuld ist. Wenn Ihr Kind der Auslöser ist, dann sagen Sie ihm, was es getan hat. Dann hat es die Chance, für das nächste Mal etwas zu lernen.

Wenn der Grund nicht beim Kind liegt, sagen Sie es ihm auch. So bekommt es Gelegenheit, Ihnen zu helfen oder wenigstens aus der Schusslinie zu gehen, bis Sie sich besser fühlen.«

3) Lassen Sie Ihrem Kind Raum für eigene Gefühle und Beziehungen: »Jeder hat mal schlechte Laune, und wenn Ihr Kind nicht darüber reden will, nörgeln Sie nicht an ihm herum, bis es platzt. Alle Geschwister streiten sich. Wenn Sie eingreifen, beendet das den Streit selten für längere Zeit und oft schimpfen Sie mit dem falschen Kind. Trauen Sie ihnen zu, dass sie allein damit fertig werden.«

Der amerikanische Familientherapeut und Sozialarbeiter Raser setzt sich nun noch sehr viel ausführlicher mit wichtigen Aspekten der Eltern-Kind-Beziehung auseinander, wobei sich seine grundlegenden Erklärungen, Ratschläge und Hilfestellungen insbesondere an Eltern von älteren Kindern und Jugendlichen richten. Einleitend geht Raser von einer geschäftlichen sowie einer persönlichen Ebene in der Beziehung zwischen Eltern und Kindern aus:

Geschäftlich	Persönlich
Disziplin	Zuwendung
Lenkung	Liebe
Struktur	Respekt
Belehrung	Spaß
Regeln	Sozialisieren
Sozialisierung	Freundschaft

Diese beiden Beziehungsebenen können manchmal sehr auseinander klaffen: Wird zu viel vorgeschrieben, befohlen, geregelt, Grenzen gesetzt usw., so wird der geschäftlichen Ebene zu viel Aufmerksamkeit geschenkt und die persönliche Seite der Beziehung vergessen. Gelegentlich scheint man dann auch zu denken, dass die persönliche Ebene deswegen nicht betreten werden darf, weil sie die Autorität, das Durchsetzen der Regel, untergraben würde. Aber

163

auch umgekehrt besteht die Gefahr, dass sich Eltern nur auf der persönlichen Ebene bewegen, also nur angenehme und freundliche Eltern sein wollen, immer verständnis- und liebevoll. Sie scheinen sehr früh das Gefühl zu entwickeln, schlechte Eltern zu sein und ihre Kinder zu streng und unnachgiebig zu behandeln. Sie wirken dann wie ›Gummiwände‹, die sich von den Kindern immer weiter ausdehnen lassen, zur dauerhaften Nachgiebigkeit verführen lassen – mit der Gefahr, dass ab einem bestimmten Punkt diese Gummiwand zurückschnellt und mit ganzer Kraft sich in verbaler und körperlicher Gewalt entlädt.

Nicht selten geschieht es auch, dass Eltern eine Art Arbeitsteilung unternehmen, wobei dann z.b. die Mutter eher die persönliche, der Vater eher die geschäftliche Ebene verkörpert. Dabei können sie sich immer weiter voneinander entfernen. Zwar wird z.b. die Mutter sagen, sie müsse ja nachgiebiger und liebevoller sein, weil der Vater so streng und hart gegenüber den Kindern sei. Umgekehrt wird aber auch der Vater argumentieren, er müsse schließlich dafür sorgen, dass die Kinder auch Regeln befolgen und nicht völlig »aus dem Ruder laufen«, weil seine Frau die Kinder so unendlich verwöhnen würde. Beide behaupten also, sie würden deswegen ihre jeweilige Beziehungsebene so stark ausleben, um die zu krasse Haltung des anderen zum Wohle der Kinder auszugleichen – aber in Wirklichkeit entfernen sie sich so immer mehr voneinander in ihrer Erziehungshaltung. Erst wenn beide gleichzeitig anfangen, beide Ebenen gegenüber den Kindern mehr zum Tragen zu bringen, werden sie sich wirklich angleichen. Wenn also die Mutter etwas stärker anfängt, auch Regeln und Grenzen zu setzen, so wird der Vater auch mehr seine warmherzigen Seiten ausleben können. Oder umgekehrt: Erst wenn der Vater sich auch gegenüber den Kindern verständnisvoller zeigt, wird auch die Mutter ihr Bedürfnis nach festen Regeln innerhalb der Familie klarer zum Ausdruck bringen können.

Zurück zu Raser: Es geht also darum, die persönliche und die geschäfliche Ebene in einem gesunden Gleichgewicht zu halten. Raser drückt dies folgendermaßen aus:

◆ »Wenn sie meinen, Sie müssten immer nur die ›Geschäftsseite‹ betonen, werden Sie überrascht sein, welche Freude das Einbringen der persönlichen Ebene oder zumindest das aufrichtige Bemühen darum bringen kann, weil Ihre Erziehung um eine kreative Komponente bereichert wird. Denn falls Sie keine Freude mehr an der Beziehung zu Ihrem Kind haben, weil alles, was Sie tun, nur Schimpfen, Grenzen setzen und Durchsetzen von Regeln bedeutet, wird Ihr Kind die Beziehung seinerseits als unangenehm empfinden. Falls es Ihnen gegenüber dann immer wütender wird und Sie als Tyrann sieht, ist es wahrscheinlich auch weitaus weniger bereit, mit Ihnen zusammenarbeiten zu wollen. Es wird dazu neigen, keiner Ihrer Regeln nachzukommen. Spürt es dagegen die Anteile der persönlichen Ebene wie Freundschaft, Liebe oder Respekt, wird es eher zu Konzessionen bereit sein. Es wird eher bereit sein, auch selbst etwas dazu beizutragen, um in dieser freundlichen Atmosphäre zu leben.«

◆ »Aber Sie können sich auch auf die ›persönliche Seite‹ zu stark konzentrieren. Sie haben mit Ihrem Kind eine Aufgabe zu erfüllen. Sie sind nicht nur der Freund Ihres Kindes. Ihre Tochter ist beispielsweise nicht dazu da, ihre eigenen Schwierigkeiten ständig auf Sie abzuwälzen. Falls Sie immer nur den Kumpel spielen, werden Sie später Probleme bekommen, wenn Sie Grenzen setzen müssen. Und Letzteres ist Teil Ihrer Aufgabe, das Kind zu sozialisieren, Teil der Arbeit von Erziehenden.«

Jeder von uns weiß nun, wie schwierig es ist, diese beiden Ebenen im Erziehungsalltag »unter einen Hut« zu bringen bzw. »mit Kopf, Herz und Bauch« ausgewogen zu handeln. In der Regel geht es bei Erziehungsschwierigkeiten dann um die geschäftliche Ebene. Wir versuchen, das Kind zu etwas zu bewegen, und werden immer wieder auf mehr oder weniger starken (auch natürlichen) Widerstand stoßen. Es wird also durchaus nicht immer so sein, dass wir zu unserem Kind sagen: »Bitte räume dein Zimmer auf«, und das Kind antwortet: »Ja, daran habe ich auch schon gedacht, ich mach's jetzt gleich!«, und begibt sich wirklich sofort an die Arbeit. Raser gibt dagegen ein Beispiel, wie es so oder etwas anders schon wirklichkeitsnäher ist:

Mutter: Bitte räume dein Zimmer auf.
Jugendliche: Ständig machst du mir Vorschriften, was ich zu tun habe.
Mutter: Sprich nicht in diesem Ton mit mir.
Jugendliche: Es ist mein Zimmer. Ich werde es so lassen, wie ich es will.
Mutter: Solange du in diesem Haus lebst, folgst du meinen Regeln. Es ist nicht dein Zimmer, es ist mein Zimmer, und ich sage dir, du räumst jetzt auf.
Jugendliche: Ich werde es aufräumen, wenn ich Lust und Zeit dazu habe. Hör auf, über mich zu bestimmen.
Mutter: Keine Diskussion mehr. Du räumst es gefälligst auf.
Jugendliche: Warum machst du es nicht selber?

Es wird ersichtlich, dass sich Mutter oder Vater sowie Kind oder Jugendliche hier wechselseitig immer weiter hochschaukeln. Raser gibt dafür fünf Bestandteilen in den gegenseitigen Kommunikations- und Umgangsmustern die Schuld. Dies sind: »Bedeutung«, »Macht«, »stillschweigende Mitteilung«, »Defizitgefühl« und »Unvernunft«. Im Einzelnen besagen sie Folgendes:

Bedeutung:

Die Mitteilung »Bitte räume dein Zimmer auf« wurde vom Sender, der Mutter, als eine harmlose Anweisung verstanden. Die Empfängerin, die Jugendliche, bewertete diese Mitteilung allerdings ganz anders, nämlich als vollkommen unangemessen, und reagierte mit Zorn und Ärger. Die Bedeutung einer Mitteilung hängt also zu einem großen Teil vom Empfänger ab.

Macht:

Nach Raser geht es bei der Macht darum, ob die andere Person
(a) macht, was wir sagen: »Mach, was ich jetzt sage!«;
(b) nicht etwas anderes macht: »Mach genau das!«;

(c) ihr Verhalten ändert:»Mach etwas anderes, als du gerade tust!«, und

(d) so wird, wie wir sie uns wünschen:»Sei so wie ich dich haben möchte!«

Raser stellt nun einen wichtigen Punkt bei unserer Ausübung von »Erziehungsmacht« heraus. Unsere Macht steht nämlich (es sei denn, wir brauchen z.b. körperliche Gewalt) auf»tönernen Füßen«. Raser drückt dies so aus:»Jedes Mal, wenn Sie etwas von jemandem wollen, sind Sie in der schwächeren Position, weil die andere Person sich bloß auf den Standpunkt stellen muss, es nicht zu tun! Und Kinder finden immer einen Grund, etwas nicht zu tun. Und können Sie damit völlig entnerven: ›Nein!‹. Gewöhnlich sagen die Kinder es etwas feiner. Sie sagen: ›In einer Minute‹, ›später‹ oder ›o.k.‹, aber dabei bleibt es auch. Oder sie tun, um was sie gebeten wurden, machen es aber schlecht und nur halbherzig, sodass Sie das Gefühl haben, es besser selbst übernommen zu haben. Und dann geht die Spirale wieder los, z.b. fragt die Mutter: ›Das soll aufräumen sein?!‹, und die Jugendliche antwortet: ›Natürlich, siehst du doch!‹«.

Gewaltfreie Konfliktlösungen können nur gelernt werden, wenn das Lernen und die Erziehung selbst gewaltfrei sind.

Günther Gugel

Stillschweigende Mitteilungen:

Neben unserer ausgesprochenen Mitteilung »Bitte räume dein Zimmer auf« oder »Mach mal den Abwasch« oder »Hol mal den Sprudel hoch« können eine Vielzahl von anderen heimlichen, unausgesprochenen, stillschweigenden Wünschen und Bedürfnissen mitschwingen. Zum Beispiel möchten wir Eltern auch respektiert werden, oder wir wünschen uns, dass das Kind bzw. die Jugendliche auch mal gerne etwas für uns tut. Wir fühlen uns bei Nicht-Erfüllung dieser Wünsche wie »der letzte Dreck« behandelt. All diese Gefühle der Kränkung können sich in Tonfall, Mimik und Gestik mit ausdrücken, auch wenn wir sie gar nicht bewusst erkennen. Natürlich verwendet auch das Kind solche »stillschweigenden Mitteilungen«. Raser führt folgende Beispiele für den Fall an, wenn eine Jugendliche nicht aufräumen will und »Nein!« sagt: »Dieses ›Nein!‹ kann bedeuten: ›Ich möchte nicht wie ein kleines Kind behandelt werden‹ (ein normaler Vorgang bei der Selbstfindung). Es kann aber auch bedeuten: ›Ich will meine Freiheit und meine eigenen Entscheidungen treffen‹ (Freiheit zu haben steht bei Teenagern hoch im Kurs). ›Ich will nicht, dass andere Menschen mein Leben bestimmen‹, oder: ›Ich versuche, meine Identität zu finden als eine Person, die sich von meinen Eltern und meiner Familie unterscheidet.‹«

»Nehmen wir den Fall der dreijährigen Jenny, die am Tisch sitzt und sich weigert zu essen. Entweder sie ist satt oder ihr schmeckt das Essen nicht. Eine Mutter oder ein Vater, die ihr Kind akzeptieren, wie es ist, werden jetzt sagen: ›Ah, du hast wohl keinen Hunger. Dann gehst du am besten spielen.‹
Sagen die Eltern jedoch: ›Brave Kinder essen ihren Teller auf. Tu das bitte, sonst ist Mami ganz traurig‹, muss das Kind das Gefühl erhalten, mit ihm sei etwas nicht in Ordnung. Sein Gefühl, satt zu sein oder etwas nicht zu mögen, stimme irgendwie nicht. Bleibt es bei diesem einmaligen Fall, ist das kein Drama. Steht dahinter jedoch die Haltung: ›Ich bestimme, wie du dich zu fühlen und was du zu tun hast‹, sind Konsequenzen unvermeidlich. Ein Kind, dem immer wieder gesagt wird, dass es nicht in Ordnung ist, z.B. weil es nicht schläft, etwas kaputtmacht oder etwas nicht geschafft hat, fühlt sich schlecht und verkehrt und es wird dieses Gefühl in der Regel ein Leben lang nicht los. Ein Kind, das weiß: ›Meine Eltern mögen mich, so wie ich bin‹, wird dagegen auch mit schwierigen Situationen fertig und kann sich Hilfe holen, wenn es sie braucht.«

Gisela Preuschoff

Defizitgefühle:

Defizit ist hier im Sinne von »Mangel« und »Ungleichgewicht« zu verstehen, den entweder ein Elternteil oder das Kind verspürt. Solche Defizite entstehen sehr leicht bei stärkerem Machtungleichgewicht oder wenn unsere »stillschweigenden Mitteilungen« nicht berücksichtigt werden. Raser führt dazu folgende Beispiele an:

a) Machtdefizit: Das Kind tut zwar, was von ihm verlangt wird und räumt sein Zimmer auf, aber es hat gleichzeitig das Gefühl, sein Gesicht verloren zu haben oder gedemütigt worden zu sein. Diese Gefühl des »Machtdefizits« sitzt sehr tief, es »wurmt« lange Zeit und dadurch wird die nächste Auseinandersetzung angeheizt und bekommt eine entsprechend größere Bedeutung.

b) Unbeachtete stillschweigende Mitteilung: Elternteil oder Kind haben das Gefühl, ihnen wurde gar nicht richtig zugehört, sie hätten »in den Wind gesprochen«. Dadurch wird das Bedürfnis größer, beim nächsten Mal wirklich ernst genommen zu werden.

Beide Arten von Defiziten führen dazu, dass bei der nächsten Auseinandersetzung die Situation von vornherein angespannter und »explosiver« ist. Raser erklärt damit auch, warum manchmal nur eine kleines Wort oder ein bestimmter Blick oder eine harmlose Geste genügen, um unerwartet und »plötzlich« eine heftigen Kampf auszulösen: »Es ist nicht der bestimmte Moment oder der bestimmte Blick oder das Wort, das den Kampf auslöst. Der Kampf baute sich vor langer Zeit auf, vielleicht ohne von Ihnen bemerkt zu werden.«

Formen der Unvernunft:

Wenn die Beziehung erst einmal belastet und negativ ist, kommt es sowohl aufseiten der Eltern wie auch der Kinder leicht zu unvernünftigen Reaktionen und Argumenten. Meist sind dann die Machtfragen und stillschweigenden Mitteilungen so wichtig geworden, dass es dann nur noch darum geht, den Streit zu gewinnen, nicht zu »verlieren« und »auch einmal mit seinen Wünschen anerkannt« (»für dich bin ich doch Luft«) zu werden.

Diese fünf Bestandteile unseres Umgangs und unserer Kommunikation können also bei stärkerer Ausprägung schnell zu einem Teufelskreis werden, bei welchem sich die Auseinandersetzung spiralartig hochschraubt und bald alle Beteiligten »unter die Decke gehen«. Es gilt also für die Eltern – nach Raser – zu lernen,

- die Interpretationen ihrer Mitteilungen durch das Kind hellhörig wahrzunehmen,
- ihre Forderungen so zu stellen, dass deren Durchsetzungsmöglichkeit weniger eingeschränkt wird,
- die stillschweigenden Mitteilungen auch mit Worten auszudrücken und sie empfindsam herauszuhören,
- die Defizitgefühle frühzeitig anzusprechen und zu klären,
- Wege zu suchen, auf denen unvernünftige Argumente nicht anfangen zu wuchern.

Natürlich: Dies ist »einfacher gesagt als getan!« Aber es lohnt sich für Eltern, über diese bisher angeführten Punkte viel nachzudenken, denn Kinder werden im Allgemeinen nicht sehr bereitwillig bei der Lösung von Konflikten mithelfen. Dies erklärt Raser folgendermaßen: »Er oder sie ist einfach in der mächtigeren Position. In einem solchen Kreislauf bekommt das Kind ein Gespür für Macht, Kompetenz und Kontrolle. Gewöhnlich ist es ihm gar nicht bewusst. Es hat nur so ein Gefühl, dass es den Kreislauf in manchem kontrollieren kann. Denken Sie daran, dass Kinder sehr wenig Kontrolle über ihr Leben haben. Sie haben keinen Einfluss darauf, wo sie leben, mit wem sie leben, wo sie zur Schule gehen, wer ihre Eltern sind, wer ihre Geschwister sind, wie viel Geld sie haben, was sie gerade machen müssen, welche Gegenstände sie mit in die Schule nehmen dürfen und viele Dinge mehr. Die Kontrolle über etwas zu haben ist äußerst attraktiv und bequem. Ihr Kind möchte nicht unbedingt unter der Kontrolle seiner Eltern oder Familie stehen, sondern sie lieber selbst ausüben. Und oft sind Auseinandersetzungen dieser Art das Einzige, bei denen das Kind das Gefühl hat, selber etwas Macht oder Kontrolle in einer Situation ausspielen zu können.«

Es gilt also für uns Eltern, nicht länger in die geschilderten Beziehungsfallen, Machtkämpfe, Teufelskreise und unvernünftigen »Spielregeln« der Auseinandersetzung zu verfallen, sondern damit aufzuhören und »ganz einfach« etwas anderes zu machen. Bei diesem Ratschlag werden viele LeserInnen sich an den Kopf fassen, da er wohl – mit Raser – sehr nach dem folgenden Motto klingt:

Patient: Herr Doktor, mein Arm schmerzt, wenn ich so mache.
Doktor: Dann lassen Sie das! Das macht 50 Mark.

Dennoch ist diese Erkenntnis der Notwendigkeit der Änderung das A und O für eine neue Beziehung zum Kind oder Jugendlichen sowie für Wege aus vielen gleichförmig sich hochschaukelnden Auseinandersetzungen. Wir Eltern kleben häufig an althergebrachten Ansichten und Erziehungsmaßnahmen, an eingefahrenen Wegen in der Beziehung. Wir erstarren dann in Routine und sind zu wenig bereit, unser Handeln und die damit verbundenen Überzeugungen aufzugeben. Dies führt insgesamt dazu, dass wir nur halbherzig, wenn nicht »viertel-« oder sogar nur »achtelherzig« uns verändern wollen. Dabei muss es uns doch oft sehr stutzig machen, wenn wir mit unseren Kindern oder Jugendlichen wie in einem Theaterstück immer wieder auf der Bühne in ewig gleich bleibender Inszenierung Konflikte und Auseinandersetzungen aufführen – die Themen unterscheiden sich zwar (»Räum dein Zimmer auf; wasch bitte ab; mach jetzt deine Schularbeiten« usw.), aber die ZuschauerInnen sind schon längst eingeschlafen, weil sie genau wissen, nach welcher Dramaturgie die einzelnen Szenen enden! Nach einem sehr festen Entschluss, dieses immer nach festen Mustern ablaufende »Spiel« zu beenden und die unfruchtbaren (sowie Eltern und Kind nervenden) Endlos-Auseinandersetzungen zu beenden, gibt uns Raser weitere Ratschläge, was wir als Eltern tun können. Diese sieben Schritte von Raser zu einer veränderten Beziehung sollen im Folgenden knapp erläutert werde:

1. Eigene Vorbereitung:

Dazu gehören die folgenden Punkte:

- ◆ Erkennen des Kreislaufes des Machtkampfes.
- ◆ Erkennen der Auslöser bzw. der »Aufhänger«: Eltern sollten merken, was sie besonders aufregt, z.B. ein bestimmter Blick oder Tonfall des Kindes nach der Aufforderung zum »räum dein Zimmer auf«. Wenn dieser Blick dann sagt: »Oh Gott, jetzt kommst du schon wieder damit, lass mich doch in Ruhe«, so bringt es nichts, darauf »abzufahren«. Eltern sollten diese Auslöser eher ausblenden und nicht zum Anlass nehmen, den ersten

weiteren Schritt zur Eskalation zu gehen (»du brauchst gar nicht so frech zu gucken, ich kann auch ganz anders!«).

◆ Erkennen der Symptome eines Machtkampfes: Bevor Eltern und Kind sich die Lunge aus dem Hals schreien, empfiehlt Raser, schon auf die ersten Anzeichen des Machtkampfes zu achten und dementsprechend zu Beruhigung beizutragen. Solche Anzeichen beschreibt Raser so:

✓ Spüren Sie diese kränkende Spannung in Ihrem Kopf oder Bauch?

✓ Wird Ihre Stimme lauter?

✓ Merken Sie, wie sich Ihr Ärger immer mehr aufbaut?

✓ Fühlen Sie sich frustriert?

✓ Spüren Sie Ärger oder Frustration bei Ihrem Kind?

✓ Haben Sie den Eindruck, dass Sie zu viel erklären?

✓ Verteidigen Sie sich selbst?

2. Verhaltensvorhersage:

Raser wählt in diesem Zusammenhang das Bild eines Tanzes, dessen Schrittfolge eigentlich bekannt sein müsste (»Tausendmal hab ich das schon gesagt! Und es ist immer das Gleiche: Er/sie hört einfach nicht!«). Ertönt dann die Musik, gehen Eltern und Kinder/Jugendliche blind und automatisch in dieselbe Richtung. Wenn Eltern diese Schrittfolge voraussagen können, sie ihnen bewusst wird, kann sie auch verändert werden. Dazu sollten sich Eltern nach Raser folgende Fragen stellen:

◆ »Wie wird mein Kind in dieser Situation reagieren?«

◆ »Was wird es sagen? Auf welche Weise wird es mich zum Tanz auffordern?«

◆ »Was wird der Aufhänger sein?«

◆ »Was ist mein erster Schritt bei diesem Tanz?«

3. Planung:

Zur Vermeidung von Machtkämpfen und um Zeit zu finden, in der Eltern über ihre nächsten Antworten nachdenken können, schlägt Raser »als Starthilfe« beispielhaft folgende »strategische Redewendungen« vor:

◆ »Super.«

- »So habe ich noch nie darüber nachgedacht.«
- »Ich weiß nicht, ob ich dich richtig verstanden habe. Kannst du mir mehr darüber sagen?«
- »Es sieht so aus, als hätte ich dich geärgert.«
- »Ich weiß, dass du jetzt wütend bist, aber wer die Regeln verletzt, muss die Konsequenzen tragen. Das bedeutet für dich, heute Abend zu Hause zu bleiben (zwei Tage kein Telefon usw.).«
- »Das finde ich sehr interessant.«
- »Nenn mir eine Alternative«
- »Es tut mir Leid.«
- »Was denkst du darüber?«
- »Was glaubst du, könnte passieren?«
- »Ich verstehe, warum du aufgeregt (wütend, frustriert usw.) bist.«
- »Ich wünsche mir, dass es besser mit uns laufen würde. Lass mich bitte wissen, wenn du eine Idee hast, wie das funktionieren könnte.«
- »Es sieht so aus, als kämen wir so nicht weiter. Lass uns ein anderes Mal darüber reden.«

4. Ausführung:

Raser meint, dass der neue Aktionsplan von den Eltern geübt werden solle, wobei z.B. der Ehepartner die Rolle des Kindes einnehmen könnte. Aber natürlich kann dieses Üben auch »innerlich«, in der Vorstellung ablaufen. Geübt werden sollen die strategischen Redewendungen und die dabei möglichen Reaktionen der anderen. Eltern sollten sich so nach Raser z.B. fragen:

- »Fühlen Sie sich weniger animiert, mit ihnen zu streiten?«
- »Haben Sie das Gefühl, als würden Ihnen die Argumente ausgehen?«
- »Fühlen Sie sich ›gehört‹ und respektiert oder fühlen Sie sich manipuliert und überfordert?«
- »Haben Sie sich selbst und die Diskussion unter Kontrolle, auch wenn Sie im Moment noch keine Kontrolle über Ihr Kind haben?«

5. Positive Eigenanteile:

Neben unserem Bedürfnis nach Lenkung und Erziehung (geschäftliche Ebene) erinnert Raser in diesem Zusammenhang nochmals an die wichtige »persönliche Ebene«. Eltern sollten auch in den Auseinandersetzungen dem Kind respektvoll begegnen. In Bezug auf unser Beispiel vom Zimmeraufräumen führt er so als Möglichkeit an: »›Danke, dass du dein Zimmer aufgeräumt hast. Ich finde das wirklich prima von dir.‹ Auch wenn Sie eine negative Konsequenz durchsetzen müssen, können Sie das durchaus auf eine herzliche Art tun: ›Da du dein Zimmer nicht aufgeräumt hast, wie wir es vereinbart hatten, muss ich leider sagen, dass du Freitagabend nicht weg darfst. Ich wünschte, das wäre nicht passiert, denn ich weiß, dass du gerne ins Kino gehen wolltest. Hast du eine Idee, wie wir auch ohne irgendwelche Bestrafungen miteinander auskommen können?‹«

6. Geduld:

Raser rät Eltern zu viel Geduld, ein unverzügliches Ergebnis ist kaum zu erwarten. Um die Veränderungen zu bemerken, muss man wachsam auf sie achten lernen, aber schrittweise wird sich in Tonfall, Blick, Gestik, Verhalten und Beziehung eine Änderung bemerkbar machen sowie dazu ermutigen, den begonnenen Weg weiterzugehen.

7. Eine andere Position einnehmen:

Meist nehmen Eltern in solchen Dauer-Auseinandersetzungen die Position von Macht und Autorität ein. Veränderungen können auch dadurch bewirkt werden, andere Positionen für sich in der Diskussion zu finden, wobei Raser beispielhaft aufführt:

- neugierig,
- beruhigend,
- entschuldigend,
- zuhörend,
- schwach,
- betroffen,
- hilfreich,

- tolerant,
- warmherzig,
- kooperativ.

Solche Positionswechsel können manchmal Wunder bewirken. So war ich auch einmal in der Klinik mit einem Jugendlichen in einen ständigen Machtkampf verwickelt, weil es kaum etwas gab, was er nicht verweigerte. Schließlich bat ich ihn in mein Büro und übergab ihm folgende Bescheinigung:

»Hiermit bescheinige ich P.M., geb. am 08.04.1982, aus L., Birkenfeldstr. 55, dass er mich machtlos macht, wenn er es will. Wenn er es will, bin ich ohnmächtig gegen ihn. Homburg, d. 05.05.1996. Unterschrift.«

Von diesem Tage an veränderte sich unsere Beziehung, er wurde schrittweise für Argumente zugänglich, erfüllte immer mehr von sich aus natürliche Erwartungen an einen Jugendlichen seines Alters und seiner Reife. Parallel gehörte aber auch dazu, dass ich schrittweise geduldiger wurde, mehr Vertrauen in seine Entwicklungsmöglichkeiten setzen konnte, meine Erwartungen an ihn angemessener »dosieren« lernte, von der Überbeschäftigung mit der »geschäftlichen Ebene« ablassen konnte und andere Seiten an ihm entdecken lernte usw.

Gisela Preuschoff gibt noch ein anderes Beispiel für Positionswechsel im Falle von Streitigkeiten unter den Geschwistern:

»Der vierjährige Thomas hat einen hohen Turm gebaut. Seine kleine Schwester, zwei Jahre alt, kommt ins Zimmer und macht den Turm kaputt. Thomas ist wütend und schlägt auf seine Schwester ein. Die brüllt. Mutter A kommt angerannt und reagiert so: ›Thomas! Wie oft soll ich dir noch sagen, dass du deine Schwester nicht schlagen darfst! Marsch ab in dein Zimmer, da kannst du nachdenken!‹ Mutter B: ›Hier ist wohl ein Unglück passiert!‹ Sie nimmt die kleine Schwester auf den Arm und tröstet sie. ›Thomas, was hat dich denn so wütend gemacht?‹ Thomas berichtet, was vorgefallen ist. Mutter B: ›Wollen wir mal gemeinsam überlegen, was du tun kannst, damit Lisa dich nicht noch einmal stört?‹ Diese Mutter hat voreilige Schuldzuweisun-

> gen unterlassen und beide Kinder getröstet und ernst genommen. Alle haben dabei gewonnen und lernen daraus für den nächsten Konflikt.«

Katharina Zimmer betont in ihrem Buch »Versteh mich doch bitte!« die Rolle von Missverständnissen zwischen Kind und Eltern, wobei es dann den Eltern auch schwer fällt, die Position (d.h. die Welt der Kinder) einzunehmen. Dafür gibt sie u.a. das folgende Beispiel:

> »Eine Straßenszene: Das kleine Mädchen, etwa zwei Jahre alt, sitzt in ihrer Karre und schaut in das Treiben vor sich. Mutter und Vater hinter ihr schieben plaudernd das Wägelchen durch ein immer dichteres Gewusel von Passanten. Die Kleine versucht sich nach der Mutter herumzudrehen. Unmöglich, denn sie ist angeschnallt. Nach dem zweiten erfolglosen Versuch beginnt sie ein bisschen zu quengeln. Die Eltern nehmen keine Notiz von ihr. Nun versucht sie sich herumzuwerfen. Sie beginnt zu weinen, weil es ihr misslingt. ›Bleib sitzen‹ herrscht sie die Mutter an. Das kleine Mädchen gibt nicht auf. Schließlich packt ihre Mutter sie unter den Armen, drückt sie kräftig in die Karre und schimpft auf sie herab: ›Du hörst jetzt sofort auf zu schreien!‹ Das Gegenteil ist der Fall. Bei dem Kind scheinen alle Sicherungen durchgebrannt. Die Eltern haben beschlossen, jetzt keine Notiz mehr zu nehmen. ›Sie hat wieder mal einen Bock‹, meint trocken der Vater. Er irrt sich. Die Zweijährige hat keineswegs einen Bock. Sie fühlt sich nur – hartnäckig – missverstanden. Die Mutter wird aggressiv, weil sie nicht begreift, was ihr Kind will. Nicht nur, weil es noch nicht sprechen kann. Ihre ganze Aufmerksamkeit richtet sich auf ihren Mann. Beide Eltern nehmen das Kind nicht ernst. Sie ignorieren einfach ihr Kommunikationssignal: ›Mama, ich möchte dich sehen, ich möchte, dass du mit mir sprichst, dass du mir erklärst, was ich sehe, dass ihr mich nicht ausschließt. Bitte, ich möchte mich gern herumdrehen.‹ Verständlich, gehen Sie einmal mit Ihrem Partner spazieren – immer zwei Schritte voraus. Nicht gerade einfach die Kommunikation, nicht wahr?«

Missverständnisse auf der Seite der Eltern können nach Zimmer entstehen

- durch Unkenntnis der kindlichen Entwicklungsbedürfnisse,
- durch den Glauben der Eltern, dass jedes Kind so funktionieren müsse wie sie selbst (obwohl weder die kindlichen Ordnungs- noch Zeitvorstellungen mit denjenigen von Erwachsenen übereinstimmen),
- durch die Unsicherheit der Eltern, wodurch sie weniger ihrer eigenen Intuition trauen als den Ratschlägen anderer,
- durch das Nichtbeachten oder Nichternstnehmen eines Kommunikationssignales (Erwachsene machen oft gar nicht erst den Versuch, ihr Kind zu verstehen),
- durch Verwechslung von Wunsch oder Sehnsucht mit Bedürfnis (so wird z.b. häufig der Wunsch nach Zärtlichkeit und Kommunikation mit dem Bedürfnis nach Essen und Zärtlichkeit verwechselt),
- durch Projektionen, d.h., Eltern schieben ihre eigenen positiven und negativen Charaktereigenschaften ebenso wie ihre Wünsche, Ängste und Erwartungen in das Kind.

Eltern/Erwachsene sollten also sehr viel häufiger darauf achten, dass aus »Miss-« ein »Besser«-Verstehen wird.

Wie sieht es nun konkret aus, wenn diese Ratschläge von Raser auf das Problem des Zimmeraufräumens angewendet werden? Raser gibt dazu folgendes Beispiel:

Vater: Hallo, ich frage mich, ob du nicht dein Zimmer aufräumen könntest?
Kind: Nein, kann ich nicht.
Vater: Oh. (Pause) Wie das?
Kind: Weil ich jetzt keinen Bock habe.
Vater: Es tut mir Leid, wenn du nicht gut drauf bist. Ist alles o.k.? (Besorgt)
Kind: Ja, doch. Nur habe ich gerade keine Lust, mein Zimmer aufzuräumen.
Vater: Machst du es dann später?

Kind: Ja, später.
Vater: Bitte sag mir Bescheid, falls ich etwas für dich tun kann.
Kind: O.k.

Es ist richtig: Das Zimmer wurde zwar wieder nicht aufgeräumt, aber trotzdem ergeben sich nach Raser die folgenden Vorteile gegenüber den früheren Dauer-Auseinandersetzungen:

- es gab keinen Kampf,
- das Kind verlor nicht das Gesicht,
- das Kind musste nicht auf unvernünftige »Argumente« zurückgreifen,
- der Vater hatte sich als ruhig, verstehend und willig gezeigt, zuzuhören und zu helfen,
- die Ausgangsposition für den Vater ist für die »nächste Runde« positiv, um mit dem Kind im Gespräch zu bleiben,
- durch die vermeintliche Aufgabe der Macht hat der Vater nicht viel aufgegeben, aber dem Kind den Vorwand genommen, einen Streit vom Zaun zu brechen.

Nicht zuletzt ist es zu keiner Eskalation mit Schimpfen, Brüllen oder gar Schlägen gekommen. Aber natürlich, »das Thema ist noch nicht gegessen«, und so fährt auch Raser mit dem Beispiel fort, nämlich einige Stunden später:

Vater: Ich sehe, dass dein Zimmer nicht aufgeräumt ist. Ist etwas mit dir los?
Kind: Nein.
Vater: Gut, das Aufräumen des Zimmers gehört dazu, um uns im Haushalt zu unterstützen (geschäftliche Ebene). Wie können wir das besser hinbekommen? (persönliche Ebene).
Kind: Weiß ich nicht.
Vater: Gut, könntest du darüber nachdenken? Ich will nicht, dass das zu einem Problem zwischen uns wird (unterstützend, Geschäftsseite). Darum werden wir morgen früh noch einmal darüber sprechen. O.k.?
Kind: O.k.

Der Vater hat sein Ziel zwar immer noch nicht erreicht, obwohl er das Kind stärker unter Druck setzt, aber er vermeidet es immer noch, in die Rolle des Mächtigen zu verfallen. Die Vorteile dieses Gesprächs sind mit Raser:

- Der Vater ist noch neugierig, besorgt und zuhörend.
- Der Vater verlässt sich auf die Absprache über das Aufräumen anstatt auf seine Autorität.
- Er bittet das Kind, darüber nachzudenken, ohne zu fordern, dass es daran denkt. Aber es wird für das Kind wahrscheinlich schwerer werden, mindestens nicht hin und wieder von selbst daran zu denken.

Und wenn nun das Kind doch nicht aufräumt, so schildert Raser das folgende Gespräch:

Vater: Oh! Ich dachte, du würdest dein Zimmer aufräumen! (Neugierig). Was ist los?
Kind: Ich hab es wohl vergessen.
Vater: Nun gut, ich muss dir sagen, dass ich darüber sehr enttäuscht bin. Erinnerst du dich? Wir hatten abgemacht, dass du diese Woche kein Taschengeld (oder etwas anderes, was dem Kind wirklich etwas bedeutet!) bekommst, wenn du nicht aufräumst. Ich denke, das wird geschehen müssen. Es tut mir Leid.

Nun erfolgen zwar dennoch Bestrafung und Konsequenzen, aber der Vater greift nicht allein zu Macht und Autorität, er vermindert weiter die Spannung zwischen sich und dem Kind/Jugendlichen, beugt so der Rebellion und unvernünftigen Argumenten des Kindes vor und erreicht wohl auch für das nächste Mal eine größere Kooperationsbereitschaft beim Kind. Aber es muss ja nicht immer schwarz gemalt werden, das Kind kann ja inzwischen auch mehr oder weniger gut aufgeräumt haben und dann sollte der Vater nicht vergessen, das Kind entsprechend zu loben.

Wenn Eltern überhaupt strafen, dann sofort und angemessen.
»Kein Taschengeld am Samstag, weil du heute frech gewesen bist!« verbessert das Verhalten nicht. Zum einen, weil Geld nichts mit Frechsein zu tun hat, und zum anderen, weil der Vorfall bis Samstag längst vergessen ist. Wenn Ihr Kind Ihnen allerdings versichert, dass es mit dem Fahrrad auf dem Bürgersteig bleibt, und dann doch auf die Fahrbahn fährt, dann könnte das Wegnehmen des Fahrrades für den Rest des Nachmittages eine wirkungsvolle Art sein, ihm zu sagen: »Wenn du nicht selber für deine Sicherheit sorgst, muss ich es für dich tun, denn ich sorge mich um dich.«

Penelope Leach

Damit sind wir beim Thema der »Kritikfalle« angekommen. Den meisten Menschen fällt es sehr viel leichter, etwas zu kritisieren oder zu schimpfen als jemanden zu loben. Kritik kommt uns viel leichter und flüssiger von den Lippen als Lob und Anerkennung. Der amerikanische Familienberater Gordon veranschaulicht dies z.B. folgendermaßen:

Die LeserInnen mögen sich zunächst die folgende Szene vorstellen: »Ihr fünfjähriger Sohn wird immer frustrierter, als es ihm nicht gelingt, nach dem Abendessen die Aumerksamkeit seiner Mutter, seines Vaters und ihrer zwei Gäste auf sich zu lenken. Sie vier unterhalten sich eifrig und erneuern nach langer Trennung ihre Freundschaft. Auf einmal sind Sie entsetzt, als Ihr kleiner Junge schreit: ›Ihr seid alle ein Haufen dreckiger, alter, fieser Stinkstiefel. Ich hasse euch.‹«

Vielleicht schreiben die LeserInnen einmal auf, wie Sie auf diese doch sehr deutliche Botschaft des Kindes reagiert hätten:

_____

_____

_____

Gordon geht davon aus, dass die verschiedenen Arten der elterlichen Erwiderungen auf solche oder ähnliche kindliche Botschaften meistens in die folgenden zwölf Kategorien fallen werden:

1. *Befehlen, anordnen, kommandieren:* Dem Kind sagen, dass es etwas tun soll, ihm eine Anordnung oder einen Befehl geben: »Sprich nicht so mit deiner Mutter!«; »Hör damit auf, dich zu beklagen!«

2. *Warnen, ermahnen, drohen:* Dem Kind sagen, welche Folgen eintreten werden, wenn es etwas nicht tut: »Wenn du das machst, wird es dir Leid tun!«; »Noch solch eine Bemerkung wie diese und du verlässt das Zimmer!«

3. *Zureden, moralisieren, predigen:* Dem Kind sagen, was es tun müsste oder sollte: »Du solltest dich nicht so aufführen«; »du musst ...«.

4. *Beraten, Lösungen geben oder Vorschläge machen:* Dem Kind sagen, wie es ein Problem löst, ihm raten oder Vorschläge machen, ihm Antworten oder Lösungen liefern: »Ich schlage vor, du besprichst das mit deinem Lehrer!«

5. *Vorhaltungen machen, belehren, logische Argumente anführen:* Das Kind mit Fakten, Gegenargumenten, Logik, Information oder der eigenen Meinung zu beeinflussen versuchen: »Betrachte es mal so – deine Mutter braucht Hilfe im Haus«; »Als ich in deinem Alter war, musste ich doppelt so viel tun wie du«.

6. *Urteilen, kritisieren, widersprechen, beschuldigen:* Zu einer negativen Beurteilung des Kindes kommen: »Du denkst nicht logisch«; »Da bist du ganz im Unrecht«.

7. *Loben, zustimmen:* Eine positive Beurteilung oder Bewertung des Kindes äußern, zustimmen: »Du hast die Fähigkeit, etwas zu leisten«; »Ich bin deiner Meinung«.

8. *Beschimpfen, lächerlich machen, beschämen:* Dem Kind das Gefühl geben dumm zu sein, das Kind in eine Kategorie einordnen, es beschämen: »Na schön, du Baby«; »Hör mal zu, Herr Neunmalklug«.

9. *Interpretieren, analysieren, diagnostizieren:* Dem Kind sagen, welche Motive es hat, oder analysieren, warum es etwas tut oder sagt; es wissen lassen, dass Sie es durchschauen oder zu einer Diagnose gekommen sind: »Du bist ja nur eifersüchtig«.

10. *Beruhigen, bemitleiden, trösten, unterstützen:* Das Kind dahin zu bringen versuchen, sich besser zu fühlen; ihm seine Empfindungen ausreden, seine Empfindungen zu zerstreuen versuchen, die Heftigkeit seiner Gefühle leugnen: »Morgen denkst du anders darüber«; »Bei deiner Begabung könntest du ein ausgezeichneter Schüler sein«.

11. *Forschen, fragen, verhören:* Gründe, Motive, Ursachen zu finden versuchen, nach weiteren Informationen suchen, die Ihnen helfen, das Problem zu lösen: »Warum glaubst du die Schule zu hassen?«; »Wer hat dir diesen Gedanken in den Kopf gesetzt?«.

12. *Zurückziehen, ablenken, aufheitern, zerstreuen:* Das Kind von dem Problem abzubringen versuchen; sich selbst von dem Problem zurückziehen; das Kind ablenken; die Sache scherzhaft behandeln; das Problem beiseite schieben: »Denk einfach nicht mehr daran«; »Das hab ich früher auch durchgemacht«.

Viele LeserInnen werden nun denken: »Verstehe ich nicht! Was will der denn? Viele dieser Antworten sind doch gar nicht so schlimm, sie sind doch zum Teil sogar richtig und gut!« Genau dies habe ich auch gedacht – und bleibe auch dabei: Was in der einen Situation richtig und gut ist, kann in einer anderen Situation nicht so angemessen oder sogar völlig falsch sein. Aber es geht hier – wie auch einige Seiten vorher bei Raser – *nicht* darum, dass wir uns in unserem Erziehungsverhalten völlig umkrempeln müssen. Wir dürfen auch unzulänglich sein und bleiben, dürfen auch mal inkonsequent sein in unserer Erziehung. Wichtig ist zu erkennen, ob wir uns nicht zu sehr in die eine oder andere Richtung verrannt haben, also im Rahmen der o.a. zwölf Kategorien uns z.B. zu sehr auf die Punkte 1, 2, 3, 6 und 8 konzentrieren. Aber dennoch enthalten auch die anderen Punkte einige Probleme, die bedenkenswert erscheinen und uns auf dem Weg zu einer gewaltfreieren, Kinder nicht entwürdigenden Erziehung öfter helfen können!

Gordon erläutert dies mit zwei Beispielen. Im ersten Beispiel geht er davon aus, dass sich ein Kind darüber beschwert, dass seine Freundin es nicht mag oder nicht mehr mit ihm spielen will. Eltern könnten dazu antworten: »Ich schlage vor, du versuchst Tina besser zu behandeln, dann wird sie vielleicht mit dir spielen wollen.« Ein solcher Satz übermittelt dem Kind mehr als nur den einfachen »Inhalt« des Vorschlages. Das Kind könnte nämlich daraus auch irgendeine der folgenden verborgenen Botschaften heraushören (was Raser die »stillschweigenden Mitteilungen« nannte):

◆ »Du glaubst also, das ist meine Schuld.«
◆ »Du denkst, ich tue etwas Böses oder Falsches.«
◆ »Du traust mir nicht zu, mit diesem Problem allein fertig zu werden.«
◆ »Du meinst, ich bin nicht so gescheit wie du.«

Gordon fasst dann zusammen: »Wenn Eltern etwas zu einem Kind sagen, sagen sie häufig etwas über ein Kind. Darum macht die Mitteilung an ein Kind einen solchen Eindruck auf das Kind als Person und letztlich auf die Beziehung zwischen Ihnen und ihm. Jedes Mal wenn Sie mit dem Kind sprechen, tragen Sie mit einem weiteren Stein zur Form der Beziehung bei, die zwischen Ihnen beiden errichtet wird. Und jede Botschaft sagt dem Kind etwas über das, was Sie von ihm denken. Allmählich macht es sich ein Bild davon, wie Sie es als Person sehen. Das Gespräch kann *konstruktiv* für das Kind und für die Beziehung sein oder es kann *destruktiv* sein.« Es kommt also darauf an, inwieweit wir in der Erziehung schwerpunktmäßig uns eher zum destruktiven Pol hin entwickelt haben und sich so im Verlaufe der Zeit die Beziehung immer mehr verschlechtert aufgrund dieser »verborgenen Botschaften«. Im Einzelfall können die o. a. Reaktionen im Rahmen der zwölf Punkte durchaus nicht als schlecht oder schlimm, sondern eben auch als angemessen und richtig angesehen werden. Fragen wir Eltern uns einmal selbst, wie in bestimmten Situationen Aussagen aus den o. a. zwölf Katagorien auf uns wirken, wenn sie von den Kindern uns gegenüber geäußert würden. Zur besseren Veranschaulichung stellt der Psychologe Angermaier in der folgenden Tabelle unserem Elternverhalten ein vergleichbares Verhalten des Kindes uns gegenüber dar:

Eltern	Kind
»Mach jetzt deine Hausaufgaben!«	Mutter will sich lieber mit dem Nachbarn unterhalten: »Mach jetzt besser dein Essen!«
»Wenn du so weitermachst, wirst du Ostern nicht versetzt!«	Mutter kauft zum Kaffee Sahnestrudel: »Wenn du so weitermachst, wirst du schon sehen, wohin das führt!«
»Ich schlage vor, du besprichst das mit deinem Lehrer!«	Mutter beklagt sich bei Tisch über ihre andauernde Migräne: »Ich schlage vor, du besprichst das mit deinem Arzt!«
»Du hast die Fähigkeit, etwas zu lernen!«	Nach einem angebrannten Braten: »Du musst dich nur anstrengen, du kannst doch kochen!«
»Hör mal zu, Herr Neunmalklug!«	»Ach ja, Heimchen am Herd will mitreden!«
»Bei deiner Begabung könntest du ein ausgezeichneter Schüler sein!«	»Bei deiner Begabung könntest du längst Abteilungsleiter sein!«

Es wird ersichtlich, dass bestimmte Aussagen, die wir vorhin eigentlich für gar nicht so schlecht bzw. auch für positiv gehalten hatten, nun in der Übertragung auf uns ganz anders wirken und im realen Alltag zumindest Kopfschütteln und ärgerliche Mimik bei uns hervorrufen würden. Gordon geht noch einen Schritt weiter. Er befragte Eltern, was sie empfinden würden, wenn Bekannte oder Freunde auf ihre Aussagen zu oft und ausgeprägt mit Antworten aus dem Bereich der 12 Kategorien reagieren würden. Einige der Wirkungen, die solche Antworten auf die Eltern machten, führt Gordon auf:

- »Sie drängen mich in die Defensive, machen mich störrisch.«
- »Sie veranlassen mich zu streiten, zum Gegenangriff überzugehen.«
- »Sie geben mir das Gefühl der Unzulänglichkeit.«
- »Sie machen mich empört und zornig.«
- »Sie geben mir das Gefühl, schuldig und schlecht zu sein.«
- »Sie geben mir das Gefühl, nicht verstanden zu werden.«
- »Sie geben mir das Gefühl, dass meine Empfindungen nicht gerechtfertigt sind.«
- »Sie geben mir das Gefühl, unterbrochen worden zu sein.«
- »Sie geben mir das Gefühl der Frustration.«
- »Sie geben mir das Gefühl, im Zeugenstand einem Kreuzverhör unterzogen zu werden.«
- »Sie geben mir das Gefühl, der Zuhörer hat einfach kein Interesse.«

Auf Kinder übertragen ist also davon auszugehen, dass die o.a. zwölf Arten verbaler Erwiderung bei ihnen ähnlich wirken können, nämlich:

- sie geben ihnen das Gefühl von Schuld und Unzulänglichkeit,
- sie veranlassen sie dazu, nicht mehr zu sprechen,
- sie setzen ihre Selbstachtung herab,
- sie treiben sie in die Defensive,
- sie lösen bei ihnen Unmut aus und das Gefühl, nicht angenommen zu werden, usw.

Um es nochmals zu betonen: Es geht natürlich nicht darum, nun vermeiden zu lernen, dass bei Kindern z.B. Unmut entsteht. Natürlich bedeuten das Setzen von Grenzen und das Durchsetzen von Anforderungen usw. auch, dass Kinder frustriert, »sauer«, wütend usw. werden. Sie müssen natürlich auch lernen, Bedürfnisse aufzuschieben oder auf bestimmte Wünsche zu verzichten.

Zum »Chaos im Kinderzimmer« gibt *Gisela Preuschoff* u.a. folgende Ratschläge:
»Tatsache ist, dass alle Kinder Orientierung und Anleitung benötigen, um eine gewisse Ordnung aufrechtzuerhalten, ohne die das Leben unerträglich wird. Wenn man genau weiß, wo was

hingehört, findet man es leichter und auch das Aufräumen macht mehr Spaß. Viel Chaos entsteht auch einfach durch ein Zuviel. Es empfiehlt sich daher, bestimmte Spielsachen wegzustellen und nur zu besonderen Anlässen herauszugeben, z.b. zum Sonntagmorgen, wenn man ausschlafen will.

Bewährt haben sich bei mir auch große Gurkengläser und Regale mit kleinen Schubladen, wie Handwerker sie haben, um dem vielen Kleinkram einen Platz zu schaffen.

Außerdem gibt es ein paar Spiele, die das Aufräumen erträglich machen. Bei verstreut liegenden Bausteinen kommt der große Lkw und lädt sie alle auf. Bei herumliegenden Stofftieren kommt der Zoowärter und bringt sie zurück an ihren Platz.«

Mir geht es im vorliegenden Zusammenhang darum,

◆ dass wir Eltern flexibler werden in unserer bisherigen Erziehungshaltung, dass wir aus unseren traditionell-eingefahrenen Gleisen der Reaktionen auf unsere Kinder leichter ausbrechen können,
◆ dass wir dann nicht zu viel und zu dauerhaft mit z.b. Schimpfereien, Entwürdigungen, Verurteilungen, Klapsen und sogar Schlägen reagieren,
◆ dass wir manche Probleme und Konfliktmöglichkeiten eher erkennen lernen,
◆ dass wir uns unseren Kindern gegenüber öfters so verhalten, wie wir wünschen, dass sie oder andere Erwachsene sich uns gegenüber benehmen,
◆ dass wir insgesamt also Wege finden, begehen erlernen und häufiger betreten, welche die sich hochschraubende Spirale der Auseinandersetzung bis hin zur Gewalt eher abstoppen und rücklaufig werden lassen.

Hierfür gibt uns Gordon zwei weitere Ratschläge, nämlich »einfache Türöffner« sowie »aktives Zuhören«, die wir häufiger einmal anwenden sollten als bisher:

»Einfache Türöffner«:

Dieser Ratschlag bezieht sich auf Erwiderungen, die nicht gleich persönliche Gedanken, Urteile oder Gefühle von uns Eltern dem Kind vermitteln, sondern das Kind dazu ermuntern, weiter über seine eigenen Gefühle und Empfindungen nachzudenken und diese auszusprechen. Sie vermitteln dem Kind weiter Neugier, Wertschätzung und Interesse über seine eigenes Denken und Abwägen. Solche Erwiderungen stoßen ein Tor auf zum Denken des Kindes oder Jugendlichen, ohne dies gleich zu beeinflussen. »Einfache Türöffner« können zunächst sehr unverbindliche Erwiderungen sein, wie z.b.: »Aha«; »Oh«; »Hm, hm«; »Interessant«; »Tatsächlich«; »Was du nicht sagst«; »Im Ernst«; »Das hast du getan«; »Wirklich«.

Andere »Türöffner« vermitteln deutlicher die Aufforderung an das Kind, weiterzusprechen und mehr von sich und seinen Empfindungen und Problemen zu berichten, also z.b.:

»Erzähl mehr darüber«; »Ich möchte etwas darüber hören«; »Dein Standpunkt würde mich interessieren«; »Möchtest du darüber sprechen?«; »Wir wollen uns darüber unterhalten«; »Mal hören, was du dazu zu sagen hast«; »Erzähl mal die ganze Geschichte«; »Schieß los, ich höre«; »Das scheint etwas zu sein, das dir sehr wichtig ist«.

> **Eine Frage ist keine wirkliche Frage,**
> **wenn Sie die Antwort schon zu wissen glauben.**
>
> *John Prime*

»Aktives Zuhören«:

Während die »Türöffner« dazu dienen, dem Kind die Tür für weiteres Sprechen zu öffnen, dient das »aktive Zuhören« dazu, diese Tür nun weiter offen zu halten. Wir möchten mehr darüber erfahren, was in dem Kind/Jugendlichen vor sich geht, ohne es dabei gleich viel mit unseren Gedanken und Meinungen und Ratschlägen und Beurteilungen und Drohungen usw. zu beeinflussen. Aktiv zuhörende Eltern versuchen also zu verstehen, was das Kind zum Ausdruck bringen will. Sie senden dem Kind nicht laufend eigene Botschaften im Sinne von Urteilen, Argumenten, Analysen oder

Fragen, sondern sie melden dem Kind »nur« das zurück, was nach ihrem Gefühl die Botschaft des Kindes bedeutet: nicht mehr, aber auch nicht weniger!

Wie können sich nun die »Türöffner« und das »aktive Zuhören« im Erziehungsalltag anders auswirken als die zahlreichen o.a. Erwiderungen auf Kinder im Rahmen der zwölf Kategorien. Dazu gibt Gordon z.b. die folgenden Beispiele:

Jan: Thomas will heute nicht mehr mit mir spielen. Er will nie, was ich will.

Mutter: Ah, warum sagst du nicht, du willst tun, was er will? Du musst lernen, dich mit deinen kleinen Freunden zu vertragen. *(Raten, Moralisieren)*

Jan: Ich will das nicht tun, was er will, und außerdem will ich mich mit dem blöden Kerl nicht vertragen.

Mutter: Nun, dann geh und such dir jemand anderen zum Spielen, wenn du ein Spielverderber sein willst. *(Eine Lösung vorschlagen, Beschimpfen)*

Jan: Er ist der Spielverderber, nicht ich. Und es ist niemand anders zum Spielen da.

Mutter: Du bist nur schlechter Laune, weil du müde bist. Morgen wirst du anders darüber denken. *(Interpretieren, Beruhigen)*

Jan: Ich bin nicht müde und morgen werde ich nicht anders darüber denken. Du begreifst einfach nicht, wie sehr ich diesen kleinen Angeber hasse.

Mutter: Nun hör aber auf, so zu reden! Wenn ich dich jemals wieder so über einen deiner Freunde sprechen höre, wird's dir Leid tun … *(Befehlen, Drohen)*

Jan: (entfernt sich verdrießlich): Ich hasse diese Gegend. Ich wünschte, wir würden fortziehen.

Was passierte hier zwischen Mutter und Kind? Die Mutter »übernahm« das Problem von Jan und bot ihm ihre »Lösungen« an. Der Zorn und die Frustration von Jan vermindern sich nicht, das Problem bleibt ungelöst und auf Jans Seite gab es keine Weiterentwicklung. Anders kann es aussehen, wenn die Mutter mit »aktivem Zuhören« reagiert:

Jan: Thomas will heute nicht mehr mit mir spielen. Er will nie, was ich will.

Mutter: Du scheinst böse mit Thomas zu sein. *(Aktives Zuhören)*

Jan: Und wie. Ich will nie wieder mit ihm spielen. Ich will ihn nicht als Freund.

Mutter: Du bist so böse, dass du das Gefühl hast, ihn nie wieder sehen zu wollen. *(Aktives Zuhören)*

Jan: Stimmt. Aber wenn er nicht mein Freund ist, werde ich nie jemanden zum Spielen haben.

Mutter: Hm, du würdest ungern ohne Freunde sein. *(Aktives Zuhören)*

Jan: Ja. Ich glaube, ich muss mich irgendwie mit ihm vertragen. Aber es fällt mir so schwer, nicht mehr wütend auf ihn zu sein.

Mutter: Du möchtest dich lieber mit ihm vertragen, aber es fällt dir schwer, nicht wütend auf Thomas zu werden. *(Aktives Zuhören)*

Jan: Früher kam das nie vor – aber das war, als er immer bereit war, das zu tun, was ich wollte. Er will sich von mir nicht mehr herumkommandieren lassen.

Mutter: Thomas ist jetzt nicht mehr so leicht zu beeinflussen. *(Aktives Zuhören)*

Jan: Bestimmt nicht. Er ist kein solches Baby mehr. Es macht aber auch mehr Spaß mit ihm.

Mutter: Eigentlich gefällt er dir so besser. *(Aktives Zuhören)*

Jan: Ja. Aber es ist schwer, ihn nicht mehr herumzukommandieren – ich bin so daran gewöhnt. Vielleicht würden wir uns nicht so oft streiten, wenn ich ihm ab und zu seinen Willen lasse. Glaubst du, das wird gehen?

Mutter: Du meinst, es könnte helfen, wenn du gelegentlich nachgeben würdest. *(Aktives Zuhören)*

Jan: Ja, vielleicht. Ich versuch's mal.

In dieser Version des »aktiven Zuhörens« blieb Jan im Besitz des Problems. Sein Zorn verringerte sich, er begann mit der Problemlösung und warf einen genaueren Blick auf sich selbst, er kam zu einer eigenen Lösung und entwickelte sich offensichtlich einen

Schritt weiter auf einen verantwortungsbewussten, selbst bestimmenden Problemlöser hin. Der Rat an die LeserInnen besteht nun nicht darin, sich mit ihren Kindern nur noch mithilfe des »aktiven Zuhörens« zu unterhalten. Man kann es auch übertreiben und dann auf die Kinder wie Roboter wirken, die einem nur die eigenen Worte etwas anders ausgedrückt wiederholen. Dies kann den gerade nicht erwünschten Effekt haben, dass die Kinder wütend werden. So gibt es z.B. Anekdoten aus dem Bereich der nichtdirektiven Gesprächspsychotherapie, welche ganz grob vereinfachend auch nach dem »aktiven Zuhören« verfährt. Es wird berichtet von Patienten, die diese (falsch und übertrieben angewendete) Widerspiegelung der eigenen Aussagen auf die Dauer derart aggressiv machte, dass sie im Freundeskreis später erzählten, sie würden am liebsten ihrem Therapeuten »einmal eine Runterhauen«, damit sie von ihm auch einmal eine eigene Regung und Meinung hören. Natürlich, dies geschieht nur, wenn man recht seelenlos und ohne Einfühlung und Interesse sowie andauernd »widerspiegelt«. Aber dies sollte kein Argument sein, dieses aktive Zuhören nicht auch Eltern gegenüber ihren Kindern mehr zu empfehlen – vielleicht wäre schon viel gewonnen, wenn wir im Durchschnitt all unserer Gespräche mit unseren Kindern so ungefähr auf eine Mischung von etwa 75% zu 25% zwischen den Erwiederungen im Rahmen der zwölf o.a. Kategorien und den Antworten beim »aktiven Zuhören« kämen.

Du gewinnst mehr Einfluss mit deinen Ohren als mit deinem Mund.

Unbekannter Autor

Wir dürfen unseren Kindern unsere Meinung sagen und sollten dies auch unbedingt tun, aber schützen können wir sie nur durch unsere Liebe, nicht durch unseren Fluch und unser Gezeter und nur begrenzt durch unsere Verbote.

Gisela Preuschoff

Auf der Grundlage solcher und anderer Empfehlungen und Einstellungen schlägt nun Gordon weiter vor, dass wir Eltern nicht mehr so häufig unsere Auseinandersetzungen mit den Kindern und Jugendlichen auf der Ebene von »Sieg« und »Niederlage« durchführen, sondern häufiger versuchen sollten, einen dritten Weg zu gehen, nämlich den der »niederlage-losen Konfliktbewältigung«. Konflikte sollten dabei so bewältigt werden, dass sie für beide Seiten annehmbar sind, ohne dass also die eine oder andere Seite dabei siegt oder unterliegt. Wie kann so etwas aussehen. Gordon führt u.a. auch ein Beispiel an, was sich erneut auf das Problem des Zimmeraufräumens bezieht (und sicherlich nicht nur durch »aktives Zuhören« bewältigt werden kann!):

Mutter: Linda, ich habe es satt, ständig wegen deines Zimmers an dir herumzunörgeln, und ich bin sicher, auch du bist es müde, dass ich deswegen hinter dir her bin. Von Zeit zu Zeit räumst du mal auf, aber meistens steht alles auf dem Kopf und ich bin wütend. Lass es uns mit einer neuen Methode versuchen, die ich im Kursus gelernt habe. Wir wollen uns bemühen, eine Lösung zu finden, die wir beide akzeptieren werden – eine, mit der wir beide zufrieden sind. Ich mag dich nicht zwingen, dein Zimmer aufzuräumen, und dich dann deswegen unglücklich sehen, aber ich mag mich auch nicht belastet und unbehaglich fühlen und deswegen ärgerlich mit dir sein. Wie können wir dieses Problem ein für alle Mal lösen? Willst du es versuchen?

Linda: Ah, schön, ich will es versuchen, aber ich weiß, das Ende wird sein, dass ich aufräumen muss.

Mutter: Nein, mein Vorschlag ist, dass wir eine Lösung finden, die wir beide akzeptieren können, nicht nur ich.

Linda: Gut, ich habe eine Idee. Dir liegt nichts am Kochen, aber du machst gerne sauber, und mir liegt nichts am Saubermachen, aber ich koche gerne. Außerdem möchte ich in der Küche noch etwas lernen. Wie wäre es, wenn ich zweimal die Woche für dich, Vater und mich das Abendessen koche, während du ein- oder zweimal die Woche mein Zimmer sauber machst?

Mutter: Meinst du, das würde funktionieren – wirklich?

Linda: Ja, mir würde es richtig Spaß machen.

Mutter: In Ordnung, dann wollen wir es versuchen. Heißt das, dass du auch das Geschirr abwäschst?

Linda: Natürlich.

Mutter: Gut. Vielleicht wird dein Zimmer jetzt nach meinen Vorstellungen sauber gemacht werden. Schließlich werde ich es selbst tun.

Nun, dieses Beispiel würde sicherlich nicht jede Mutter unter den Leserinnen so mitmachen. Aber es geht ja auch nur um das Aufzeigen der Möglichkeiten niederlageloser Konfliklösungen, die wir im Alltag wohl noch viel zu selten anwenden. Außerdem gilt mit Gordon natürlich auch Folgendes: Bei dieser Methode zur Bewältigung von Konflikten gibt es keine »beste« Lösung, die für alle oder auch nur die meisten Familien anwendbar ist:

Eine Lösung, die für die eine Familie die beste ist (also für diesen besonderen Elternteil und dieses besondere Kind), muss nicht auch für eine andere Familie die »beste« sein!

Auch die folgenden Warnungen vor bzw. Ratschläge zu bestimmten Beziehungs- und Erziehungsaspekten sollten in dem Sinne verstanden werden, dass wir Eltern sie stärker als bisher in unserem Erziehungsalltag beachten sollten:

◆ Es wurde bereits die Kritikfalle erwähnt, also die Tatsache, dass wir allgemein dazu neigen, eher zu kritisieren als zu loben. Bei der Aufforderung, Schimpfworte aufzuschreiben, fällt den meisten Menschen wohl sehr viel mehr und schneller etwas ein als bei der Aufforderung, Worte des Lobes und der Anerkennung zu finden. In der Erziehung kommt aber hinzu, dass wir häufig bei Kritik Sätze wählen, in denen die Kinder »von den Haar- bis zu den Zehenspitzen« kritisiert, verächtlich gemacht, abgewertet usw. werden. Im Ärger sagen wir dann »Bist du denn verrückt geworden«, »Wie kann man sich nur so dumm anstellen« oder »Ich kann dich nicht mehr sehen, geh in dein Zimmer«. Dabei bewerten wir also »das ganze Kind«, seine Persönlichkeit »insgesamt« wird infrage gestellt. Eigentlich regen wir uns aber über ein ganz bestimmtes Verhalten auf und das sollten wir den Kindern auch so mitteilen, also dass uns dieses oder jenes Verhalten ärgert aus diesem oder jenem Grunde.

◆ Wir sollten dann weiter darauf achten, nicht die Kinder als »verrückt« usw. hinzustellen, sondern z.b. formulieren: »Das macht mich ganz verrückt, was du da tust« – dies ist schließlich ein himmelweiter Unterschied!

◆ Gordon empfiehlt in diesem Zusammenhang, weniger »Du-Botschaften« zu gebrauchen und stattdessen »Ich-Botschaften« zu verwenden. Ich-Botschaften drücken die Empfindungen des Elternteils aus, Du-Botschaften neigen zu Bewertung bzw. Herabwürdigung des Kindes. Im Beispiel: Eine Mutter will in der Mittagspause ausspannen, aber ihr Kind spielt sehr wild im Nebenzimmer und stört dauernd die Mutter beim Ausruhen. Schließlich schimpft die Mutter, und zwar mit einer Du-Botschaft: »Du bist eine Plage!« Ich-Botschaften beziehen sich dagegen auf die Mutter und ihre Sorgen, Empfindungen und Wünsche, also z.B. (ggf. auch schimpfend): »Bitte lass mich ausruhen! Ich bin hundemüde!« Für andere Situationen führt Gordon folgende Ich-Botschaften an:

- »Ich kann nicht ausruhen, wenn mir jemand auf dem Schoß rumkrabbelt.«
- »Ich habe keine Lust zum Spielen, wenn ich müde bin.«
- »Ich verliere richtig den Mut, wenn ich meine saubere Küche wieder schmutzig sehe«.

Grenzen setzen und sie dauerhaft beachten

Grenzen setzen ist in der Erziehung absolut notwendig. Bevor Eltern allerdings Grenzen setzen, sollten sie vorher eine klare Vorstellung davon haben, welche Grenzen notwendig erscheinen im Hinblick auf das Alter und den Entwicklungsstand des Kindes. Außerdem müssen die Eltern bereit sein, immer wieder zu hinterfragen, warum sie meinen, dass gerade diese oder jene Grenze für sie von Bedeutung ist. Grenzen, von denen man dann letztlich meint, dass sie gerechtfertigt sind, sollten genau beachtet und konstant eingehalten werden – aber es ist weiterhin wichtig, dass sich Eltern ihre eigenen Motive beim Durchsetzen der spezifischen Grenzen bewusst machen. Dazu gehört auch, dass Einschränkungen und Grenzen vor dem Hintergrund von Überlegungen erfolgen sollen, was am besten für das Kind und seine Familie ist.

Kinder benötigen Unterstützung und klar verständliche Grenzen, weil ihnen dies ein Gefühl der Sicherheit gibt. Eltern besitzen eine natürliche Autoriät gegenüber ihren Kindern, weil sie bereits länger leben und so mehr Erfahrungen haben. Das ist jedoch in keiner Weise mit sturer Autorität gleichzusetzen, wobei dann Entscheidungen ohne die Beachtung der Meinung anderer durchgesetzt werden. Im Gegenteil: In einer Beziehung, die auf einem fortlaufenden Zusammenspiel mit liebevollen Eltern beruht, wird sich allmählich und schrittweise in dem Kind eine innere Stimme entwickeln, welche ihm sagt, was erlaubt ist und was nicht. Diese Stimme darf nicht durch Bestrafung und Gewalt erstickt und geschwächt werden.

Nach Informationen der schwedischen Regierung
zur gewaltfreien Erziehung

◆ In Bezug auf »schmutzig« bietet sich ein Übergang zu folgendem Problem an. Bei vielen unserer Einstellungen tragen wir aus vielerlei Gründen Brillen, Lupen oder sogar Elektronenmikroskope auf der Nase, weswegen wir dann einigen Dingen in unserem Leben eine riesige Bedeutung beimessen und dann dementsprechend unangemessen und übertrieben reagieren. Nehmen wir also an, ein Elternteil neigt dazu, dass die Wohnung äußerst sauber, ordentlich und aufgeräumt sein muss. Schon geringfügige Abweichungen davon rufen bei ihm Gefühle des »Chaos« hervor. Dieses Elternteil wird sehr früh und auch häufig z.B. in der eigenen Wohnung Schmutz, Unordnung und Durcheinander bemerken und dies auch übersteigert als »schlimm« empfinden. Die Folge wird wohl sein, das dieses Elternteil mit seinem Kind häufig in Auseinandersetzungen über das Zimmeraufräumen verstrickt sein wird. Es lohnt sich also, immer mal wieder seine Einstellungen zu überprüfen und zu hinterfragen – nicht selten wird sich herausstellen, dass wir uns lange Zeit mit Problemen herumgeschlagen haben, die eigentlich keine sind.

> In 20 Jahren macht es keinen Unterschied mehr, wie Ihr Kind sein Haar getragen hat oder ob es unverschämt zu Ihnen war; und selbst, wenn es von der Schule flog, ist es dann nicht mehr wichtig.
> Es gibt keine Forschungsergebnisse, die zeigen, dass aus einem aufsässigen Jugendlichen ein für immer erfolgloser und unglücklicher Erwachsener werden muss.
> Vieles von dem Ärger, den Kinder ihren Eltern bereiten, ist »altersbedingt«. Wenn Ihr Kind mit 21 noch denselben Unsinn macht, für den es mit 15 Jahren Ärger bekam, schicken Sie mir eine kleine Nachricht …
>
> *Jamie Raser*

◆ Neben diesem Problem, dass wir häufig »aus Mücken Elefanten« machen, gibt es auch so etwas wie einen »Sonnenbrillen-Effekt«. Das heißt, dass eigentlich alles recht heiter und blau aussehen könnte, wobei zugegeben durchaus auch Wolken vorhanden sind, wir aber in Bezug auf bestimmte Dinge eher alles »schwarz sehen.« Häufig sind dies die Schule und der Leistungsbereich. Die Sorge um die Zukunft und die Berufschancen der Kinder treibt dann Eltern in übertriebene Leistungserwartungen, die Kinder fühlen sich fast nur noch angenommen sowie als Person liebenswert und wertvoll, wenn sie gute Noten mit nach Hause bringen, Dreier und Vierer werden schon als Katastrophen erlebt. Um diese Noten zu verbessern, werden die Hausaufgaben von den Eltern überwacht und das Kind muss mit den Eltern vermehrt üben, was häufig in Sätzen endet wie: »Herrgott noch mal, warum kapierst du das denn immer noch nicht« oder »Das kann doch nicht wahr sein, das du sooo blöd bist« u.Ä. Natürlich gerät so das Kind unter starken Leistungsdruck, wird vor und während der nächsten Klassenarbeit extrem aufgeregt und unsicher sein sowie gerade deswegen seine eigentliche Begabung und sein eigentliches Wissen nicht ausschöpfen können: »Als ob ich ein Brett vor dem Kopf hatte« (Kind) oder »zu Hause hat es noch alles gekonnt« (Eltern) sind dann die typischen Sätze.

◆ Haben wir uns erst einmal im Verlaufe von Monaten und auch Jahren verrannt, so treten oft noch weitere Sehstörungen hinzu. Nehmen wir als Beispiel wieder Schulleistungsprobleme. Gehen wir weiter von der Annahme aus, diese seien nicht gerade gering, aber auch nicht furchtbar groß, etwa von der Größe eines DIN-A4-Blattes. Dieses Blatt liegt zwar nicht verborgen irgendwo in der Wohnung herum, sondern – weil es für alle wichtig ist – auf dem Wohnzimmertisch. Dies hindert uns nicht, viele andere Dinge in der Wohnung noch zu sehen. Auf das Kind übertragen bedeutet dies: Wir wissen, dass es im Leben eines Kindes noch viele andere Dinge gibt neben der Schule und darüber wird auch gesprochen, diskutiert, gelacht, sich gefreut, Interesse gezeigt, sich ausgetauscht usw. Wenn nun aber diesem Schulbereich übermäßig viel Bedeutung beigemessen wird, drücken wir uns also sozusagen »ein Problem aufs Auge«, so liegt das DIN-A4-Blatt nicht mehr auf dem Wohnzimmertisch, sondern wir haben es direkt »vor Augen«. Dadurch sehen wir fast nur noch dieses Problem-Blatt, wir werden blind für alle anderen Dinge. Und genauso geht es dann unserer Beziehung zum Kind: Viele Bereiche des Erlebens des Kindes gehen buchstäblich unter, kommen zu kurz, werden nicht beachtet.

◆ Es wurde in diesem Buch schon einige Male versucht, den Eltern und Erwachsenen ihre Verhaltensweisen gegenüber den Kindern und Jugendlichen dadurch bewusster zu machen, dass »der Spieß umgedreht wurde«. Dabei sollten die LeserInnen sich also vorstellen, Kinder und Jugendliche oder auch Bekannte und FreundInnen würden sich ihnen gegenüber ähnlich oder sogar genauso verhalten, wie sie es gegenüber den Kindern/Jugendlichen tun. Auch diese »Spiegelung« unseres Verhaltens sollten wir öfter gedanklich vornehmen. Gordon gibt in diesem Zusammenhang noch ein weiteres, etwas abgewandeltes Beispiel: »Ein Freund besucht Sie zu Hause und setzt zufällig den Fuß auf die Querleiste eines Ihrer neuen Esszimmerstühle.« Zu dieser Szene nimmt nun Gordon an, wir würden uns gegenüber dem Freund genauso verhalten wie gegenüber Kindern, also z.b. sagen: »Nimm augenblicklich die Füße von meinem Stuhl!« Oder:»Du solltest nie die Füße auf den neuen Stuhl eines anderen Menschen setzen!« Oder vielleicht auch:»Oh mein Gott! Muss das denn schon wieder sein, dass du mir was dreckig machst?! Pass doch einmal auf!« Zu Recht meint Gordon, dass solche Sätze lächerlich klingen, weil die meisten Leute Freunde mit mehr Achtung behandeln und auch wollen, dass ihre Freunde in solchen Situationen das »Gesicht wahren«. Außerdem nehmen wir auch an, dass der Freund genügend Verstand besitzt, um selbst eine Lösung des Problems zu finden, wenn es ihm erst einmal mitgeteilt wurde. Ein Erwachsener würde also dem Freund meist nur seine Empfindung mitteilen (wenn er überhaupt etwas sagt) und davon ausgehen, dass der Freund von selbst angemessen reagiert, also z.b.:»Ich fürchte, dass du meine neuen Stühle mit deinen Füßen zerkratzen könntest«, oder:»Es ist mir peinlich, aber ich bin da halt ein wenig pingelig, die Stühle sind neu, und ich hab Angst, du zerkratzt sie«.

◆ Sicher, Eltern dürfen auch mal wütend werden, auch mal laut werden, auch mal schreien. Penelope Leach verdeutlicht dies mit der folgenden Szene:»Wenn wirklich alles außer Kontrolle gerät, dann verschaffen Sie sich Luft, indem Sie z.b. in die Hände klatschen. Das kann Ihr Kind stoppen. Statt zu brüllen ›wenn du jetzt nicht aufhörst, dann knallts, sagen Sie ›wenn du jetzt nicht aufhörst, schreie ich!‹ – und dann schreien Sie.« Natürlich müssen sich Eltern auch durchsetzen und dürfen ihre Gefühle zeigen, was Leach dann folgendermaßen veranschaulicht:»Wenn Sie auf Ihr Kind ärgerlich sind, fressen Sie es nicht in sich hinein. Sagen Sie ihm, was es falsch gemacht hat und was es tun kann, um es wieder gutzumachen. Wenn Ihr Kind nicht reden oder hören will, verschwenden Sie keine Energie darauf, es anzuschreien oder ihm eine Ohrfeige zu geben. Um seine Aufmerksamkeit zu gewinnen, begeben Sie sich auf seine Augenhöhe, halten es sanft an den Oberarmen fest, sehen es fest an und dann sprechen Sie zu ihm. Wenn Sie zu gestresst sind, um mit Ihrem Kind zu reden, gehen Sie woanders hin und gönnen sich fünf Minuten Ruhe, und verwöhnen Sie sich (vielleicht frische Luft schnappen oder eine Zeitschrift ansehen). Gehen Sie erst zurück, wenn Sie in einer Verfassung sind, die es Ihnen erlaubt zu sagen: ›Lass uns noch mal neu anfangen.‹«

Darf man seinen Ärger zeigen?

Einige Menschen scheinen für sich Selbst-Kontrolle und Geduld zu einer Art »Ehrenkodex« und »ehernem Gesetz« zu erheben. Wenn man sich aber übermäßig anstrengt oder gar dazu zwingt, seine Gefühle von Ärger, Zorn und Enttäuschung zu unterdrücken, so entsteht die große Gefahr, dass auch Gefühle von Zuneigung, Wärme und Liebe zurückgehalten werden. Unsere Gefühle kommen nicht alle aus unterschiedlichen Leitungen, sie äußern sich oft in einer Gefühlsmischung. Wenn wir dann ein Gefühl unterdrücken lernen, verdrängen wir oft gleich auch die anderen Gefühle mit.

Ohne Zweifel lieben Eltern ihre Kinder meistens, aber gelegentlich werden sie auch ärgerlich. Wenn sie sich dann die Erlaubnis geben, auch ärgerlich sein zu dürfen, so staut sich keine Wut an und es wird ihnen viel leichter fallen, schlechte Erziehungsmethoden zu vermeiden, wie z.B. Klapse oder Schläge. Ärger, Angst usw. zu zeigen und zu äußern ist besser, als dies mit Schlagen zum Ausdruck zu bringen.

Nach Informationen der schwedischen Regierung
zur gewaltfreien Erziehung

◆ Gewaltvorbeugung beim Kind fängt bei sich selbst an: Eltern sollten also häufiger auch ihre eigenen Einstellungen zur Gewalt überprüfen. Achten Sie also darauf, wie häufig sie vor dem Kind aggressive Handlungen und Gewalt befürworten, z.B. wenn Sie ihre Wut über einen Nachbarn, einen anderen Autofahrer, den Arbeitskollegen, das Vereinsmitglied, einen Angehörigen, einen Politiker usw. herausbrüllen und dann dabei im weitesten Sinne auch körperliche Bestrafungen »befürworten«.

◆ Gewalt und Aggression sind keine Tabuthemen. Sie sollten mit Ihren Kindern auch über Ihre eigenen Erfahrungen reden und natürlich auch über die Erlebnisse Ihrer Kinder mit Aggression und Bedrohung, auch über die gezeigte Gewalt in den Medien (z.B. Kriege in der Tagesschau oder Filme, in denen Gewalt und Aggression fast im Sinne von »richtigen« Konfliktlösungen dargeboten werden). Wenden Sie sich also gegenüber Ihren Kindern gegen jede Form von Gewalt im privaten, gesellschaftlichen und politischen Bereich.

12.

Elternbriefe: Informationen und Ratschläge während der Entwicklung der Kinder

Die Ausführungen im vorangegangenen Kapitel waren insbesondere darauf ausgerichtet, Eltern und Erwachsenen allgemeine Grundlagen, Hinweise und Einstellungen zu vermitteln, welche sicherlich hilfreich sein können, im praktischen Erziehungsalltag Wege zu einer gewaltfreien Erziehung bzw. einer allgemein die Würde von Kindern beachtenden Erziehung in einer demokratischen Kultur zu finden. Zwar enthielten diese Darstellungen auch etliche konkrete Ratschläge, welche hier und da auch schon gleich einmal »ausprobiert« werden könnten, aber es wird allen LeserInnen zunächst einmal empfohlen, nicht vorschnell ihr Verhalten und ihre Beziehung zu den Kindern »umzukrempeln«. Sie sollten vielmehr dieses Kapitel erst einmal einige Zeit lang wiederholt auf sich wirken lassen, der Kritik unterziehen, verschiedenste Punkte in Ruhe abwägen und bedenken sowie so etwas wie eine »Seh- und Hörschule nach Innen« stattfinden lassen, also genau hinschauen und hinhören lernen, wie »Kopf, Bauch und Herz« auf die Inhalte dieses Kapitels reagieren. Ergeben sich neue Einsichten, so werden sie sicherlich auch schon »wie von selbst« im Erziehungsalltag ihren Niederschlag finden. Aber letztlich reicht dies natürlich nicht: Es bedarf dann in einem zweiten Schritt einer starken Motivation, sich und die Beziehungen zu den Kindern wirklich dauerhaft ändern zu wollen. Mit »halbem« oder gar »viertel« Herzen ist dies wohl kaum zu erreichen. Gehen Sie also in der Anfangszeit vielleicht jeden Abend einmal den Tag mit Ihren Kindern nochmals in Gedanken durch, vergegenwärtigen Sie sich bestimmte (Krisen-)Situationen, überlegen Sie, was Sie für sich das nächste Mal noch besser machen könnten, und besprechen Sie dies auch mit Ihrem Ehemann oder Ihrer Ehefrau.

Natürlich reicht nun so ein Kapitel auch nicht, um das Informations- und Wissensbedürfnis von Eltern hinreichend zu stillen. Deswegen entstand in den 40er-Jahren in den USA die Idee von Elternbriefen. Mit solchen Briefen sollten Eltern, die ihr erstes Kind erwarteten, Kenntnisse über die seelische Entwicklung des Kindes vermittelt sowie Ratschläge zur Erziehung gegeben werden. Das wünschenswerte Ziel wurde bald darin gesehen, solche Briefe allen Eltern zuzuschicken, die ihr erstes Kind erwarteten. Deswegen wurde von Anfang an versucht, die Elternbriefe so abzufassen, dass sie auch für alle Eltern unabhängig von ihrem Bildungsstand und Alter verständlich sind. Außerdem erschien es sinnvoll, den Eltern in bestimmten Zeitabschnitten Briefe zuzuschicken, welche auf die jeweilige Phase der kindlichen Entwicklung abgestimmt waren. Da sich das Kind in den ersten Lebensjahren in sehr vielen Bereichen sehr schnell entwickelt, wurden für diesen Zeitraum recht viele Elternbriefe verschickt, während danach dann die Abstände größer werden konnten.

In der Folgezeit wurden diese amerikanischen Elternbriefe in den 50er-Jahren auch in Deutschland übernommen und im Verlaufe der Zeit durch Experten immer wieder überarbeitet. Die im deutschsprachigen Raum erhältlichen Elternbriefe möchte ich im folgenden knapp und jeweils an einigen Beispielen bruchstückhaft vorstellen. Die ausgewählten Textbeispiele werden sich dabei alle auf Briefe beziehen, welche sich an Eltern mit Kindern von etwa 2 1/2 Jahren richten, und sie sind als Ergänzung zu den Ausführungen im vorangegangenen Kapitel gedacht. Weiter sollen beispielhaft und auszugsweise auch Inhaltsübersichten über gesamte Elternbriefe oder aber einzelne Briefe gegeben werden. Insgesamt lässt sich erkennen, wie umfangreich und umfassend letztlich alle Elternbriefe Information und Hilfestellungen anbieten – oder anders formuliert: Es gibt wohl kaum einen »Beruf« bzw. eine »Berufung«, für die so fahrlässig wenig Aus-, Weiter- und Fortbildung in Anspruch genommen wird wie für die Aufgaben »Elternschaft« und »Erziehung«!

1. Elternbriefe des »Arbeitskreis neue Erziehung«/Berlin:

Es handelt sich um 46 Elternbriefe für die Zeit vom 1. bis zum 8. Lebensjahr des Kindes. Im Brief 22 (Alter des Kindes: 2 Jahre und 8 Monate) werden folgende Themen angesprochen:
Wie selbstständig soll ein Kind werden?
Hilfe zur Selbsthilfe
Selbstständigkeit auch beim Essen und Trinken?
Was ist eigentlich Ordnung?
Zum Selbstständigwerden gehört der Kontakt zu anderen Kindern
Was heißt verwöhnen?
Vielleicht helfen Beispiele weiter
Und nun ein Gegenbeispiel
Das Kind ist neugierig
Viel fragen macht klug!
Antworten Erwachsene immer?
Sexualität und Aufklärung
Kinder stellen Fragen
Doktorspiele
Zeitverständnis bei Kindern

Das Textbeispiel bezieht sich auf den Kontakt zu anderen Kindern:

Zum Selbstständigwerden gehört der Kontakt zu anderen Kindern

Kinder können mit Kindern ganz andere Spiele spielen als mit Erwachsenen. Erwachsene haben oft so schrecklich viel Mühe, wirklich unbefangen und ohne Hemmungen zu sein.
Kinder lernen auch schnell voneinander, weil sie sich schnell verstehen und nicht so hohe Ansprüche aneinander stellen. Da kann ein Kind z.B. die Pedale seines Dreirades noch nicht richtig bewegen. Die Eltern können ihm gar nicht so schnell über die Schwierigkeit hinweghelfen, weil es ihnen schwer fällt, sich in die Lage des Kindes hineinzuversetzen. Ein anderes Kind aber, das selbst erst vor kurzer Zeit Dreirad fahren gelernt hat, weiß sofort, wie die Hindernisse zu überwinden sind. Es kann dem An-

fänger gleich die richtige Technik beibringen, weil zwischen Kindern oft ein unausgesprochenes Einverständnis besteht.

Außerdem ist es viel ermutigender, einem Spielkameraden nachzueifern als den Eltern, die sowieso alles können. Auch manchen Fehler muss man erst einmal machen dürfen, bevor man begreifen kann, dass es ein Fehler ist – und manche Dummheit möchte man gern machen, selbst wenn man weiß, dass es eine Dummheit ist! Kinder brauchen Kinder – zum Spielen und zum Lernen.

Haben Sie schon Spielplatzkontakte? Oder Bekannte, die regelmäßig mit ihren Kindern zu Besuch kommen, mit denen man sich auch einmal in der Betreuung der Kinder abwechseln kann? Könnte sich daraus eine regelmäßige Spielgruppe ergeben oder eine als Verein eingetragene Eltern-Kinder-Gruppe, in der die Kinder über Jahre gemeinsam erzogen werden können? Suchen Sie auf jeden Fall jetzt solche Kontakte, sie sind auch wichtig, wenn Sie planen, Ihr Kind später in den Kindergarten zu geben. Haben Sie ein bisschen Angst vor dieser Zeit, in der Ihr Kind regelmäßig für paar Stunden fortgehen wird?

Was werden Sie in dieser Zeit tun? Vielleicht haben Sie in den letzten Jahren so manchen eigenen Wunsch, manches Interesse zurückgestellt – ja, sogar fast vergessen –, denken Sie doch einmal darüber nach!

Wir werden in den nächsten Briefen noch auf dieses wichtige Thema zurückkommen.

2. Peter-Pelikan-Briefe:

Diese Briefe werden herausgegegeben von Peter-Pelikan e.V., Riesstraße 78, 80993 München. Sie bestehen aus den folgenden Serien (wobei die Inhalte nur sehr auswahlweise angedeutet werden können):

9 Briefe an werdende Mütter und Väter:
- Beratung und Hilfe für Schwangere
- Alkohol, Nikotin, Drogen, Medikamente

- Kinder werden selbstständiger
- Kindersitz und Anschnallpflicht
- Kinder auf dem Fahrrad
- Vorbild der Erwachsenen
- Kinderverkehrsclub
- Richtige Bekleidung
- Angst macht unsicher

Greift man nun von den 36 Briefen zur Erziehung bis zum Schuleintritt den Brief 23 heraus (das Kind ist dann 2 Jahre und 8 Monate alt), so finden sich in diesem u.a. folgende Inhalte: Grundbedürfnisse eines Kindes; Ihr Kind wird selbstständig; ein Stück Verantwortung für das Kind; auf dem Weg in die Unabhängigkeit; vom Daumenlutschen; Vorsorge für die Zähne. Der folgende Textauszug soll beispielhaft die Art und Weise dieser Elternbriefe veranschaulichen:

Ihr Kind wird selbstständig

Bis zur Selbstständigkeit ist ein langer Weg. Angefangen hat er, als Ihr Kind zum ersten Mal bewusst »ich« sagte – und enden wird er erst, wenn es schon erwachsen ist. Ihre Aufgabe dabei wird sein, die einzelnen Schritte zu begleiten und zu fördern und ihm die nötige Rückversicherung zu geben, dass es auf dem rechten Weg ist.

Ihr Kind empfindet ein starkes Bedürfnis, sich selbstständig in der Welt behaupten zu können. Je mehr es sich seiner eigenen Persönlichkeit, seiner wachsenden Fähigkeiten und der Kraft seines Willens bewusst wird, desto gezielter plant es seine »eigenen« Handlungen. Nicht immer geht das ohne Reibungsverluste ab, denn es kann noch nicht alles so ausführen, wie es das mit seinem Willen plant. Es kennt sich auch noch nicht gut genug, um zu wissen, wozu es schon fähig ist und wozu noch nicht. Oft nimmt es sich zu viel vor. So verhaspelt es sich vielleicht und fängt an zu stottern, weil die Worte nicht so schnell kommen wie die Gedanken. Oder es zieht sich immer wieder Schrammen und Beulen zu, weil es schneller laufen will als seine Beine das können. Über solche »Misserfolge« grämt sich Ihr Kind. Es spürt, dass es halt doch mal wieder zu klein für seine Pläne war. In solchen und unzähligen ähnlichen Situationen braucht es Ihre Hilfe und Ihr Verständnis, um sich mit seinem Unvermögen, mit seiner »Kleinheit«, wieder aussöhnen zu können. Es muss seine Enttäuschung verkraften: Unabhängigkeit wollte es zeigen und hat stattdessen bewiesen, doch noch auf seine Familie oder andere zu ihm gehörende Menschen angewiesen zu sein. Äußerst wichtig ist, dass Sie ihm dann Trost geben und Mut machen. Erwachsene müssen stets vermeiden, das von sich selbst enttäuschte Kind durch Ironie oder das Ausspielen ihrer Überlegenheit zu kränken.

Weitere Tipps für das Selbstständigwerden
Geben Sie Ihrem Kind die Möglichkeit, seine Beschäftigungen frei zu wählen. Lassen Sie es dabei auch Neues, Unbekanntes ausprobieren – vorausgesetzt, dass es ungefährlich ist. Mit jeder Bewältigung einer neuen Situation wächst sein Selbstbewusstsein und damit seine Selbstständigkeit.

- Oft freut es sich überschwänglich über seine Leistungen. Weisen Sie es dann nicht zurück. Freuen Sie sich mit ihm!
- Loben Sie Ihr Kind für seine Bemühungen und Leistungen, Teilerfolge nicht vergessen! Achten Sie jedoch darauf, das Kind nicht mit Lob und Belohnungen zu überschütten. Sonst besteht die Gefahr, dass es allerlei sinnlose Dinge tut oder das Gleiche immer wieder, nur um beachtet und belohnt zu werden. Das wäre kein Schritt in die Selbstständigkeit, sondern in neue Abhängigkeit.
- Seien Sie nicht zu ängstlich, wenn Ihr Kind etwas ausprobieren möchte. Klar, dass Sie dafür sorgen, dass es sich nicht verletzen kann. Doch bedenken Sie, dass Eltern ihren Kindern weder alle Probleme abnehmen dürfen, noch alles Böse von ihnen fern halten können. Geben Sie ihm eine Chance, sich zu bewähren, damit es sich auch im späteren Leben durchzusetzen lernt.
- Geben Sie nicht jeder Forderung oder Laune Ihres Kindes

nach. Damit es ein Gefühl der eigenen Stärke entwickeln kann, muss es wissen, innerhalb welcher Grenzen es sich frei entfalten kann. Mehr zu den Themen Grenzen, Freiheit, Gehorsam, Wutanfälle und Loben finden Sie in den Briefen 16, 17, 19 und 20.

- Sagen Sie aber auch nur dort »nein«, wo es wirklich nötig ist. Vielleicht lesen Sie dazu noch mal im Brief 10 nach. Viel können Sie Ihrem Kind jetzt schon durch Erklärungen verständlich machen, z.B. dass es an der Hand gehen muss, weil die Autos gefährlich sind.

- Denken Sie sich in Ihr Kind hinein, und beurteilen Sie sein Verhalten nicht nach den Maßstäben der Erwachsenenwelt. Was Sie als lustig, drollig oder auch unverschämt empfinden, sieht es mit ganz anderen Augen.

- Wenn Ihr Kind jetzt manchmal »lügt«, dann ist auch das ganz normal! Sobald es anfängt, selbstständig zu denken, entwickelt sich auch seine Phantasie. Manchmal macht es ihm einfach Spaß, Ihnen etwas »vorzuflunkern«. Manchmal kann es aber auch noch nicht unterscheiden zwischen dem, was es tatsächlich erlebt hat, und dem, was es sich vorgestellt hat. Vielleicht sagt es, »ich habe einen Löwen gesehen«, und es war nur ein Hund. Oder ein ausgedachter Freund habe seine Hose nass gemacht. Nehmen Sie's mit Humor und fragen Sie es, wie der Freund heißt. Mit zunehmender geistiger Reife lernt es die Wirklichkeit erkennen und auch, dass es die Wahrheit sagen muss.

- Etwas sehr Wichtiges zum Schluss: Väter müssen sich jetzt besonders viel Zeit für ihre Kinder nehmen, damit sie sich gerade in dieser Entwicklungsphase auch an dem männlichen Element orientieren können.

3. Pro Juventute Elternbriefe:

Die Schweizer Stiftung »pro juventute« möchte die Lebensqualität von Kindern und Jugendlichen in der Familie und in der Gesellschaft fördern und bringt in diesem Zusammenhang auch Elternbriefe (12 Elternbriefe für das 1. Lebensjahr, 10 Briefe für das 2. und 3. Lebensjahr, 12 Elternbriefe für das 3. bis 6. Lebensjahr) in deutscher, italienischer und französischer Sprache heraus. Beispielhaft sei hier der Brief 20 (Alter des Kindes: 2 Jahre und 6 Monate) herausgegriffen mit den folgenden Abschnitten:

Erziehungsratschläge anderer

Kranksein ist nicht nur negativ
  Der Umgang mit einem kranken Kind
  Die Krankheit erklären
  Für kleine Kinder ist alles »Bauchweh«
  Krankheit erträglich machen
  Berufstätige Mütter und Väter

Mein Kind muss ins Spital
  Während des Spitalaufenthaltes
  Wieder zu Hause

Kindgerechtes Wohnen
  Ein paar Wohnideen
  Jedem seine eigene Ecke

Guten Abend, gut Nacht
  Warum schlafen Kinder nicht ein?
  • Es ist ein »Abend-Kind«
  • Es ist ein sehr aktives Kind
  • Es liebt den Widerstand
  • Es hat Angst vor dem Einschlafen
  • Es ist mitten in einer Entwicklungsphase
  • Es hat Angst vor dem Alleinsein
  • Es hat Angst vor der Dunkelheit

- Wir haben einen schlechten Tag gehabt
- Die Eltern sind ungeduldig

Was tun?
Wenn es aufwacht mitten in der Nacht
- Woher kommen die Albträume?
- Angst vor Trennung
- Angst vor allen möglichen Dingen
- Wie können Eltern helfen

Gibt es »Anstandsregeln« für kleine Kinder?

Hübsch und sauber soll es sein …

Kein Zwang zum Zärtlichsein
Küsse auf Kommando? Lieber nicht

Und übrigens …
Zeitverständnis bei Kleinkindern
Vorsicht beim Baden!

Adressenverzeichnis
Literaturverzeichnis

Auch aus diesem Brief sei ein Textbeispiel wiedergegeben:

Gibt es »Anstandsregeln« für kleine Kinder?
Sag schön »Guten Tag«, sag »Danke«, »Guten Appetit«. Unser Alltag ist voll von solchen Sätzen, die wir so dahinsagen. Höflichkeit erleichtert das Zusammenleben. Gewisse Umgangsformen sind allen Menschen eigen – sie signalisieren Wohlwollen, die Bereitschaft, dem andern freundlich zu begegnen.
Ein Kind von zweieinhalb Jahren versteht diese Rituale von uns Erwachsenen noch nicht. Es sieht deren Sinn nicht ein. Hin und wieder wird Ihr Kind zwar recht »wohlerzogen« sein. Aber nicht, weil es versteht, warum, sondern weil Sie es wünschen oder weil

es Sie nachahmt. Doch dann kann es wieder vergessen, sich »höflich« aufzuführen. Es hat keine Lust dazu – oder es muss mal wieder zeigen, dass es seinen eigenen Kopf hat.

Regen Sie sich nicht auf, wenn Ihr Kind statt der rechten die linke Hand gibt – oder gar keine. Wenn es nicht »Danke schön« sagt. Es ist keine »böse« Absicht dabei. Versuchen Sie auch nicht, es zu anständigem Verhalten zu zwingen. Lieber ein offenes, spontanes Kind als eines, das bereits sämtliche »Benimm-Regeln« auswendig kennt!

Hübsch und sauber soll es sein …

Ein verständlicher Wunsch der Eltern! Zum Beispiel die Haare: Wir haben bestimmte Vorstellungen, wie oft diese gewaschen werden und wie sie geschnitten sein sollten. Zwischen dem zweiten und vierten Lebensjahr sträuben sich Mädchen und Buben häufig mit Händen und Füßen gegen diese Prozedur. Geben Sie in diesem Fall Ihrem Kind doch einen großen Schwamm, damit es seine Haare während des Badens selber »sauber« machen kann. (Sie sind ja nicht so schmutzig, dass sie jeden Tag schamponiert zu werden brauchen.) Und warum soll ihm ein Haarschnitt aufgedrängt werden, der ihm nicht gefällt? Der Augenblick kommt bestimmt, wo Ihr Sohn/Ihre Tochter größten Wert darauf legt, hübsch und modern frisiert zu sein!

Protest kann es auch beim Nasen- und Ohrenputzen geben. Nasenputzen kann zu einem lustigen Spiel werden, wenn Sie es Ihr Kind selber machen lassen. Und bei den Ohren wollen manche Eltern zu viel des Guten. Jedes Ohr produziert Ohrenschmalz. Dieses wird aber von selbst nach außen befördert. Dort kann es, wenn es sichtbar ist, entfernt werden. Tiefer sollte auf keinen Fall im Ohr geputzt werden, denn das Ohrenschmalz könnte dadurch in Richtung Trommelfell gedrängt werden.

Kein Zwang zum Zärtlichsein

Etwas, das Eltern oft in Verlegenheit bringt, ist die Zärtlichkeit. Für ein Kind unter drei Jahren hat Umarmen und Küssen noch nicht unbedingt etwas mit Liebesbeweisen zu tun. Es ist Eltern oft peinlich, wenn ihr Kind mit keinem Mittel dazu zu bewegen ist, dem Onkel, der Freundin ein Küsschen zu geben. Oder wenn es sich hinter Mutters Beinen verbirgt und sich absolut nicht umarmen lassen will.

Das heißt nicht, dass es Zärtlichkeit nicht gern hat. Und dass es Sie nicht gerne küsst – aber nur, wenn es das auch will. Seine Liebe beweist es Ihnen anders: indem es Ihnen seine Spielsachen bringt, indem es sich auf Ihre Knie setzt, indem es Vertrauen hat in Sie.

Küsse auf Kommando? Lieber nicht.

Niemand kann ohne Zärtlichkeit leben. Körperkontakt mit Mutter und Vater ist für ein Kind lebenswichtig.

Aber diesen Kontakt will es nicht mit jeder und jedem haben – und auch nicht immer mit Ihnen. Es bestimmt selber, zu wem es zärtlich ist, wen es mag. Auch Kinder haben Sympathien und Antipathien. Auch Kinder sind nicht immer aufgelegt zum »Liebsein«.

Ein Kind hat das Recht, »Nein« zu sagen. Stellen Sie sich deshalb hinter Ihr Kind, wenn es keine Küsschen verteilen will. Versuchen Sie, der enttäuschten Großmutter zu erklären, dass sie den Willen der Enkelin/des Enkels achten sollte.

Mit diesem nachdenklichen Kapitel verabschieden wir uns von Ihnen, liebe Eltern. Mit den besten Wünschen für die nächsten drei Monate sind wir

Ihr pro juventute-Team

4. Elternbriefe des Österreichischen Bundesministeriums für Umwelt, Jugend und Familie:

Es liegen vier Mappen mit Elternbriefen für Kinder bis zu 2 Jahren, von 2–6 Jahren, von 6–10 Jahren sowie von 10–18 Jahren vor. In der Mappe für Eltern von Kindern im Alter zwischen 2 und 6 Jahren liegen 15 Briefe vor, welche nicht mehr jeweils einer bestimmten Alters-Untergruppe zugeordnet werden und z.B. die folgenden Punkte behandeln: Mein Kind ist eine Nervensäge; »Ich meine es ja nur gut mit dir!«;Wenn das Kind krank ist; Der Eintritt in den Kindergarten; Kinderzorn – Erwachsenenzorn; Mein und Dein im Kindesalter; Der Ärger mit dem Schlafengehen; Wenn ein Kind Angst hat; »Dumme« Fragen; Wenn Geschwister streiten; Umgehen mit dem Alleinsein; Kinder haben ihre eigene »Ordnung«; Lüge oder Phantasie; Ist mein Kind »verdorben«?; Wann ist das Kind schulfähig.

Das folgende Textbeispiel ist dem 20. Brief entnommen: Kinderzorn – Erwachsenenzorn?

Liebe Eltern,
Planung im Erziehungsalltag vermeidet Konflikte. Gabi wurde durch die oben dargestellte Szene in zweifacher Hinsicht überfordert: Für eine noch nicht Dreijährige ist eine Schieneneisenbahn ein schwieriges Spielzeug. Überforderung aber erzeugt berechtigten Ärger. Außerdem ist es für ein so kleines Kind schwer einzusehen, dass die Mutter mehr Interesse für die Zahlen auf dem Papier zeigt, als für ihr Töchterchen. Dreijährige können ihre Gefühle noch nicht beherrschen. Sie werden von ihnen förmlich überfallen. Erst durch die geduldige Hilfe der anderen Familienmitglieder lernen sie, mit Ihren Gefühlen umzugehen.

Für schwieriges Spielzeug sollten sich daher die Eltern Zeit nehmen, um mit dem Kind das neue Spiel in Ruhe zu erarbeiten. Es soll dem Kind ja schließlich Spaß machen! Die neue Eisenbahn ist außerdem das denkbar ungeeignetste Beschäftigungsmittel, wenn die Mutter daneben in Ruhe arbeiten will. Es gibt aber genug Spielzeug, das geeignet ist, um ein dreijähriges Kind für längere Zeit allein zu beschäftigen: Papier und Bleistift, damit Gabi so wie Mutti »arbeiten« kann; Bausteine, Steckspiele, ein Polsterhaus bauen und vieles andere. Bessere Planung im Erziehungsalltag vermeidet Konflikte! Was aber beide, Gabi und ihre Mutter, erreichen sollten, ist ein besserer Umgang mit dem Ärger. Kinder lernen unglaublich viel von Erwachsenen und ganz besonders natürlich von ihren Eltern. Wenn man also durch sein Verhalten dem Kind zeigt, dass es in Ordnung ist, wenn man zornig ist, wird es dieses Verhalten übernehmen.

Wenn einmal Ihr Zorn nicht zu bremsen war, dann erklären Sie Ihrem Kind, dass Ihnen ein Zornausbruch passiert ist, ohne dass Sie ihn gut finden.

Ärger staut sich nur dann auf, wenn das Problem ungelöst bleibt, durch das er hervorgerufen wurde. Gelingt es, die Ursache zu beseitigen, verschwindet meist auch der Zorn. Sicher haben auch Sie schon oft festgestellt, dass am nächsten Tag – oder oft schon nach ein paar Stunden – alles wieder ganz anders aussieht. Was einen kürzlich so aufgeregt hat, wird mit etwas Abstand harmloser und unwichtiger.

Setzen Sie auch dort an, wo vielleicht die wahre Ursache für Ihren Ärger liegt, und versuchen Sie, eine bessere, praktische Lösung zu finden (mit dem Beruf, mit dem Partner, mit Ihrer Lebenssituation). Überlastungen, Spannungen führen zu Stress und damit zu Überreaktionen, die vermeidbar wären.

Ein Kind, das von Ihnen gelernt hat, dass Wut und Zorn zwar manchmal vorkommen, aber Schwächen sind, die man durch Stärken ersetzen kann, indem man sich mutig mit den dahinter liegenden Problemen auseinander setzt, wird auch leichter zu erziehen sein – und damit weniger Ärger verursachen!

5. Elternbriefe »Unser Kind« im Land Salzburg:

Es handelt sich um 26 Briefe für Eltern von Kindern im Alter bis zu sechs Jahren, die vom Referat »Erwachsenenbildung« des Landes Salzburg, Mozartplatz 8, 5020 Salzburg herausgegeben und von den dortigen Eltern kostenlos angefordert werden können. Seit 1977 wurden bereits mehr als eine Million Elternbriefe an Salzburger Eltern versandt, wobei eine Umfrage unter diesen ergab, dass 82% die Briefe regelmäßig lesen. Der 13. Elternbrief (die Kinder sind im Alter von 2 1/2 bis 2 3/4 Jahren) befasst sich u.a. mit den Themen ›Meine ersten Kunstwerke‹, ›Ihr Kind lernt, sich und seine Umwelt zu verwandeln‹, ›Ein neues Bilderbuch‹, ›Ergänzungen für die Spielzeugkiste‹, ›Lass mich, das kann ich allein!‹ und ›Wie viel Eigenständigkeit veträgt ein Kind in diesem Alter‹. Ein Textbeispiel aus diesem Brief lautet folgendermaßen:

Lass mich, das kann ich allein!
»Kann ich allein«, behauptet Ihr Sprössling und versucht mit Hingebung, Marmelade aufs Brot zu streichen. Tisch, Hände und Teller sind bereits klebrig-süß. Von »Alleine-Können« – scheint Ihnen – kann hier keine Rede sein. Es geht noch sehr mäßig und Sie bewältigen das Brotestreichen natürlich besser und schneller. Bitte greifen Sie trotzdem nicht ein. Der Selbstständigkeitsdrang Ihres Kindes ist in diesem Alter normalerweise besonders groß. Auch in der besten Absicht sollten Sie dem Kind deshalb keine unerwünschten Hilfeleistungen aufdrängen, außer wenn es ernstlich in Gefahr gerät. Pickige, beschmierte Hände sind zwar unangenehm, aber im Allgemeinen ungefährlich und zudem leicht zu säubern. Wie man die Marmelade aufs Brot bekommt und wie man die Scheibe halten muss, damit diese nicht wieder herunterläuft, kann Ihr Kind nicht beim Zuschauen lernen, sondern nur durch Ausprobieren, durch Misserfolg oder Erfolg. Es ist wichtig, dass Ihr Schatz selber experimentieren darf und Sie ihm nicht zu viel helfen und abnehmen. Ihr Kind versucht zum Beispiel den Teddy vom oberen Regal zu holen. Es reckt und streckt sich, kann ihn aber gerade nicht erreichen. Sie

sind nicht grausam oder hartherzig, wenn Sie nicht sofort hilfreich einspringen, sondern dem Kleinen eine Weile zuschauen. Vielleicht findet es allein eine Lösung, nimmt beispielsweise einen Regenschirm zu Hilfe, um den Bären herunterzuangeln, oder holt sich ein Schemerl.

Wenn Ihr Kind schon jetzt lernt, selber Lösungen zu finden, statt sich bei jeder kleinen Schwierigkeit Hilfe suchend an die Großen zu wenden, wird es auch im Kindergarten, in der Schule und später im Leben weniger oft ratlos fragen: »Was soll ich nur tun?«

Natürlich braucht Ihr Liebling Anerkennung und Lob, wenn er mit einer solch schwierigen Aufgabe fertig geworden ist.

Manchmal allerdings sind die Probleme so groß, dass ein Kind kapitulieren muss. In den Reißverschluss ist zum Beispiel ein Stückchen Futterstoff geraten. Er lässt sich nicht mehr öffnen. Helfen Sie über den kritischen Punkt hinweg, aber nicht weiter. Den Reißverschluss ganz öffnen und den Anorak ausziehen kann Ihr Schatz schon wieder allein. Sicherlich gibt es manchmal Situationen, in denen es auf jede Minute ankommt. Es muss »schnell-schnell« gehen, weil der Bus nicht wartet oder die Geschäfte schließen wollen. Dann bleibt keine Zeit, das Kind ohne Hilfe in Stiefel und Pulli schlüpfen zu lassen. Wenn es die Ausnahme darstellt, dass Sie Ihrem Kind bei Tätigkeiten helfen, die es eigentlich schon allein verrichten kann, schadet Ihr Eingreifen sicherlich nicht. Ein anderes Mal werden Sie das Weggehen wieder so rechtzeitig ankündigen, dass Ihr Kind genügend Zeit hat, einige Kleidungsstücke selber anzuziehen.

6. »du und wir«-Elternbriefe

Diese 16 Elternbriefe für die Zeit von der Geburt bis zum vierten Lebensjahr werden herausgegeben von »Elternbriefe – du und wir e.V.«, Kaiserstraße 163, 53113 Bonn. Der Elternbrief »Ihr Kind nach 2 1/4 Jahren« hat folgende Inhalte: »Soziale Entwicklung: Kinder brauchen Kinder«; »Kindergarten: Welcher ist der Richtige?«; »Lieblingsbeschäftigung: Spielen, spielen, spielen«; »Trennung: Eltern bleiben Eltern«; »Zucker und Co: Süßes verlangt nach mehr«; »Wie Gewissen sich entfaltet: Das Entscheidende wird abgeguckt«. Als Textbeispiel sei das Kapitel »Lieblingsbeschäftigung: Spielen, spielen, spielen« aufgeführt:

Lieblingsbeschäftigung: Spielen, spielen, spielen

Da kniet man nun als Mutter inmitten der Überreste einer gerade zu Bruch gegangenen Saftflasche. Alles klebt, die Scherben sind bis unters Sofa verstreut. Da kommt der Übeltäter von hinten, sieht die Situation als ausgezeichneten Ausgangspunkt für ein neues Spielchen an, klettert der grollenden Mutter auf den Rücken und ruft: »Hoppe Reiter!«
Sobald das »Pferd« sich von Scherben, Saft und Ärger erholt hat, wird es schmunzeln und sehen: Kinder unterscheiden nicht zwischen Spiel und Ernst.
Für den Sprössling gibt es keine größere Freude und keinen größeren Gewinn, als wenn die Eltern mitspielen – und zwar sowohl bei den alltäglichen Dingen als auch beim »eigentlichen« Spiel. Wenn sie sich Zeit für ihr Kind nehmen, mit ihm herumtollen und es in ihre Arbeiten mit einbeziehen, spürt es: Ich bin ihnen wichtig, sie nehmen mich ernst. Und wenn sie es für Erfolge noch gebührend loben, macht es die unschätzbare Erfahrung: Auch wenn ich der schwächere Teil bin, muss ich deshalb doch nicht verlieren. Diese vom Kind immer wieder gesuchte Bestätigung spornt nicht nur die Entwicklung der Fähigkeiten und Fertigkeiten des Nachwuchses an. Sie sorgt auch für das nötige Selbstvertrauen.

Eltern und Gleichaltrige sind als Spielpartner wichtig. Das Kind sollte sich aber auch allein beschäftigen können. Die Eltern sollten dafür ausreichend Gelegenheit bieten. Spielen ohne Partner ermöglicht, in Ruhe Dinge auszuprobieren – das heißt, ohne dass ein anderer dazwischenfunkt oder vormacht, wie »man« das macht. So hat das Kind die Chance, sich auf eine Sache zu konzentrieren und sich nicht davon ablenken zu lassen.

Spielsachen

- zum Liebhaben: Stofftiere und Puppen, mit denen die Kinder sich identifizieren und den Alltag nachspielen können. Sie helfen auch, Konflikte und Frustrationen zu verarbeiten, wenn zum Beispiel die Puppe in die Ecke geworfen wird anstatt der neugeborenen Schwester;
- zum Geräuschemachen: alles Unzerbrechliche aus dem Küchenschrank;
- zum Bewegen und Sichfortbewegen: Ball, Puppenwagen;
- zum Gestalten: Klötze, grobe Steckspiele und Puzzles, Sand- und Wasserspielzeug, ungiftiges Malzeug (besonders geeignet sind dicke Buntstifte und Wachsmalstifte oder -blöcke);
- zum Vorlesen und Anschauen: Bilderbücher, die allerdings nur dann ihren Reiz haben, wenn ab und zu ein Erwachsener oder ein älteres Kind mit hineinschaut;
- als Familienspiele (ab etwa drei Jahren): Zu empfehlen sind unter anderem Bilder-Lottos und Memory-Spiele. Letztere bieten eine ausgezeichnete Möglichkeit, Kinder gewinnen zu lassen, ohne dass die Erwachsenen mogeln müssten. Bei dieser Art Gedächtnistraining haben normal zerstreute Eltern gegen ihre aufmerksamen Sprösslinge kaum eine Chance.

7. Elternbriefe des Stadtjugendamtes München:

Für seinen Einzugsbereich stellt das Stadtjugendamt München Eltern insgesamt 43 Briefe kostenlos zur Verfügung. Der 19. Brief (Alter des Kindes: 2 Jahre 6 Monate) behandelt die Themen »Fortschritte!«, »Sand und Wasser«, »Sauberkeit«, »Unfälle«, »Krankenhausaufenthalt«, »Das Töpfchen« und »geistig behinderte Kinder«. Zum letztgenannten Abschnitt findet sich folgendes Textbeispiel:

Geistig behinderte Kinder
Dieses Thema ist als Ergänzung zu unseren Ausführungen im 15. Brief gedacht. Es gibt, wie überhaupt in der Erziehung, keine Regeln und Rezepte, die für alle Kinder gleichermaßen gelten oder anzuwenden sind. Doch hoffen wir, dass Ihnen die folgenden Ratschläge helfen:
Jedes Kind, und in besonderem Maße das geistig behinderte, braucht die Geborgenheit einer liebevollen Atmosphäre für seine Entwicklung. Zeigen Sie Ihrem Kind oft und herzlich Ihre Liebe.
Sie werden die Ihnen gestellte erzieherische Aufgabe nur dann bewältigen können, wenn Sie das Anderssein Ihres Kindes ohne Illusionen und falsche Hoffnungen annehmen und sich darauf einstellen. Vergleichen Sie daher niemals Ihr Kind mit seinen Altersgenossen. Es wird in Ihnen nur Unzufriedenheit und Traurigkeit wecken und damit die häusliche Atmosphäre des Kindes außerordentlich stören.
Versuchen Sie aber auch nicht, die geistige Behinderung des Kindes zu verheimlichen, das Kind zu verstecken oder Verwandte und Nachbarn davon zu überzeugen, dass Ihr Kind nur langsamer und ungeschickter ist als andere. Das hilft weder dem Kind noch Ihnen.
Stellen Sie sich auf das langsame Entwicklungstempo Ihres Kindes ein und erwarten Sie von ihm nur das, was seinen begrenzten Fähigkeiten entspricht. Plagen Sie das Kind und sich selbst nicht mit falschen ehrgeizigen Ansprüchen und Anforderungen. Loben Sie es für jeden noch so kleinen Fortschritt; denn ein geistig behindertes Kind wird nur durch Ermutigung und Ansporn ge-

fördert und erzogen. Was es nicht oder noch nicht kann, übergehen Sie am besten. Das Loben und Belohnen kleiner Fortschritte genügt schon. Mit Kritik und Strafe erreichen Sie gar nichts außer Entmutigung und schlechter Laune.

Behalten Sie Ihr behindertes Kind so lange wie möglich in der Familie, aber sorgen Sie dafür, dass es Anschluss an eine Gruppe zum Beispiel in einem Sonderschulkindergarten, einer Tageseinrichtung, später in einer Sonderschule für geistig Behinderte finden und seine Gemeinschaftsfähigkeit frühzeitig üben kann.

Liebe Eltern, es wird immer wieder Augenblicke geben, in denen man auch die Frage nach der »Schuld« stellt, sich prüft, ob man sich während der Schwangerschaft richtig verhalten hat, nicht doch Fehler bei der Geburt gemacht worden sind. Solche Überlegungen helfen Ihnen nicht, sondern belasten unter Umständen das Verhältnis zum Ehepartner. Stellen Sie über die Ursachen der Schädigung Ihres Kindes keine Vermutungen an, besorgen Sie sich stattdessen das Gutachten eines Fachmannes. Das ist besonders wichtig für die Frage der Erblichkeit. Ihr Jugendamt wird Sie entsprechend beraten. Es kann Ihnen auch sagen, welche Einrichtungen, Verbände oder Vereine es gibt, die Ihnen Hilfen und Beratung geben können. Wir empfehlen Ihnen auch, Anschluss an andere Eltern beziehungsweise Elternvereinigungen zu suchen. Sie haben so die Möglichkeit, Erfahrungen auszutauschen, Ihre Sorgen und Fragen zu besprechen und Anregungen zu erhalten. Vielleicht erleichtern diese Ratschläge Ihre schwierige Aufgabe der Erziehung eines behinderten Kindes. Manche Eltern meinen, ein solches Kind könnte nicht erzogen werden, sondern müsste nur behütet und umsorgt sein. Das ist ein Irrtum.

Das mütterliche Gefühl, das schwache und zarte Leben besonders umsorgen und bewahren zu müssen, kann leicht zu einer Verwöhnung und Überbehütung führen. Weil die geistig behinderten Kinder die kindlichsten Kinder sind und immer bleiben, wecken sie in ihren Eltern oft eine überstarke Zuwendung und falsche Opferhaltung. Eltern meinen dann, sie müssten diesem Kind alles unterordnen. Ehepartner, Freunde, berufliche Pflichten, die Freuden der Muße und Geselligkeit werden vernachlässigt, nur noch das benachteiligte Kind steht im Mittelpunkt. Das kann zu einer Verwöhnung des Kindes führen, die seiner Entwicklung keineswegs dienlich ist, im Gegenteil, sie sogar hemmen kann. Auch die Beziehungen zu Geschwistern können dadurch gestört werden.

Sie erweisen ihm einen schlechten Dienst, wenn Sie ihm keine festen Grenzen setzen. Für Ihr Kind gilt, was wir über das Nein in der Erziehung überhaupt gesagt haben ganz genauso. Es hat es nur schwer, Grenzen zu begreifen und einzusehen. Das fordert von den Eltern viel Geduld, Takt und Einfühlungsvermögen. Sie können Ihr Kind über das Gefühl ansprechen, ihm zeigen, wie Sie sich über einen noch so kleinen Fortschritt, einen Verzicht und ein kleines Liebeszeichen von ihm freuen.

Kontrollieren Sie sorgfältig die »Vorbilder«, die Ihr Kind in seiner Umwelt hat. Wenn es sehr laut und unruhig wird, so überlegen Sie sich, ob es in der Familie nicht zu viel Unruhe, laute Szenen, unfreundliche Worte, zu viel Aufregungen gibt.

Auch Fernsehsendungen wirken oft sehr stark auf das ungeschützte Gemüt eines geistig behinderten Kindes und erwecken in ihm Ängste und Unruhezustände. Manche behinderten Kinder, besonders die Mongoloiden, neigen sehr zur Nachahmung und werden durch dramatische Ereignisse und unbewältigte Eindrücke dazu verleitet, sich selbst zu dramatisieren und in Erregung zu geraten. Selbstverständlich muss bei Unruhezuständen zuerst der Arzt zurate gezogen werden. Aber auch die häusliche Umgebung sollte man sorgfältig nach möglichen Ursachen durchforschen.

Ein Kind, das überhaupt Gefühle haben und ausdrücken kann, kann auch lernen, Verhaltensweisen zu übernehmen und sich an Vorbildern zu orientieren. Wir können auch sagen, dass es erziehbar ist. Die Gefühle eines behinderten Kindes sind ganz ungebrochen durch die Zensur des Verstandes. Es erlebt, sozusagen in »Reinkultur«, Freude, Schmerz, Wut und Ablehnung. Das macht die Erziehung oft schwierig und anstrengend. Behinderte Kinder haben bei schwachem Intelligenzgrad häufig ein hohes Einfühlungsvermögen. Sie haben ein ausgeprägtes Schmerzempfinden im seelischen und leiblichen Bereich, für alles, was in den Menschen um sie herum vorgeht. Nur ihre geistigen Möglichkeiten sind begrenzt oder gestört. Sie bemerken also genau, ob ein Gast im Haus oder ein Fremder auf der Straße sie neugierig anstarrt oder einfach wegblickt, ob er ihnen freundlich und liebevoll begegnet. Sie spüren, welche Autorität gilt, was sie dürfen und was nicht, lange, bevor sie es in Worten ausdrücken können. Deshalb ist bei ihnen Konsequenz in der Erziehung besonders notwendig.

Ein Nein, ein Verbot, muss klar und sehr oft ausgesprochen werden und ebenso deutlich spricht man ein anerkennendes Lob aus. Wie man überhaupt mit dem behinderten Kind sehr deutlich und sehr klar sprechen muss, damit es selbst sprechen lernt. Mühe und Geduld lohnen sich, auch wenn die einzelnen Lernschritte nur langsam sichtbar werden.

Wir hoffen, dass Ihnen diese Überlegungen eine Hilfe für Ihren nicht leichten Erziehungsalltag geben,

und grüßen Sie herzlich.

Ihr Stadtjugendamt

Zusammengefasst kann gesagt werden, dass alle o.a. Themen wohl mehr oder weniger ausführlich und vollständig in den unterschiedlichen Elternbriefen auftauchen. Es sollte ersichtlich werden, dass solche Elternbriefe einen wichtigen (eigentlich unverzichtbaren) Bestandteil in der »Eltern-(Fort-)Bildung« darstellen und deswegen eigentlich von jedem Jugendamt allen Eltern zugeschickt werden müssten. Vielleicht gibt diese Übersicht zu Elternbriefen auch den Anstoß dazu, dass Eltern selbst für sich erkennen, wie hilfreich für sie solche Elternbriefe sind – und geben eine Bestellung auf. Oder aber Verwandte bzw. Bekannte finden die Idee gut, Eltern solche Elternbriefe zu schenken: Dies dürften dann Eltern nicht »in den falschen Hals bekommen«, so als ob ihnen damit gleichzeitig gesagt wird, sie seien »schlechte« Eltern und würden »unmöglich« erziehen. Schließlich werden auch unzählige Kochbücher verschenkt, ohne dass dies die Beschenkten als Hinweis darauf verstehen, dass sie »Gästevergifter« seien!

Eltern, auch angehenden Eltern, sind verbesserte Angebote zur »Elternbildung« durch Volkshochschulen zu ermöglichen. Noch glauben viele, dass pädagogische und psychologische, aber auch gesundheitliche Kenntnisse den Eltern angeboren seien. Hier ist ein großer Nachholbedarf.

Hildebrecht Braun von der Kinderkommission
des Deutschen Bundestages

Abschließend zu diesem Kapitel sei auf die Notwendigkeit hingewiesen, dass die Jugendämter durch regionale Ergänzungen zu den Elternbriefen auf weitere im Umfeld gelegene Informations-, Bildungs-, Beratungs- und Hilfsangebote für Eltern hinweisen. Beispielhaft sei hier auch auf das Elternbildungsprogramm des Deutschen Familienverbandes »Wenn aus Partnern Eltern werden« hingewiesen, welches – flächendeckend angeboten – eine hervorragende Ergänzung zu den Elternbriefen sein kann.

Es geht die Gesellschaft etwas an, wie es den Eltern mit ihren Kindern geht und wie es den Kindern mit ihren Eltern geht. Sie hat sowohl eine Verantwortung für das Wohl der Kinder wie auch der Väter und Mütter. Ich bin der festen Meinung, dass man sich in den Erziehungsalltag der Eltern einmischen soll – nicht besserwisserisch, aber Anteil nehmend.

Heinrich Nufer

13.

Gewaltprävention geht alle
(nicht nur die Eltern) an!

»Gewalt bedroht die Grundlagen unseres Zusammenlebens. Das Recht, unbehelligt zu sein, gilt nur, wenn es für jeden gilt: für behinderte und nicht-behinderte Menschen, für Deutsche wie für Ausländer, für Frauen wie für Männer, für Eltern und Kinder.«
Elternbrief »Gewalt ist keine Lösung!« des
Arbeitskreises Neue Erziehung/Berlin

Wenn heute Diskussionsveranstaltungen über z.B. gewalttätige Jugendliche stattfinden, so wird mit Sicherheit sehr bald der »schwarze Peter« unter den Beteiligten herumgereicht: Zum Beispiel schiebt der Schulvertreter die Ursachen dem Elternhaus zu, Eltern verweisen auf die Gewaltdarstellungen in den Fernsehsendungen, die Medien greifen die mangelnde Bereitschaft der Politiker zu Gesetzesänderungen an, die Parteien verweisen auf die schlechte Wirtschaftslage und die damit unvermeidlich erscheinende hohe Arbeitslosigkeit von Jugendlichen, die Wirtschaft macht die vermeintlich schlechte Bildung der jungen Generation für deren Scheitern bei der Arbeitsplatzsuche verantwortlich, alle beklagen die mangelnde Verfügbarkeit über Geld für notwendige Veränderungen usw. usf. Letztlich ändert sich kaum etwas, es verbleibt vielfach bei Lippenbekenntnissen.

»Freiheit garantiert nicht das moralisch Gute.«
Wolfgang Sofsky

Um der offenen Gewalt, der unterschwelligen Gewaltbereitschaft und der im Laufe der letzten 20, 30 Jahre immer stärker herabgesetzten Hemmschwelle, die Würde des Mitmenschen mit Füßen zu treten, wirksam in unserer Gesellschaft zu begegnen, müssen nach meiner festen Überzeugung humanitäre Einstellungen und Zivilisation immer wieder von Generation zu Generation neu gelernt bzw. weitervermittelt werden.

»Wir gehen nicht mehr mit Keulen aufeinander los, wie dies vielleicht unsere Vorfahren im Neandertal gemacht haben mögen, wir verbrennen keine Hexen und Ketzer mehr, in den Schulen haben wir inzwischen die Prügelstrafe abgeschafft und selbst die elterliche Gewalt ist – zumindest sprachlich – zur elterlichen Sorge geworden. Keine Frage also – der Zivilisationsprozess schreitet voran. Auf der anderen Seite gibt es zahlreiche Hinweise darauf, dass die Konfrontation mit Formen physischer, personaler Gewalt und mit körperlicher Versehrtheit nach wie vor für sehr viel mehr Menschen zu ihren alltäglichen Erfahrungen gehört, als es auf den ersten Blick erscheinen vermag. Gewaltsame Auseinandersetzungen und Erfahrungen körperlicher und psychischer Gewalt und Versehrtheit sind also auch heute noch – in sehr großer Zahl – Bestandteil der Wirklichkeit.
Die bloße Beteiligung am materiellen Reichtum einer Gesellschaft macht aus einem Individuum noch keinen Demokraten mit entsprechender Gelassenheit, Toleranz und Aufgeschlossenheit anderen Menschen, Meinungen, Werten gegenüber. Um wie viel mehr aber wird dieses Ziel verfehlt, wenn aus der faktischen Beteiligung am materiellen Reichtum für immer mehr Menschen nur noch das bloße Versprechen auf Beteiligung wird?«

Joachim Müller

Im Folgenden wird deswegen abschließend versucht, eine Sammlung von Vorschlägen im Rahmen einer dringend notwendigen, umfassenden gesellschaftlichen Gewaltprävention wiederzugeben (wobei Eltern vielfach sich mit dafür einsetzen müssten, dass zahlreiche dieser Punkte verwirklicht werden). Die Vielfalt der (unvollständig aufgeführten) Vorschläge entspricht dabei der in diesem Buch wiederholt angeführten Komplexität der Risiko- und Schutzfaktoren für eine gesunde Entwicklung von Kindern bzw. von Kindesmisshandlungen:

1) Schaffung eines »Deutsches Zentralinstituts für Gewaltprävention und Friedenspädagogik«, wobei die bestehende »Bundeszentrale für gesundheitliche Aufklärung« sowie die mit Bundesmitteln geförderte »Informations- und Dokumentationsstelle zu Kindesmisshandlung und -vernachlässigung« diesem Institut angegliedert werden sollte. Weiter wäre auch eine enge Zusammenarbeit mit dem »Deutschen Jugendinstitut« (das die Aufgabe hat, anwendungsbezogene Grundlagenforschung über die Lebensverhältnisse von Kindern, Jugendlichen und Familien zu erforschen) notwendig. Ein solches Zentralinstitut rechtfertigt sich allein dadurch, dass Gewalt in Deutschland durchaus im Sinne einer extrem verbreiteten »sozialen Krankheit« angesehen werden muss, und die mörderische Massengewalt des Holocaust zwingt m.E. geradezu den Gedanken auf, insbesondere in Deutschland die Gewaltprävention und Friedenspädagogik in den Vordergrund zu stellen.

2) Ernennung von (unabhängigen, nicht weisungsgebundenen) Kinderbeauftragten auf den Ebenen des Bundes und der Länder, welche im Sinne von StellvertreterInnen der Eltern sich für die Bedürfnisse und Rechte von Kindern auf der gesellschaftlichen Ebene einsetzen.

Bezeichnende Unverhältnismäßigkeit: Die Kinderkommission des Deutschen Bundestages hat 2 1/2 Mitarbeiterinnen, dem Wehrbeauftragten stehen knapp 60 Stellen zur Verfügung!

3) Wir benötigen eine Sozial- und Familienpolitik, welche nicht selbst als hoher Risikofaktor für die gesunde Entwicklung vieler Kinder und ihrer Eltern einzustufen ist, wenn an die wachsende Armut, die mangelnden finanziellen Hilfen für kinderreiche Familien, für Alleinerziehende, für Familien in Notlagen usw. gedacht wird.

4) Die Familien müssen endlich einen finanziellen Lastenausgleich erhalten, der sie nicht schlechter stellt als Haushalte ohne Kinder.

5) Wie in diesem Buch gefordert, ist endlich der § 1631 Abs. 2 BGB dahingehend zu ändern, dass Kinder gewaltfrei zu erziehen sowie Körperstrafen, seelische Verletzungen und andere entwürdigende Maßnahmen unzulässig sind, um mit einer solchen Änderung und gesetzlich fixierten Übereinkunft der Gesellschaft klarzustellen, dass in einer am Grundgesetz orientierten Erziehung kein Raum für die Anwendung von – körperlicher wie seelischer – Gewalt sein darf sowie Anstöße zu geben zum Erlernen gewaltloser Problemlösungsstrategien.

6) Auf der Ebene der Gemeinden müssen Kinder und Jugendliche vermehrte Mitbestimmungsmöglichkeiten z.b. im Rahmen von Kinder- und Jugendparlamenten erhalten, wobei weiter Schüler/Innen flächendeckend über die »UN-Konvention über die Rechte des Kindes« informiert werden müssten.

Mitbestimmung von Kindern und Jugendlichen steht u.a. unter dem Motto »Alltagsdemokratie statt Wahltagsdemokratie« und soll so Neugier auf demokratische Entscheidungsmodelle wecken, demokratische Grundtugenden einüben sowie von früh auf Kinder und Jugendliche über ihre Gegenwart und Zukunft mitentscheiden lassen. Einige Beispiele:

- In der dänischen Stadt Odense stellte man fest, dass die Zahl der Verkehrsunfälle, an denen Kinder und Jugendliche beteiligt waren, an denjenigen Stellen um 80% zurückgingen, wo Kinder und Jugendliche an der Umgestaltung der Schulwege selbst beteiligt waren.
- Auf dem Aktivspielplatz Lüsse in Stuttgart-Vaihingen äußerten Kinder den Wunsch, Holz- und Kohleöfen in die von ihnen gebauten Hütten stellen und benutzen zu dürfen. Dieses Ansinnen widersprach den Förderrichtlinien der Stadt, die das Aufstellen solcher Heizmöglichkeiten untersagte. Die MitarbeiterInnen des Aktivspielplatzes machten Ernst mit dem Thema Kindermitbestimmung

und setzten sich mit den zuständigen Behörden für die Interessen der Kinder ein. Ergebnis: Ein Präzedenzfall wurde geschaffen. Baurechtsamt, Branddirektion und Jugendamt stimmten einem sechsmonatigen Modellversuch zu, bei dem unter bestimmten Auflagen (z.B. Löschwasser in erreichbarer Nähe oder baurechtliche Belange) der Betrieb dieser Öfen erprobt werden konnte.

- Anfang 1994 wurde in dem italienischen Ort Aulla ein 14-jähriger Kinderbürgermeister gewählt. »Sagen Sie nicht«, hieß es in der NDR-Sendung »Themen des Tages«, »da hätten sich bloß wieder Pädagogen was Fortschrittliches ausgedacht und die Kinder, wie üblich, mit Spielgeld aus Pappe beglückt. Nein. Erstens war es der erwachsene Bürgermeister des Ortes, im Zivilberuf Arzt, der die Idee hatte und den Mumm, sie auszuführen – und zweitens verfügt der 14-jährige Bürgermeister Achille über einen 30-köpfigen Gemeinderat seines Alters, über ein Büro im Rathaus, über richtige Kompetenzen in den Sparten Umwelt, Sport, Altenhilfe und Jugend – und vor allem verfügt er über einen Etat von rund 100.000 DM.«

7) Wir müssen an die Förderung von Wohngemeinschaften mit mehreren Familien, Paaren oder Erwachsenen denken, welche verschiedene Formen der gemeinsamen Haushaltsführung und Kindererziehung ausüben und auch auf diesem Wege Familien aus der sozialen Isolierung herausführen.

8) Der Mangel an Krippen- und Hortplätzen sowie an zeitlich verlässlichen Halbtags- und Ganztagsschulen wie auch allgemein an flexibler außerfamiliärer Betreuung zu verschiedenen Zeiten des Tages muss behoben werden.

9) In Bezug auf die natürlichen Spielräume von Kindern hat in den letzten Jahrzehnten eine Art »Freiheitsberaubung« stattgefunden, es gibt zu wenig gemeindenahe Spiel-, Bolz-, Abenteuer- und Kreativspielplätze. Die überall zunehmenden »Kinderfeste« mit Clowns, Luftballon- und Malwettbewerben, Springburgen usw. können dafür nicht als Ersatz angesehen werden.

10) Ausbau mobiler Jugendpflege im ländlichen Raum zur Förderung und Begleitung von Einrichtungen und Aktionen vor Ort.
11) Das Erziehungsengagement der Väter muss verstärkt werden.
12) Die Schulen müssen mehr nach dem Modell von Nachbarschaftsschulen ausgerichtet werden, in denen Schulpädagogik, Erwachsenenbildung und Freizeitpädagogik miteinander vernetzt werden, die Schule sich für unterschiedlichste Aktivitäten der Gemeinde öffnet und sie so zu einem Stadtteilzentrum wird. In solchen Schulen wird auch mehr die Persönlichkeitentwicklung gefördert, sie ist nicht einseitig leistungszentriert, es erfolgt sehr viel mehr Erziehung zu Einfühlungsvermögen, Konfliktfähigkeit, Toleranz und Solidarität mit Benachteiligten.

Nachbarschaftsschulen sind den ganzen Tag offen für sehr viele Aktivitäten der gesamten Gemeinde. Sie werden zu so etwas wie einem Stadtteil- oder Gemeindezentrum, zu einem Freizeit-, Jugend-, Kulturzentrum in einem, wobei auch Erwachsenenbildung und Volkshochschule sowie die örtlichen Vereine integriert werden. Es findet dort ein Lernen zwischen Jung und Alt, zwischen deutschen und ausländischen MitbürgerInnen, zwischen Behinderten und Nicht-Behinderten statt. Die SchülerInnen lernen auch von Fachleuten aus der Gemeinde, z.B. bietet der Elektriker Elektronik-Kurse an, der Fahrradhändler gibt Kurse in Reparatur von Fahrrad und Mofa. Weiter lernen die SchülerInnen auch jenseits der Schulmauern: In der Gemeinde gibt es eine Fülle von wirklichkeitsnahen, direkt erfahrbaren Lerninhalten, z.B. kann in Chemie die Verschmutzung der Gemeindegewässer überprüft werden. Es gibt also sehr viel Erlebnispädagogik und Projektunterricht, sehr viel unmittelbare und direkte Erfahrungen, sehr lebendiges und einprägsames Lernen, die Wirklichkeit des Alltags bleibt nicht außerhalb der Schulmauern. Insgesamt bieten Nachbarschaftsschulen so auch Wege gegen Isolierung, Entfremdung, Sinnleere und Gewalt an. Solche Schulen machen Spaß! Und es wird in ihnen mindestens genauso gut und viel gelernt, wie in herkömmlichen Schulen – fürs Leben wohl sogar sehr viel mehr.

Ein Beispiel: Im Deutschunterricht steht an, das Erstellen eines Beobachtungsprotokolls zu lernen. Da man vorher gerade eine Nacherzählung über eine Gänsegeschichte geschrieben hatte, kam man gemeinsam darauf, das Beobachtungsprotokoll anhand des Bebrütens von Hühnereiern über das Schlüpfen der Kücken bis zum Ausgewachsensein zu protokollieren. Also wurde Literatur über Hühnerrassen und Pflege besorgt, man besuchte einen Kleintierzuchtverein, stellte in der Klasse einen Brutapparat auf usw. Neben Deutsch floss also auch das Fach Biologie ein, welches das Thema aufgriff, aber auch z.B. in Religion oder Ethik sprach man über artgerechte Tierhaltung und Tierquälerei und in Physik wurde über Thermostat und Hygrometer unterrichtet, da im Brutkasten bestimmte Temperaturen und Luftfeuchtigkeiten gehalten werden mussten.

13) Wir müssen dafür sorgen, dass in unseren Kindergärten und vor allen Dingen Schulen der Persönlichkeitsentwicklung mehr Rechnung getragen wird, wobei es Unterrichtseinheiten zur Vermittlung von Toleranz, von Konfliktfähigkeit, von Einfühlungsvermögen in die Perspektive von Opfern (nicht nur sexueller) aggressiver und gewalttätiger Handlungen usw. bedarf wie auch dem Erlernen erziehungsbezogener sozialer Kompetenz, d.h. auch entwicklungspsychologischen Grundwissens.

> Der Berliner Psychoanalytiker *Petri* schreibt über unsere Schulen: »Solange die Nebenflüsse des Rheins, die Feldzüge Karls des Großen, die Chemie der Kohlenwasserstoffe und das gigantische Arsenal des Faktenwissens anderer Fächer wichtigere schulische Inhalte sind als die Fähigkeit zum Verständnis und zur Einfühlung, zur Toleranz und Konfliktfähigkeit, solange kann die Schule keinen Beitrag zur Humanisierung der Gesellschaft leisten; eher ist sie in der Gefahr, Gewalt in die Gesellschaft zu bringen.«

14) In allen Schulen sollten verschiedenste Bausteine aus den inzwischen vielfach vorliegenden Vorschlägen zur Prävention und Minderung der Gewalt angewendet werden, also z.b.:

✓ Regelmäßige Gesprächsrunden/Unterrichtseinheiten in den Klassen über z.b. Verhaltensregeln, Hilfen für angegriffene Mitschüler (z.b. erarbeitet in Rollenspielen), Ursachen der Gewalt und Mediengewalt (Gewaltvideos und -filme).

✓ Ächtung geschlechtsspezifischer Gewalt.

✓ Aggressives Verhalten sofort stoppen; eindeutige, konsequente Erziehungs- und Ordnungsmaßnahmen; die Lehrenden müssen verbindliche Normen vorleben; die Aufsicht in den Pausen (oder auf Schulwegen) muss verbessert werden (durch LehrerInnen, Eltern oder SchülerInnen als »Streitschlichter«).

✓ Gezielte Hilfe-Maßnahmen für den »harten Kern« der Gewalttätigen z.b. im Rahmen der Schulsozialarbeit, wobei ggf. in Zusammenarbeit mit dem Jugendamt spezifische Maßnahmen eingeleitet werden müssen, also Hilfen und/oder Therapie für Kind und Eltern, Trainingsprogramme sozialer Kompetenz, Anti-Gewalt-Trainings u.ä.

✓ Verbesserung des Schul- und Klassenklimas durch z.b. keine Mammutschulen, geringe Schülerzahl in den Klassen, Schülerclubs, Spielzonen, sinnvolle Pausenaktivitäten anbieten (Tischtennis, Malwand, Ruhezone, Cafeteria), Schulgarten, Stärkung des »Wir-Gefühls«, des Verantwortungsgefühls für Schule und MitschülerInnen.

✓ Verantwortungsübernahme der Schüler, z.b. ältere Schüler als »Hilfssheriffs« auf dem Schulweg.

✓ SchülerInnen müssen Gelegenheiten haben, die Schule als ihren Arbeitsplatz mitzugestalten, damit sie die Schule als »ihre« erkennen und annehmen, und sie sollten weiter das Recht haben, den Unterricht zu kritisieren und konstruktive Vorschläge zu dessen Gestaltung einzubringen.

In Dänemark bieten viele Schulen den Kommunen an, die Reinigung des Gebäudes, die Pflege der Umgebung und kleine Reparaturen selbst auszuführen. Sie verlangen allerdings, dass die Kommune etwa 75 bis 80% des hierfür vorgesehenen Etats in eigene Verantwortung übergibt. Wer einmal miterlebt hat, wie sich Schülerinnen und Schüler ihre Schule dann als Eigentum aneignen und welche Diskussionskultur sich über den neuen Etat entwickelt, wird auf diese Form der Beteiligung nicht verzichten wollen. Kinderfreundliche Infrastrukturen und die Beteiligung von Kindern und Jugendlichen an Planungen beugen offensichtlich Vandalismus und Gewalt vor. Junge Menschen scheinen sich von ihnen geplante Räume anzueignen und sich in ihnen sozialer zu verhalten. Kinderfreundliche Infrastrukturen und Partizipation senken also soziale Kosten!

Dieter Tiemann, Ministerium für Arbeit, Soziales,
Jugend und Gesundheit des Landes Schleswig-Holstein

✓ Stärkere Beachtung der Persönlichkeitsentwicklung von SchülerInnen gegenüber dem Aspekt der »Leistungsfabrik« sowie vermehrte Förderung der Leistungsschwachen zur Stärkung ihres Selbstbewusstseins.
✓ Abbau der Berufsunzufriedenheit und Resignation von vielen LehrerInnen.
✓ Verjüngung des Lehrkörpers.
✓ Vermehrte Schulsozialarbeit insbesondere an Schulen in sozialen Brennpunkten und problembelasteten Stadtteilen.

In der Schule werden Trainingseinheiten und Kurse angeboten zu Erziehungsfragen (auch Rückbesinnung auf die eigenen Eltern möglich, Generationenverständnis wird erleichtert), zu allgemeinen Rechten und Pflichten von Eltern und Kindern, Erwähnung unausweichlicher Höhen und Tiefen von Eltern- und Kinder-Leben; Übungen und Informationen dazu, wie man sich im sozialen Netz Hilfen holt (um die »Schamschwellen« der potentiellen Nutzer zu senken und Angebotsannahme zur Selbstständigkeit werden zu lassen).

> In der Schule sollte ein reguläres Wahl-/Pflichtfach »Lebenskunde« o.Ä. existieren, das befähigt, sich im Alltag konflikt- und stressfreier zu bewegen.
>
> *Klaus Neumann, Kinderschutz-Zentrum München*

15) Es muss endlich die Uralt-Forderung nach mehr Präventionsprogrammen für bestimmte Risikogruppen erfüllt werden, z.b. für Teenagermütter oder junge, sozial benachteiligte Frauen, wobei z.b. in den USA speziell ausgebildete Säuglingsschwestern oder andere professionelle HelferInnen die jungen Mütter möglichst während der gesamten Schwangerschaft bis zum 2. Lebensjahr des Kindes regelmäßig besuchen, beraten und unterstützen.

16) Ausbau und größere Unterstützung der Kinderschutz-Zentren und anderer (spezialisierter) Beratungseinrichtungen als Anlaufs- und Hilfestellen für Familien mit Gewaltproblemen. Solche Einrichtungen müssten auch vermehrt Elternkurse zur Gewaltprävention anbieten.

17) Erfüllung der Forderung der Gewerkschaft der Polizei (GDP) nach Bereitschaftsdienst »rund um die Uhr« aller Jugendämter.

18) Wir müssen für ein Mehr an Elternbildung sorgen, d.h.,
   ✓ warum sollen auf Elternabenden in Schulen nicht auch Hinweise auf alterstypische Entwicklungsbedürfnisse gegeben werden sowie Diskussionen über pädagogische Probleme in Schule und Elternhaus erfolgen,
   ✓ warum soll bei Geburtsvorbereitungskursen nicht auch auf die Entwicklung von Kleinkindern eingegangen werden,
   ✓ warum sollen nicht Kliniken für Frauenheilkunde umfassendere Elternbildung anbieten, wie z.b. Babymassage, Säuglingspflege, Stillgruppe, Hilfen bei »Schreikindern«, Gesprächskreise über frühkindliche Entwicklungsstufen oder Erziehungsprobleme, Gründung von Eltern-Kind-Spielkreisen,
   ✓ warum sollten nicht Nachbarschaftshilfen und Hilfen zur Selbsthilfe mehr gefördert werden, also z.B. Krabbelstuben, Spielkreise und Nachbarschaftsmütter,

Hilfen für überlastete Familien:
Die Schweizer Stiftung »pro juventute« sucht junge Leute für
Familienpraktika und Sozialeinsätze

Familienpraktika:

Viel Theorie im Kopf und wenig Praxis. Das neue Familienpraktikum von 2 bis 6 Monaten schafft Abhilfe! Ob als Vorbereitung auf eine Ausbildung, als Zwischen- oder Berufspraktikum, als Überbrückungsmöglichkeit oder als Entscheidungshilfe in der Berufsfindungsphase: Das Familienpraktikum ist die ideale Mitgift für das Leben. In der ganzen Schweiz warten Familien auf Hilfe – auf junge Menschen ab 17 Jahren, die aktiv am Familienleben teilnehmen und überall dort einspringen, wo es nötig ist: bei der Kinderbetreuung, im Haushalt, drinnen, draußen … Und die dabei eine ganze Menge lernen. Zum Beispiel, dass Kindererziehung »live« so ganz anders aussieht als im Lehrbuch. Oder wie ein Haushalt effizient zu »managen« ist. Oder wie man mit einem kleinen Budget ein Gourmetmenü auf den Tisch bringt. Oder wie viel Betreuung ein behindertes Kind braucht … Die Familien bieten Kost und Logis, pro juventute organisiert die monatliche Entschädigung. Denn unsere Familien sind vor allem gesegnet mit Arbeit, nicht mit viel Geld. Das Familienpraktikum ermöglicht ihnen eine wertvolle Unterstützung über eine längere Zeitspanne – also eine sinnvolle Sache.

Sozialeinsätze in Familien:

Pro juventute sucht für Kurzeinsätze in überlasteten Familien laufend junge Leute ab 17 Jahren, die mindestens für zwei Wochen Zeit und viel Drive für Neues haben. Wer einmal auf 08/15-Ferien verzichten will und dafür eine unbekannte Lebenssituation kennen lernen möchte, ist goldrichtig und wird dringend gebraucht! Da die Familien auf einen unentgeltlichen Einsatz angewiesen sind, gibt's kein Honorar in materieller Form. Dafür das eine oder andere Aha-Erlebnis, Wertschätzung, Erfahrungen und unzählige Lernmöglichkeiten.

Auszug aus einer Internetseite von pro juventute

✓ warum sollte keine breitere Verteilung der Elternbriefe (s. vorangehendes Kapitel) erfolgen, wobei auch die Informationsmaterialien für Eltern der Bundeszentrale für gesundheitliche Aufklärung über Kindesmisshandlung, Sexualaufklärung, Hilfsangebote für Familien usw. breiter sowie ihre Zielgruppen auch wirklich erreichend verteilt werden müssten,

✓ warum sollten nicht Internetseiten (»Eltern helfen Eltern«) angeboten werden, auf denen Eltern Fragen stellen, Unterstützung durch andere Eltern finden sowie gemeinsame Ideen entwickeln können,

✓ usw. usf.

19) Die Eltern- und Erwachsenenbildung muss auch kreativer werden, z.b. gibt es in anderen Ländern zur Vermittlung angemessenen Erziehungsverhaltens und gesünderer Konfliktlösungen auch Straßentheater oder Videofilme oder Comics für Kinder, in denen z.b. für typische Familienkrisen verschiedenste Formen positiver Krisenbewältigung aufgezeigt werden.

> **Leben ist Lernen: so lautete das Motto zum ersten Schweizerischen Lernfestival 1997**
> Während des einwöchigen Lernfestivals wurde in etwa 2000 Veranstaltungen die Weiterbildungsszene der Schweiz ins richtige Licht gerückt, d.h., es wurde versucht,
> ✓ möglichst viele Menschen für die eigene lebenslange Fort- und Weiterbildung zu motivieren, dabei auf die gesellschaftspolitische Bedeutung der Erwachsenenbildung aufmerksam zu machen,
> ✓ sowie auf die Verantwortung des Staates hinzuweisen, das lebenslange Lernen als Gebot der Chancengerechtigkeit intensiv zu fördern.
>
> Auf dem **Tag der Elternbildung** des Lernfestivals wurde betont, dass die Elternbildung eine wichtige gesellschaftliche Aufgabe erfüllt, da sie sich des Themenkreises »Elternsein, Familie, Erziehung und Partnerschaft« annimmt: »Lauter

Themen also, die als hochprivat gelten und in die sich niemand einmischen will, obwohl im selben Atemzug immer wieder auf die große Bedeutung der Familie als Ort der Geborgenheit hingewiesen wird. In einer Zeit des gesellschaftlichen Wandels sind Eltern auf Orientierungshilfen, auf Möglichkeiten zu Information, Auseinandersetzung und Austausch angewiesen.«

20) Statt dass die Eltern Beratungs- und Hilfsangebote aufsuchen müssen, sollten die HelferInnen vermehrt in die Lage versetzt werden, auf Wunsch Familien z.b. in räumlich weiter Entfernung oder aber nach der Arbeit abends aufzusuchen sowie z.b. in sozialen Brennpunkten vor Ort einfühlsam-akzeptable Hilfsmöglichkeiten anzubieten. Überhaupt bedürfen benachteiligte und stark belastete Familien vermehrter Hilfen, die Gemeinwesenarbeit in sozialen Brennpunkten muss ausgebaut werden.

In Bezug auf Elternbildungs-Programme wird zz. in den USA (Long 1997) vorgeschlagen, neben den Eltern-Programmen zur Stärkung der allgemeinen Erziehungsfähigkeit die Programme mehr auf spezifische Zielgruppen auszurichten, z.B.
- für Eltern mit Kindern, welche oppositionelles oder hyperaktives oder aggressiv-sexuelles Verhalten aufweisen,
- für Eltern mit Kindern verschiedener Altersstufen, z.B. mit Vorschulkindern oder mit Jugendlichen,
- für Eltern verschiedener Kulturen,
- für Eltern mit intellektuellen Behinderungen,
- für adoleszente Eltern, für Eltern mit Kindern, welche bestimmte Probleme aufweisen, wie z.B. Schlafstörungen,
- für Eltern mit Schlüsselkindern
- usw. usf.
Weiter wird erwogen, ob es nicht sinnvoll ist, mehr Institutionen zu gründen, welche eine Vielzahl von Hilfen »unter einem Dach« anbieten, z.B. Eheberatung, Selbstsicherheits-

Training, Stress-Bewältigungs-Programm, Alkohol- und Drogenberatung, soziale Unterstützungs-Gruppen, Schuldner-Beratung, Gesundheitstraining, Job-Bewerbungs-Training usw., um dann den Eltern flexibel und gezielt die angemessene Hilfe anbieten zu können. In Deutschland erfolgt immer noch eine stark arbeitsteilige Organisation sozialer Arbeit: Eltern mit Wohnungs-, Finanz- und Erziehungsproblemen müssen z.b. getrennt Wohnungsamt und Sozialamt und Jugendamt aufsuchen, d.h., zusammenhängende Probleme werden auseinander dividiert, anstatt die Ganzheitlichkeit der Hilfen stärker ins Bewusstsein zu rücken.

Außerdem wird eine stärkere Berücksichtigung der Elterninteressen empfohlen, z.B. wollen vielleicht viele Eltern nur an einer bestimmten Stunde eines zeitlich sehr lange angelegten Programmes teilnehmen oder aber es werden Verhinderungen zur Teilnahme nicht genügend beachtet (wie z.b. Kinderbetreuung während eines Kurses, Fahrzeit, Dauer der Sitzung, Kosten des Programms usw.).

Schließlich wird erwogen, die Möglichkeiten der Verwendung des Internets und von CD-ROM bei der Elternbildung zu überprüfen.

21) Abbau der geschlechtsspezifischen Erziehung im Sinne von »Jungen zu Herrschern und Mädchen zu Dienerinnen« in Elternhaus, Kindergarten, Schule usw. In diesen Rahmen gehört auch eine vermehrte Prävention in Bezug auf den sexuellen Missbrauch von Kindern, z.B.

✓ durch Hinterfragung des männlichen Rollenverständnisses,
✓ Abbau der Sexualisierung von Frauen/Kindern,
✓ Ausbau so genannter Männerarbeit und antisexistischer bzw. emanzipatorischer Jungenarbeit,
✓ Abbau des Machtgefälles zwischen Kindern und Erwachsenen sowie
✓ flächendeckender, zu verschiedenen Zeiten der Entwicklung wiederholter Sexualerziehung, und zwar nicht nur mit biologischen Fakten, sondern auch unter Einbeziehung der so-

zialen Dimension von Sexualität und selbst bestimmtem, verantwortungsvollem Umgang mit körperlichen Kontakten.

22) Kriminalpräventive Räte oder »runde Tische« in den Kommunen unter Beteiligung u.a. von Jugendhilfe, Schulen, Justiz und Polizei sowie freien Trägern der Jugendhilfe, Vereinen und BürgerInnen (Drogenberatungsstelle, Kinderschutz-Zentren, Selbsthilfegruppen, usw.).

23) Dementsprechend sollten auch mehr »runde Tische zur Kinderfreundlichkeit« entstehen mit VertreterInnen z.b. von: Schule, Polizei, Politik, Wohlfahrtsverbänden, Vereinen, städtischen Ämtern (z.b. Bauamt, Verkehrsamt, Stadtplanung), Kindertagesstätten, Kinderschutzbund, Jugendzentren, Gleichstellungsbeauftragte u.a.

24) Flächendeckender Ausbau von bewährten (ambulanten) pädagogischen Programmen zur Kriminalitätsvorbeugung, wie sie z.b. von der Arbeitsgemeinschaft Kinder- und Jugendschutz/Köln gefordert wird (z.b. Streit-Schlichtungs-Programme, Konfliktlösungs-Programme, De-Eskalations- und Anti-Gewalt-Training bzw. »Coolness-Trainings« für Kinder und Jugendliche).

25) Abbau der Gewaltdarstellungen im Fernsehen, welche fast im Sinne gesellschaftlich tolerierter Konfliktlösungen gezeigt werden, wodurch die Gefahr der Norm- und Werteverschiebungen besteht durch eine scheinbar grenzenlose Spirale nach immer mehr pervertierter Aggressionsdarstellung. Beauftragte bei den Sendeanstalten für Jugendschutz sollten weisungsfrei arbeiten sowie jährlich einen Tätigkeitsbericht veröffentlichen. Weiter ist zu fragen, warum in Rundfunk und Fernsehen nicht mehr Elternmagazine angeboten werden, wie z.B. »Kind & Kegel« des WDR.

Das Fernsehen ist wie ein dritter Elternteil, der überall ein Wörtchen mitredet. Wem sonst erlauben Sie, sich so in Ihre Erziehung einzumischen. Stellen Sie sich mal vor, Ihre Schwiegermutter empfiehlt Ihrem Kind, bei Streitereien dem anderen »etwas auf die Federn zu hauen, aber richtig«, wie bei den Turtles. Was, meinen Sie, können Ghostbuster, Knight Rider, Masters of the Universe und Konsorten dazu beitragen, dass aus Ihrem Kind ein selbstständiger und verantwortungsbewusster Mensch wird?

Aus: Elternbrief »Gewalt ist keine Lösung!«
des Arbeitskreises Neue Erziehung

Diese bisher angesprochenen (durchaus vielfach erweiterbaren) Maßnahmen wirken zwar eher langfristig, aber diese Wirkungen erscheinen insgesamt gesehen sehr Erfolg versprechend – das vorgelegte Arbeitsprogramm der früheren Bundesregierung gegen Kindesmissbrauch, Kinderpornographie und Sextourismus erscheint im Vergleich dazu äußerst mager. Auch gegenüber PolitikerInnen sollte die Verantwortungsübernahme und Verantwortlichkeit klarer eingefordert bzw. benannt werden. Mit Lippenbekenntnissen lassen sich keine Verbesserungen erreichen: Es grenzt an Fahrlässigkeit gegenüber misshandelten Kindern, so wenig zu tun wie bisher – zur Durchsetzung des Grundrechtes auf körperliche und seelische Unversehrtheit muss mehr getan werden, PolitikerInnen tragen mit Verantwortung für jene Kinder, bei denen zukünftige hinreichende Prävention eine Misshandlung hätte verhindern können. Aber natürlich sind alle Erwachsenen nicht aus dieser Verantwortung ausgeklammert: Wir alle müssen öffentlich lauter dafür eintreten als bisher, dass in der Politik neue Prioritäten gesetzt werden! Die pessimistische Aussage des Sexualforschers Sigusch muss seine Gültigkeit verlieren: »Gegen Kinderpornographie zum Beispiel sind wir unisono. Für Programme aber, die Kinderleben retten können, sind im Ernst nur wenige, weil es Geld und Gemütlichkeit kostet und eine andere Art zu leben erfordert.«
Wir sprechen viel von der so genannten »strukturellen Gewalt«: ein wichtiges, grundlegendes Ziel der o.a. Vorschläge zur Gewaltminde-

rung und -prävention kann mit dem Berliner Psychoanalytiker und Friedenspädagogen Petri darin gesehen werden, statt »struktrueller Gewalt« so etwas wie »strukturelle Geborgenheit« in unserer Gesellschaft entstehen lassen. Klaus Neumann vom Kinderschutz-Zentrum München verwendet in diesem Zusammenhang den Ausdruck der »sozialen Elternschaft aller« für die Kinder. Zur Umsetzung solcher Ziele sollte es uns nicht nur um die pflichtgemäße Verwirklichung von Gesetzes-Auflagen, wie z.b. dem § 1631 BGB oder aber auch dem Artikel 19 des Übereinkommens der Vereinten Nationen von 1989 über die Rechte des Kindes, gehen. Vielmehr sollte sich die Einsicht ausbreiten, dass zu Beginn des Jahres 2000 wir noch einen recht beschämenden Reifegrad aufweisen und der Weg noch weit ist zu einer wirklich humanen, d.h. auch gewaltarmen, die Würde aller Mitmenschen tief greifend achtenden Gesellschaft.

14.

Literatur

Angermaier, M. (1975): Legasthenie. Sprechen und Spielen. München.

Arbeitsgemeinschaft Kinder- und Jugendschutz (1998): Stellungnahme der AJS Köln zu »Kinderdelinquenz und Jugendkriminalität«, Poststr. 15–23, 50676 Köln zur Kriminalitätsvorbeugung in den Kommunen.

Bange, D. und Deegener, G. (1996): Sexueller Missbrauch an Kindern. Ausmaß – Hintergründe – Folgen. Weinheim: Psychologie Verlags Union.

Bundesministerium der Justiz (Hrsg., 1979): Miteinander – füreinander. Das neue elterliche Sorgerecht. Reihe Bürger-Informationen. Bonn.

Burger, E. und Reiter, K. (1993): Sexueller Missbrauch von Kindern und Jugendlichen. Stuttgart: Kohlhammer.

Bussmann, K.-D. (1995): Familiale Gewalt gegen Kinder und das Recht. Erste Ergebnisse aus einer Studie zur Beeinflussung von Gewalt in der Erziehung durch Rechtsnormen. In: Gerhardt, U., Hradil, S., Lucke, D. und Nauck, B. (Hrsg.), Familie der Zukunft (S. 261–279). Opladen: Leske & Budrich.

Bender, D. und Lösel, F. (1997): Risiko- und Schutzfaktoren in der Genese und Bewältigung von Misshandlung und Vernachlässigung. In: Egle, U.T., Hoffmann, S.O. und Joraschky, P. (Hrsg.), Sexueller Missbrauch, Misshandlung, Vernachlässigung (S. 35–53). Stuttgart: Schattauer.

Bussmann, K.-D. (1996): Changes in family sanctionning styles and the impact of abolishing corporal punishment. In: Frehsee, D.,

Horn, W. und Bussmann, K.-D. (Hrsg.), Family violence against children a challange for society (S. 35–61). Berlin: de Gruyter.

Deegener, G. (1992): Orientierungshilfen bei Kindesmisshandlung. Tabellarische Übersicht zu kompensatorischen Bedingungen und Risikofaktoren. Mainzer Schriften zur Situation von Kriminalitätsopfern, Bd. 4. Mainz: Weisser Ring Verlags-GmbH.

Deegener, G. (1998): Kindesmissbrauch: erkennen, helfen, vorbeugen. Weinheim: Beltz.

Deutscher Familienverband (1999, Hrsg.): Handbuch Elternbildung. Band 1: Wenn aus Partnern Eltern werden. Opladen: Leske + Budrich.

Deutscher Kinderschutzbund (DKSB) e.V. (o.J.): DKSB Standpunkte zum Züchtigungsrecht. Hannover.

Deutscher Kinderschutzbund (DKSB) e.V. (o.J.): Kinder brauchen Liebe, keine Hiebe. Hinweise für eine gewaltlose Erziehung. Broschüre auf der Grundlage von Epoch Worldwide, London sowie Dr. Penelope Leach. Hannover.

Dornes, M. (1997): Vernachlässigung und Misshandlung aus der Sicht der Bindungstheorie. In: Egle, U.T., Hoffmann, S.O. und Joraschky, P. (Hrsg.), Sexueller Missbrauch, Misshandlung, Vernachlässigung (S. 65–78). Stuttgart: Schattauer.

Durrant, J.E. (1999): Evaluating the Success of Sweden's Corporal Punishment Ban. Child Abuse & Neglect, 23 (5), 435–448.

Elliger, T.J. und Schötensack, K. (1991): Sexueller Missbrauch von Kindern – eine kritische Bestandsaufnahme. In: Nissen, G. (Hrsg.), Psychogene Psychosyndrome und ihre Therapie im Kindes- und Jugendalter (S. 143–154). Bern: Huber.

Elternbriefe des Arbeitskreises Neue Erziehung e.V. Bestellung: Arbeitskreis Neue Erziehung e.V., Markgrafenstraße 11, 10696 Berlin.

Elternbriefe des österreichischen Bundesministeriums für Umwelt, Jugend und Familie (o.J.). Bestellung: Bundesministerium für Umwelt, Jugend und Familie, Franz-Josefs-Kai 51, 1010 Wien.

Elternbriefe des Stadtjugendamtes München (o.J.). Bestellung: Stadtjugendamt München – Elternbriefe – Orleansplatz 11, 81667 München.

Elternbriefe »du und wir« (o.J.). Eine Initiative der katholischen Kirche. Kaiserstr. 163, 53113 Bonn.

Elternbriefe »Unser Kind« (o.J.). Land Salzburg. Bestellung: Erwachsenenbildung, Postfach 527, 5010 Salzburg.

Engfer, A. (1989): Entwicklung von Gewalt in so genannten Normalfamilien. Vortrag auf der XXI. Wissenschaftlichen Tagung der Deutschen Gesellschaft für Kinder- und Jugendpsychiatrie in München.

Engfer, A. (1986): Kindesmisshandlung. Stuttgart: Enke.

Engfer, A. (1989): Gewalt gegen Kinder. In: Paetzold, B. und Fried, L. (Hrsg.), Einführung in die Familienpädagogik. Weinheim: Beltz.

Frehsee, D. (1999): Teilprojekt C5: Die Bedeutung des Strafrechts bei familialer Gewalt. Internetseite: www.uni-bielefeld.de/ SFB227/tp/c5.html.

Gibran, K. (1973): Der Prophet. Walter-Verlag.

Gloor, R. und Pfister, Th. (1995): Kindheit im Schatten. Ausmass, Hintergründe und Abgrenzung sexueller Ausbeutung. Bern: Lang.

Gohlke, G. (1999): Internet: //www.zum.de/ZUM/Faecher/evR/ Vorrath/ruwum/Familie/Erziehung.html vom 10.03.1999.

Goldmann, O. (1965): Wagnis aus Liebe. Limburg.

Gordon, T. (1972): Familienkonferenz. Die Lösung von Konflikten zwischen Eltern und Kind. Hamburg: Hoffmann und Campe.

Gugel, G. (1999): Liebe statt Gewalt. Internet: //www.global-lernen.de/frieden/f_erzieh/feverein/feve_18.htm vom 10.013.1999.

Gutscher, G. (1978): Zärtlichkeit und Züchtigung. Eine Kinderbefragung. Zeitschrift Kinder- und Jugendpsychiatrie, 6, 384–395.

Haeuser, A. (1989): Beenden wir die körperliche Bestrafung von Kindern. Wie Schwedens Erfolg auf die Vereinigten Staaten übertragen werden kann. Vortrag auf der Jahresversammlung der Nationalen Sozialarbeiter-Vereinigung vom 11.–14. Oktober 1989 in San Franzisko. Deutsch: Deutscher Kinderschutzbund (DKSB), Bundesgeschäftsstelle, Hannover.

Hamburger, F. (1952): Über den Umgang mit Kindern. Wien, Universitäts-Verlagsbuchhandlung.

Hilgers, H. (1999): Ohrfeigen-Verbot – und dann? Bild Düsseldorf, 06.01.1999.

Hurrelmann, K. (1999): Vorwort. In: J. Raser, Erziehung ist Beziehung (S. 7–9). Weinheim: Beltz.

Justitiedepartmentet (o.J.): Can you bring up children successfully without smacking and spanking? Stockholm.

KinderRÄchTsZÄnker (1999): Internetseite //privat.schlund.de/k/kraetzae/zuechtig.htm am 10.03.99.

Kinzl, J. und Biebl, W. (1993): Sexueller Missbrauch in Kindheit und Jugend. Eine Fragebogenerhebung bei 1125 Studenten zu Prävalenz und Risikofaktoren. Sexualmedizin, 22 (4), 136–142.

K.R.Ä.T.Z.Ä. (1999): Internetseite //privat.schlund.de/k/kraetze/zwolfre2.htm am 10.03.1999.

Krahé, B. und Scheinberger-Olwig, R. (1997): Sexuelle Gewalt zwischen Jugendlichen in Ost- und Westdeutschland. Prävalenz und Determinanten auf Täter- und Opfer-Seite. Institut für Psychologie, Universität Potsdam.

Kramper, G. (1999): Vor Gericht. Vom Balkon geworfen. DIE ZEIT, S. 67, 31.3.1999.

Kreuzer, A., Görgen, T., Krüger, R., Münch, V., Schneider, H. (1993): Jugenddelinquenz in Ost und West. Bonn: Forum.

Kritisches Forum für Kinder (1999): Internetseite: //www.rhein-neckar.de/~paria/kinder/0006.html vom 10.03.1999.

Lange, C. (1998): Sexuelle Gewalt gegen Mädchen. Ergebnisse einer Studie zur Jugendgewalt. Stuttgart: Enke.

Leach, P. (1992): Was ist falsch daran, Kinder zu schlagen? In: DKSB-Materialien, »Kinder sind gewaltfrei zu erziehen« (S. 8–9). Deutscher Kinderschutzbund, Bundesverband e.V., Hannover.

Leach, P. (o.J.): Broschüre des Deutschen Kinderschutzbundes e.V. (DKSB) über »Kinder brauchen Liebe, keine Hiebe«. Hinweise für eine gewaltlose Erziehung.

Lempp, R. (1992): Gewaltfreie Erziehung – Alternativen zur körperlichen Züchtigung. In: DKSB-Materialien.»Kinder sind gewaltfrei zu erziehen« (S. 15–18). Deutscher Kinderschutzbund, Bundesverband e.V., Hannover.

Long, N. (1997): Parent Education/Training in the USA: Current

Status and Future Trends. Clinical Child Psychology and Psychiatry 2 (4), 501–515.

Metzner, M. (1981): Geprügelt wird, wenn Eltern gar keinen Ausweg mehr sehen. Frankfurter Allgemeine, 3.1.1981.

Miller, A. (1980): Am Anfang war Erziehung. Frankfurt/M.: Suhrkamp.

Ministerium für Arbeit, Soziales und Gesundheit in Sachsen-Anhalt, Pressemitteilung Nr. 44/1997, Magdeburg 12.06.1997.

Müller, J. (1994): Gewalt unter Kindern und Jugendlichen. Referat beim Bundestreffen der Kinder- und Jugendtelefone in Königswinter am 12.2.1994.

Niederberger, J.M. (1998): Sexueller Missbrauch von Mädchen in der Schweiz. Verbreitung/Täterstrategien/Folgen. Bern: Edition Soziothek.

Nack, C. (1998): Wenn Eltern aus der Haut fahren. Von der unmöglichkeit, immer liebevoll, geduldig und ausgeglichen zu sein. München: Kösel.

Neumann, K. (1999): Kinderschutz-Zentrum München: Beginnen bevor es beginnt … Primäre Prävention im Kinderschutz. Internetseite //home.t-online.de/home/dksb.lvbayern/klaus.htm am 26.04.1999.

Nufer, H. (1999): Internetseite //www.brueckenbauer.ch/Inhalt/9810/10zeit5.htm am 16.02.1999.

Palandt, O. (1985): Bürgerliches Gesetzbuch. 44. Aufl. München: Beck.

Peter-Pelikan-Elternbriefe (o.J.). Hrsg.: Peter-Pelikan e.V., Riesstraße 78, 80993 München. Vertrieb: Pera-Crudk GmbH Peter-pelikan-Vertrieb, Postfach 1108, 82153 Gräfeling bei München.

Peschel-Gutzeit, L.M. (1992): Verhaltensnormierende Kraft von Gesetzen. In: DKSB-Materialien,»Kinder sind gewaltfrei zu erziehen« (S. 5–6). Deutscher Kinderschutzbund, Bundesverband e.V., Hannover.

Petri, H. (1989): Erziehungsgewalt. Zum Verhältnis von persönlicher und gesellschaftlicher Gewaltausübung in der Erziehung. Frankfurt/M.: Fischer.

Petri. H. (1992): Warum ein Klaps schadet! In: DKSB-Materialien,

»Kinder sind gewaltfrei zu erziehen« (S. 6–8). Deutscher Kinderschutzbund, Bundesverband e.V., Hannover.

Petri, H. und Lautenbach, M. (1975): Gewalt in der Erziehung. Plädoyer zur Abschaffung der Prügelstrafe. Frankfurt/M.: Fischer-Athenäum.

Pfeiffer, C. und Wetzels, P. (1997): Kinder als Täter und Opfer. Eine Analyse auf der Basis der PKS und einer repräsentativen Opferbefragung. Forschungsbericht Nr. 68 des Kriminologischen Forschungsinstitutes Niedersachsen. Hannover.

Preuschoff, G. (1999): Wachsen und wachsen lassen. Anregungen für das Leben mit Kindern. Köln: PapyRossa.

Pro juventute Elternbriefe (1996): Bestellung über: Pro juventute, Seehofstraße 15, Postfach, 8022 Zürich.

Pro juventute: Internetseite: //www.projuventute.ch/projekte/projekteframe.htm zum Familienpraktikum und zu Sozialeinsätzen in überlasteten Familien.

Raser, J. (1999): Erziehung ist Beziehung. Sechs einfache Schritte, Erziehungsprobleme mit Jugendlichen zu lösen. Weinheim: Beltz.

Rauer, W. (1998): Vorstellung »Taschenbuch der Kinderpresse 1998«. Stiftung zur Förderung des Kinderschutzes, Hannover.

Raupp, U. und Eggers, C. (1993): Sexueller Missbrauch von Kindern. Monatsschrift Kinderheilkunde, 141, 316–322.

Richter-Appelt, H. (1994): Sexuelle Traumatisierung und körperliche Misshandlung. Eine Befragung von Studentinnen und Studenten. In: Rutschky, K. und Wolff, R. (Hrsg.), Handbuch sexueller Missbrauch (S. 116–142). Hamburg: Klein.

Richter-Appelt, H. und Tiefensee, J. (1996): Soziale und familiäre Gegebenheiten bei körperlichen Misshandlungen und sexuellen Missbrauchserfahrungen in der Kindheit aus Sicht junger Erwachsener. Psychotherapie, Psychosomatik, Medizinische Psychologie, 46, 367–378.

Richter-Appelt, H. und Tiefensee, J. (1996): Die Partnerbeziehung der Eltern und die Eltern-Kind-Beziehung bei körperlichen Misshandlungen und sexuellen Missbrauchserfahrungen in der Kindheit aus der Sicht junger Erwachsener. Psychotherapie, Psychosomatik, Medizinische Psychologie, 46, 405–418.

Schneewind, K.A., Beckmann, M., Engfer, A. (1983): Eltern und Kinder. Stuttgart: Kohlhammer.

Schötensack, K., Elliger, T., Gross, A. und Nissen, G. (1992): Prevalence of sexual abuse of children in Germany. Acta Paedopsychiatrica, 55, 211–216.

Sigusch, V. (1996): Kultureller Wandel der Sexualität. In: Sigusch, V. (Hrsg.), Sexuelle Störungen und ihre Behandlung (S. 9–15). Stuttgart: Thieme.

Taschenbuch der Kinderpresse 1998. Hrsg.: Deutscher Kinderschutzbund, Bundesverband e.V. und Volkswagen AG. Remagen-Rolandseck: Verlag Rommerskirchen.

Tilmann, K. und Arndt, F. (1962): Vor der Reife. Recklinghausen.

Trube-Becker, E. (1997): Rechte des Kindes gegen Gewalt. Historische und juristische Aspekte der Gewalt gegen Kinder. In: Ulonska, H. und Koch, H.H. (Hrsg.), Sexuelle Gewalt gegen Mädchen und Jungen (S. 26–39). Bad Heilbrunn: Klinkhardt.

Tschöpe-Scheffler, S. (1999): Kinder brauchen Wurzeln und Flügel. Erziehung zwischen Bindung und Autonomie. Mainz: Matthias-Grünewald-Verlag.

Van den Brouck, J. (1981): Handbuch für Kinder mit schwierigen Eltern. Stuttgart: Klett-Cotta.

Wahl, K. (1990): Studien über Gewalt in Familien. Weinheim: Juventa.

Waterbury-Tieman, C.C. (1999): Internetseite: //www.famucon.com/pt/pt_discipline.html vom 16.02.1999.

Wetzels, P. und Pfeiffer, C. (1997): Kindheit und Gewalt: Täter- und Opferperspektiven aus Sicht der Kriminologie. Prax. Kinderpsychol. Kinderpsychiat. 46, 143–152.

Wetzels, P. (1997): Zur Epidemiologie physischer und sexueller Gewalterfahrungen in der Kindheit. Ergebnisse einer repräsentativen retrospektiven Prävalenzstudie für die BRD. Forschungsbericht Nr. 59 des Kriminologischen Forschungsinstituts Niedersachsen, Hannover.

Wetzels, P. (1998): Jugendkriminalität im europäischen Vergleich. Unterlagen eines Vortrags auf dem Fachkongress »Jugendkriminalität« des Justiz- und Innenministeriums Nordrhein-Westfalen. Düsseldorf.

Wilken, W. (1999): Gleich knallt's. Mit Kindern leben. Sonderheft 1999 (S. 144–147). Stuttgart: Ziel Marketing.

Wirtz, H. (o.J.): Liebe lernt für die Ehe. Donauwörth.

Zimmer, K. (1992): Versteh mich doch bitte! München: Kösel.

Kinder als Opfer

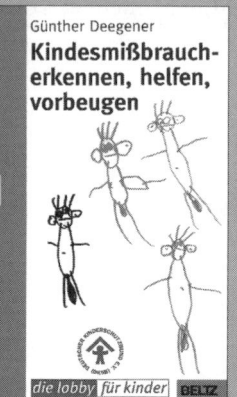

Günther Deegener
**Kindesmißbrauch-
erkennen, helfen,
vorbeugen**

die lobby für kinder BELTZ

**Was ist unter »sexuellem Miss-
brauch« zu verstehen?** Stimmen die
hohen Zahlen wirklich? Wie gehen
die Täter und Täterinnen vor? Wie
spricht man mit seinem Kind, wenn
man fürchtet, es sei missbraucht
worden? Günther Deegener, Diplom-
Psychologe und Vorsitzender des
Deutschen Kinderschutzbundes, Landesverband Saarland e.V.,
gibt schlüssige und wissenschaftlich untermauerte Antworten.
Eindringlich klärt er über die Not der Betroffenen und die späteren Folgen auf und weist Eltern Wege, wie sie helfen können, wie
sie Missbrauch erkennen und vorbeugen können.

»Dem Autor gelingt das Kunststück, mit einem differenzierten
sachlichen Stil zu informieren und zugleich zu berühren ... sehr
empfehlenswert.«
Kindergarten

Günther Deegener
Kindesmissbrauch –
erkennen, helfen, vorbeugen
Beltz Taschenbuch 811, 264 Seiten
ISBN 3 407 22811 2

Taschenbuch